DIANZI SHANGWU GAILUN

电子商务概论

（第二版）

主编 孙学文　副主编 王晓雪

苏州大学出版社
Soochow University Press

图书在版编目(CIP)数据

电子商务概论 / 孙学文主编. —2 版. —苏州：苏州大学出版社，2021.8
ISBN 978-7-5672-3680-6

Ⅰ.①电… Ⅱ.①孙… Ⅲ.①电子商务-高等职业教育-教材 Ⅳ.①F713.36

中国版本图书馆 CIP 数据核字(2021)第 163813 号

电子商务概论（第二版）

孙学文　主编

责任编辑　史创新

助理编辑　施　然

苏州大学出版社出版发行
(地址：苏州市十梓街1号　邮编：215006)
苏州市越洋印刷有限公司印装
(地址：苏州市吴中区南官渡路20号　邮编：215100)

开本 787 mm×1 092 mm　1/16　印张 13.5　字数 296 千
2021 年 8 月第 2 版　2021 年 8 月第 1 次印刷
ISBN 978-7-5672-3680-6　定价：39.00 元

苏州大学版图书若有印装错误，本社负责调换
苏州大学出版社营销部　电话：0512-67481020
苏州大学出版社网址　http://www.sudapress.com
苏州大学出版社邮箱　sdcbs@suda.edu.cn

前 言

电子商务是通过互联网等信息网络开展的商务活动,具有降低交易成本、提高交易效率、缩短资金周转周期、扩大产品销售渠道及提升品牌知名度等优势。作为一种全新的商业模式,电子商务不但可以广泛应用于传统产业,而且可以创造出新的"虚拟企业"。电子商务以其深远的影响力正越来越快地与传统产业融合,推动着传统产业转型升级,并催生新的商业业态。

本教材在沿袭前版的框架结构,保持前版的优点和特点基础上,结合电子商务的新发展和"1+X"职业技能等级认证的新需求,增加O2O电子商务模式、电子商务活动支持技术、电子商务新技术、智慧物流、跨境电子商务等最新知识和技术,删除电子商务网站建设方面的内容,将原来的内容由7章调整为8章,具体为:电子商务概述、电子商务模式、电子商务技术基础、电子商务安全、电子支付、网络营销、电子商务物流及供应链管理、跨境电子商务。教材内容注重理论与实训相结合,课程与认证并重,同时突出高职特色,重点培养学生的职业能力及基于互联网的学习能力。

本教材由孙学文任主编、王晓雪任副主编,具体编写人员与分工为:第1章,孙学文;第2章、第3章,包金龙;第4章,徐伟;第5章,王晓雪;第6章,邵嫣嫣;第7章,李英;第8章,陈娟。

由于编写时间仓促,加之编者学术水平有限,教材中的不足之处在所难免,敬请各位专家、读者批评指正。

编者

2021 年 6 月

目 录

- 第1章 电子商务概述 ……………………………………………………………… (1)
  - 1.1 电子商务的产生与发展 ……………………………………………………… (1)
  - 1.2 电子商务的定义 ……………………………………………………………… (3)
  - 1.3 电子商务的分类 ……………………………………………………………… (5)
  - 1.4 电子商务的特点及优势 ……………………………………………………… (9)
  - 1.5 电子商务基础理论 …………………………………………………………… (10)
  - 1.6 数字经济 ……………………………………………………………………… (12)
  - 本章小结 …………………………………………………………………………… (13)
  - 思考题 ……………………………………………………………………………… (14)
  - 实训题 ……………………………………………………………………………… (14)
- 第2章 电子商务模式 ……………………………………………………………… (15)
  - 2.1 商务模式概述 ………………………………………………………………… (15)
  - 2.2 B2B 电子商务模式 …………………………………………………………… (18)
  - 2.3 B2C 电子商务模式 …………………………………………………………… (22)
  - 2.4 C2C 电子商务模式 …………………………………………………………… (28)
  - 2.5 O2O 电子商务模式 …………………………………………………………… (35)
  - 本章小结 …………………………………………………………………………… (39)
  - 思考题 ……………………………………………………………………………… (40)
  - 实训题 ……………………………………………………………………………… (40)
- 第3章 电子商务技术基础 ………………………………………………………… (41)
  - 3.1 互联网技术基础 ……………………………………………………………… (41)
  - 3.2 电子商务活动支持技术 ……………………………………………………… (45)

3.3 电子商务新技术 ·· (52)
  本章小结 ·· (62)
  思考题 ··· (62)
  实训题 ··· (63)

第 4 章 电子商务安全 ·· (64)
  4.1 电子商务安全概述 ·· (64)
  4.2 电子商务安全技术 ·· (67)
  4.3 数字证书 ·· (81)
  4.4 电子商务安全协议 ·· (85)
  4.5 电子商务法律法规 ·· (88)
  本章小结 ·· (91)
  思考题 ··· (92)
  实训题 ··· (92)

第 5 章 电子支付 ··· (93)
  5.1 电子支付概述 ·· (93)
  5.2 电子货币 ·· (97)
  5.3 网络银行 ··· (104)
  5.4 第三方支付 ·· (110)
  5.5 数字货币 ··· (117)
  本章小结 ··· (119)
  思考题 ··· (120)
  实训题 ··· (120)

第 6 章 网络营销 ·· (121)
  6.1 网络营销概述 ·· (121)
  6.2 网络市场调研 ·· (127)
  6.3 网络营销策略 ·· (130)
  6.4 网络营销工具与方法 ··· (131)
  本章小结 ··· (150)
  思考题 ··· (150)
  实训题 ··· (151)

第 7 章　电子商务物流及供应链管理 (152)

7.1　电子商务物流 (152)

7.2　电子商务物流模式 (158)

7.3　供应链管理 (162)

7.4　智慧物流 (168)

本章小结 (175)

思考题 (175)

实训题 (175)

第 8 章　跨境电子商务 (176)

8.1　跨境电子商务概述 (176)

8.2　跨境电子商务的模式与平台 (184)

8.3　跨境电子商务生态体系 (188)

本章小结 (203)

思考题 (203)

实训题 (203)

参考资料 (205)

第1章 电子商务概述

1.1 电子商务的产生与发展

1.1.1 电子商务的产生

1946年,世界上第一台电子计算机"埃尼阿克"(Eniac)诞生于美国宾夕法尼亚大学。为了解决科学计算、数据传输、存储、共享等问题,1969年,美国国防部高级研究计划局(ARPA)开始ARPANET的研究。1984年,美国国家科学基金会(NSF)决定组建NSFNET。现在的互联网就是由美国的ARPANET和NSFNET发展、演变而来的。1991年,美国国家科学基金会允许NSFNET的商业应用。

1989年,欧洲粒子物理实验室的科学家蒂姆·伯纳斯·李(Tim Berners-Lee)提出了HTTP(超文本传送协议)和HTML(超文本标记语言),以提供数据共享功能,这是一种基于超链接(Hyperlink)的超文本(Hypertext)系统,蒂姆·伯纳斯·李称之为WWW(World Wide Web,万维网),1991年,WWW在互联网上首次露面便立即引起轰动,并迅速得到推广和应用。2017年,蒂姆·伯纳斯·李因"发明万维网、世界第一个网页浏览器和使万维网得以扩展的基本协议和算法"而获得2016年度的图灵奖。1994年,网景通信公司推出首个商业化的网景导航者(Netscape Navigator)浏览器,并迅速占领市场。

在互联网、WWW、浏览器的应用逐步普及之后,1994年,美国人杰夫·贝索斯用30万美元的启动资金,在西雅图郊区租来的房子的车库中,创建了世界上第一家基于WWW的B2C(企业对消费者)网上书店——Amazon(亚马逊)。亚马逊开创了电子商务先河,引领了云服务市场,成为世界著名的电子商务企业。1995年,皮尔·欧米达在美国创办世界上第一个基于WWW的C2C(消费者对消费者)拍卖网站——ebay。1994年4月20日,中国科学院计算机网络中心通过美国Sprint公司,使用一条64 K的国际专线连入Internet,中国从此正式加入国际互联网,并被正式承认为第77个真正拥有全功能Internet的国家。1998年,我国电子商务网站易趣网、阿里巴巴、卓越网、携程旅行网等相继成立，并出现了电子商务的应用热潮。电子商务作为一种全新的商业模式，逐渐被国人所熟悉。

1.1.2 我国电子商务的发展

伴随着新一轮科技革命和产业变革的发展，我国电子商务发展处于世界前列，目前我国是全球最大的电子商务市场。电子商务深刻改变了人们的生产和生活方式，其应用已全面覆盖经济社会的各个方面：无论是制造业领域还是现代服务业领域，无论是企业应用、个人应用还是政府应用，无论是内贸服务还是跨境外贸服务，无论是移动电商还是社交电商。电子商务能帮助我国企业拓展市场、降低成本、提高效率，已经成为我国现代服务业的重要组成部分，有利于推动传统产业的转型升级，有利于现代商贸流通体系的形成。

1. 初创起始期（1997—2002 年）

1998 年，由焦点科技运营的中国制造网（英文版）在南京上线。1998 年 12 月，阿里巴巴正式在开曼群岛注册成立；1999 年 3 月，其子公司阿里巴巴（中国）在我国杭州创建，同年 6 月在开曼群岛注册阿里巴巴集团；2000 年 1 月，阿里巴巴在获得高盛等投资机构 500 万美元天使投资的基础上，获日本软银等投资机构 2 000 万美元投资，由此开始奠定阿里巴巴电子商务王国的基础。1999 年，在线旅行服务公司——携程旅行网上线。1999 年，国内首家 C2C 电子商务平台——易趣网创立。2000 年，卓越网成立，为我国早期 B2C 网站之一。2002 年，全球最大网络拍卖平台 ebay 以 3 000 万美元的价格购入易趣网 33% 的股份。

由于这段时期我国信息化普及水平较低，社会公众对电子商务缺乏了解，加之 2000 年美国互联网泡沫的破灭，我国电子商务网站大多举步维艰。但这段时期的探索为我国电子商务发展打下了很好的基础，营造了很好的社会舆论和外部环境。

2. 快速发展期（2003—2007 年）

2003 年，"SARS" 疫情给电子商务带来了意外的发展机遇，各种 B2B、B2C 电子商务网站会员数量迅速增加，并且部分实现盈利。2003 年 5 月，阿里巴巴集团投资 1 亿元人民币成立淘宝网，进军 C2C 电子商务领域；2003 年 10 月，阿里巴巴推出 "支付宝"，致力于为网络交易用户提供基于第三方担保的在线支付服务，进军网络支付领域。2003 年 6 月，ebay 以 1.5 亿美元收购易趣剩余 67% 的股份，国内最大 C2C 企业被外资全盘并购。2004 年 8 月，亚马逊以 7 500 万美元协议收购卓越网，并更名为卓越亚马逊。

在此期间，国家先后出台了一些促进电子商务发展的重要文件，如《国务院办公厅关于加快电子商务发展的若干意见》《电子商务发展"十一五"规划》等，从政策层面为电子商务发展指明了方向。

3. 创新融合期（2008 年至今）

2008 年 5 月，中国电子商务协会正式批复了杭州市政府的有关申请，决定授予杭州市"中国电子商务之都"的称号。2009年9月，国家发改委和商务部正式批准深圳创建首个国家电子商务示范城市。2011年11月，国家发改委、商务部等八部委授予23个城市为首批国家电子商务示范城市的称号。2012年12月，国家发改委、海关总署共同开展国家跨境贸易电子商务服务试点工作，上海、重庆、杭州、宁波、郑州5个城市因具有良好的经济和外贸基础，成为首批开展跨境电子商务服务试点的城市。

目前，我国电子商务市场集中度进一步加强。阿里巴巴、京东、拼多多、美团等快速扩张，农村电子商务、跨境电子商务得到普遍重视，线上线下结合的O2O模式受到传统企业认可，实体商业数字化转型升级快速发展。我国电子商务已经进入技术创新、模式创新、应用创新驱动的快速发展阶段。

1.2 电子商务的定义

1.2.1 对电子商务的理解

1997年11月，国际商会在法国首都巴黎举行了世界电子商务会议（The World Business Agenda for Electronic Commerce），从商业角度提出了电子商务的概念：电子商务是指实现整个贸易活动的电子化。从涵盖范围方面可以定义为：交易各方以电子交易方式而不是通过当面交换或直接面谈方式进行的任何形式的商业交易；从技术方面可以定义为：电子商务是一种多技术的集合体，包括交换数据（如电子数据交换、电子邮件）、获得数据（如共享数据库、电子公告牌）以及自动捕获数据（如条形码）等。

电子商务涵盖的业务包括：信息交换、售前售后服务（如提供产品和服务的细节、产品使用技术指南、回答顾客意见）、销售、电子支付（如使用电子资金转账、信用卡、电子支票、电子现金）、运输（包括商品的发送管理和运输跟踪，以及可以电子化传送的产品的实际发送）、组建虚拟企业（组建一个物理上不存在的企业，集中一批独立中小公司的权限，提供比任何单独公司多得多的产品和服务）、公司和贸易伙伴可以共同拥有和运营共享的商业方法等。

美国学者瑞维·卡拉科塔和安德鲁·B.惠斯顿在《电子商务前沿》一书中提出：广义地讲，电子商务是一种现代商业方法。这种方法通过改善产品和服务质量、提高服务传递速度以满足政府、组织、厂商和消费者降低成本的要求。

美国前COMPAQ公司（2002年COMPAQ公司被HP公司收购）提出：电子商务是一种以Internet/Intranet网络为架构，以交易双方为主体，以银行支付和结算为手段，以客户数据库为依托的全新商业模式。电子商务作为一种现代商业方法，可以广泛应用于传统产业，而电子商务作为一种全新的商业模式，又可以创造出新的网络虚拟企业。

电子商务是利用计算机和网络技术进行的商务活动，美国学者施奈德在《电子商务》（第 7 版）一书中指出：通过电子数据传输技术开展的商务活动，常用的技术是互联网和 WWW，但也包括诸如移动电话和 PDA（Personal Digital Assistant）上进行的无线传输技术。

林榕航等在《电子商务学概论》一书中指出：电子商务就是将信息技术（IT）策略与商业策略整合起来，形成企业全新的组织架构、全新的商业模式、全新的业务流程，使传统企业运作实现信息化、电子化。

◼ 1.2.2　广义电子商务与狭义电子商务

广义电子商务（EB 或 E-Business）是指利用各种信息技术手段进行的全部商业经营管理活动。

广义电子商务将利用包括 Internet（公共开放的网络）、Intranet（内部网，指一个企业内部连接的网络）、LAN（局域网）等各种不同形式网络在内的一切计算机网络以及其他信息技术进行的所有的企业活动都归属于电子商务。

E-Business 是利用网络实现所有商务活动业务流程的电子化，不仅包括面向外部的所有业务流程，如网络营销、电子支付、物流配送、电子数据交换等，还包括企业内部的业务流程，如企业资源计划、管理信息系统、客户关系管理、供应链管理、人力资源管理、网上市场调研、战略管理及财务管理等。广义电子商务既包括企业内部的商务活动，如生产、管理、财务等，也包括企业对外的商务活动，将上下游业务合作伙伴整合起来开展业务。

狭义电子商务，也称为电子交易（EC 或 E-Commerce），主要包括利用计算机网络进行的交易活动。

E-Commerce 是指实现整个贸易过程中各阶段贸易活动的电子化。从涵盖范围方面可以定义为：交易各方以电子交易方式而不是通过当面交换或直接面谈方式进行的任何形式的商业交易；从技术方面可以定义为：E-Commerce 是一种多技术的集合体，包括交换数据（如电子数据交换、电子邮件）、获得数据（如共享数据库、电子公告牌）以及自动捕获数据（如条形码）等。它的业务包括网络营销、电子支付、物流配送、信息交换、售前售后服务等。

1.3 电子商务的分类

电子商务的应用极其广泛，因此可从不同的角度将电子商务分成不同的类型。

1.3.1 按照参与电子商务的对象分类

按照电子商务活动对象的类型分类，可分为企业对企业的电子商务（Business to Business，简称 B2B）、企业对消费者的电子商务（Business to Customer，简称 B2C）、消费者对消费者的电子商务（Customer to Customer，简称 C2C）、企业对政府的电子商务（Business to Government，简称 B2G）。

1. 企业对企业的电子商务（B2B）

B2B 电子商务包括非特定企业间的电子商务和特定企业间的电子商务。非特定企业间的电子商务是在开放的网络中为每笔交易寻找最佳伙伴，与伙伴进行从订购到结算的全部交易行为。这里虽说是非特定企业，但由于加入该网络的只限于需要这些商品的企业，可以设想是限于某一行业的企业。不过，它不以持续交易为前提，不同于特定企业间的电子商务。特定企业间的电子商务是过去一直有交易关系或者今后一定要继续进行交易的企业，为了各自的经济利益，共同进行设计、开发或全面进行市场及库存管理的商务交易。企业可以使用网络向供应商订货、接收发票和付款。B2B 在这方面已经有了多年运作历史，使用得也顺畅，特别是通过专用网络或增值网络运行的电子数据交换（Eletronic Data Interchange，简称 EDI）。

按照企业参与的方式不同，B2B 电子商务的主要模式可分为大型企业自建的 B2B 网站和第三方 B2B 平台两种，第三方 B2B 平台又分为第三方综合性 B2B 平台和第三方行业垂直 B2B 平台两类。不同类别的 B2B 网站有自己本身的定位和运作方式。

（1）大型企业自建的 B2B 网站。

大型企业为了提高效率，减少库存，降低采购、销售、售后服务等方面的成本，或由于其他原因，企业和它的用户或供应商之间的交易通过因特网来完成，为此建立了 B2B 网站，实现了企业间的电子商务。事实上，大型企业的 B2B 网站的交易额在全部企业间电子商务交易总额中占支配地位。

大型企业的 B2B 网站实现了真正意义上的电子商务，企业间商务活动的绝大多数环节都可以通过网络进行，如供求信息的发布与交易协商、电子单据的传输、网上支付与结算、货物配送管理与售后服务等。而对于大多数中小企业来说，主要依靠第三方 B2B 网站开展电子商务。

（2）第三方综合性 B2B 网站。

互联网企业对传统经济的重大贡献，就在于为没有能力建造电子商务系统的企业建立了信息交换的平台，第三方综合性 B2B 网站就是其中一种。例如，阿里巴巴为买卖双方提供信息发布平台，促成交易机会并为用户提供网上交流的条件。

这种信息平台型的网站对企业的价值主要表现在增加市场机会、选择供求渠道、促成项目合作、宣传企业品牌等方面。

（3）第三方行业垂直 B2B 网站。

行业垂直型 B2B 网站其实可以理解为第三方 B2B 网站的一个特例，也就是定位于某个行业内企业间电子商务的网站，有时也称为垂直门户或者行业门户网站。与综合性 B2B 网站相比，其特点是专业性强，并通常拥有该行业资源的背景，更容易集中行业资源，吸引行业生态系统内多数成员参与，同时也容易引起国际采购商和大宗买主的关注。因此，行业生态型网站成了企业间电子商务中更受推崇的发展模式。例如，上海钢联旗下的"钢银电商"坚持以客户为导向，不断深化产品体验，专注服务质量，提升平台综合服务水平，为中小钢铁流通及上下游生产制造企业提供基于云端技术的线上交易、物流配送等全产业数字化生态服务，赋能钢铁产业中小企业，助力行业实现数字化转型升级。

2. 企业对消费者的电子商务（B2C）

B2C 电子商务是指利用计算机网络使消费者直接与企业进行商品与服务买卖的交易活动。这种形式基本等同于电子化的零售，它随着互联网的出现而迅速地发展起来。目前，互联网上遍布各种类型的网上商城，提供与线下实体商业相同的商品和服务。

开展 B2C 模式电子商务的企业大致可分为经营着离线商店的零售商、没有离线商店的虚拟零售企业和商品制造商三种模式。

（1）经营着离线商店的零售商。

这些企业有着实实在在的商店或商场，网上的零售只是企业开拓市场的一条渠道，它们并不完全依靠网上的销售生存。如沃尔玛、天虹百货等。

（2）没有离线商店的虚拟零售企业。

这类企业是 Internet 商务的产物，网上销售是它们唯一的销售方式，它们依靠网上销售生存。如美国的 Amazon、我国的京东商城等。

（3）商品制造商。

商品制造商采取网上直销的方式销售其产品，不仅给顾客带来了价格上的优惠，而且减少了商品的库存，同时还可以为消费者提供个性化的服务。如 DELL、海尔网上商城等。

3. 消费者对消费者的电子商务（C2C）

这种模式的思想来源于传统的跳蚤市场。在跳蚤市场中，买卖双方可以进行一对一的讨价还价，只要双方同意，立刻可以完成交易。消费者之间可以通过使用 C2C 平台来完成信息交换和交易。如美国的 ebay、我国的淘宝网等。

4. 企业对政府的电子商务（B2G）

这种商务活动覆盖企业与政府组织间的各项事务，如政府采购、政府针对房地产公司的土地拍卖等。政府部门通过互联网发布信息，公司可以以电子化方式参与投标。同样，在公司各种税的征收上，政府也可以通过电子交换方式来完成。目前在这方面已有不少应用，今后随着政府利用行为的增多，B2G 电子商务必将有更大的发展。

目前电子商务模式出现了交叉、融合、渗透的趋势，如 B2C 与 B2B 相融合，C2C 网站也开展 B2C 的业务。

1.3.2 按照电子商务活动的运作方式分类

电子商务主要包括信息流、资金流和物流，实体商品的商务活动需要物流配送环节，而数字化商品交易不涉及物流。按照电子商务活动运作方式的不同，可分为完全电子商务和非完全电子商务。

1. 完全电子商务

完全电子商务是指完全通过电子商务方式完成全部交易的行为和过程，或者说是商品或服务的完整交易过程完全是在网络上实现的商务活动。完全电子商务能使双方超越地理空间的障碍进行电子交易，可以充分挖掘全球市场的潜力，如在线旅游网站、在线文学阅读网站等。

2. 非完全电子商务

非完全电子商务是指不能完全依靠电子商务方式实现商务过程和商务行为的商务活动。它要借助于一些外部系统的功能，如物流配送系统来完成交易，所进行的是交易非数字化商品。目前绝大部分的购物网站都属于非完全电子商务。

1.3.3 按照使用网络的类型分类

按照使用网络的类型分类，电子商务目前主要有三种形式：第一种形式是 EDI 商务，第二种形式是互联网（Internet）商务，第三种形式是内联网（Intranet）商务。

1. EDI 商务

简单地说，EDI 商务就是按照商定的协议，将商业文件标准化和格式化，并通过计算机网络，在贸易伙伴的计算机网络系统之间进行数据交换和自动处理。

EDI 主要应用于企业与企业、企业与批发商、批发商与零售商之间的批发业务。相对于传统的订货和付款方式，EDI 大大节约了时间和费用。相对于互联网，EDI 较好地解决了安全保障问题。这是因为，使用者均有较可靠的信用保证，并有严格的登记手续和准入制度，加之多级权限的安全防范措施，从而实现了包括付款在内的全部交易工作电脑化。但是，由于 EDI 必须租用 EDI 网络上的专线，即通过购买增值网（Value Added Networks，简称 VAN）服务才能实现，费用较高；也由于需要有专业的 EDI 操作人员，需要贸易伙伴也使用 EDI，阻碍了中小企业使用 EDI。加之商品软件少，许多应用程序需要自行开发，因此只有大公司才有能力使用 EDI。这些状况使 EDI 虽然已经存在了近 30 年，但至今仍未广泛普及。近年来，随着计算机降价、Internet 的迅速普及，基于互联网、使用可扩展标识语言（Extensible Mark Language，简称 XML）的 EDI（即 Web-EDI，或称 Open-EDI）正在逐步取代传统的 EDI。

2. Internet 商务

Internet 商务是国际现代商业的最新形式。它以计算机、通信、多媒体、数据库技术为基础，通过互联网络，在网上实现营销、购物服务。它突破了传统商业生产、批发、零售及进、销、存、调的流转程序与营销模式，真正实现了少投入、低成本、零库存、高效率，避免了商品的无效搬运，从而实现了社会资源的高效运转和最大节约。消费者可以不受时间、空间、厂商的限制，广泛浏览，充分比较，模拟使用，力求以最低的价格获得最满意的商品和服务。

3. Intranet 商务

Intranet 是在 Internet 基础上发展起来的企业内部网，或称内联网。它在原有的局域网上附加一些特定的软件，将局域网与互联网连接起来，从而形成企业内部的虚拟网络。

Intranet 与互联网之间的最主要的区别在于 Intranet 内的敏感或享有产权的信息受到企业防火墙安全网点的保护，它只允许有授权者介入内部 Web 网点，外部人员只有在许可条件下才可进入企业的 Intranet。Intranet 商务将大、中型企业分布在各地的分支机构及企业内部有关部门和各种信息通过网络予以连通，使企业各级管理人员能够通过网络读取自己所需的信息，利用在线业务的申请、注册代替纸质贸易和内部流通的形式，有效地降低了交易成本，提高了经济效益。

◆ 1.3.4　按照开展电子商务的范围分类

按照开展电子商务的地理范围不同，电子商务可分为本地电子商务、国内电子商务、全球电子商务。

1. **本地电子商务**

本地电子商务是指在本地或本城市内实现的电子商务活动。它的交易范围较小，只针对某一城市或者特定社区。

2. **国内电子商务**

国内电子商务是指在本国范围内进行的网上交易活动。其交易的地域范围较大，对电子商务软硬件系统的要求较高，要求在全国范围内实现电子支付、物流服务。

3. **全球电子商务**

全球电子商务是指交易各方在全世界范围内通过计算机网络进行电子交易活动。它涉及跨国物流及多币种结算等问题，目前在我国称为跨境电子商务。

1.4 电子商务的特点及优势

1.4.1 电子商务的特点

电子商务是在传统商务的基础上发展起来的，由于有信息技术的支持，电子商务的活动方式呈现出一些新的特点。

1. 交易电子化

通过互联网进行的商务活动，交易双方从收集信息、贸易洽谈、签订合同、货款支付到电子报关，无须当面接触，均可通过网络运用电子化手段进行。

2. 贸易全球化

互联网打破了时空界限，把全球市场连成了一个整体，使全球扩张不再是大型跨国公司的专利，小企业一样可以在网络上公平竞争，打入国际市场。

3. 运作高效化

由于实现了电子数据交换的标准化，商业报文能在瞬间完成传递与计算机自动处理。电子商务克服了传统贸易方式费用高、易出错、处理速度慢等缺点，极大地缩短了交易时间，提高了商务活动的运作效率。

4. 交易透明化

通过互联网，买方可以对众多的生产企业进行比较，这使得买方的购买行为更为合理，对产品的选择余地也更大。建立在传统市场分隔基础上的依靠信息不对称制定的价格策略将会失去作用，暗箱操作、不正当交易、贿赂投标等腐败现象将减少。这更加体现了"公开、公平、竞争、效益"等交易原则。

5. 操作方便化

在电子商务环境中，人们不再受时空的限制，客户能以非常方便的方式完成过去繁杂的商务活动，如查询订购产品、资金划拨、贸易洽谈等都可以通过互联网实现。

6. 部门协作化

电子商务是协作经济。电子商务需要企业内部各部门、生产商、批发商、零售商、银行、配送中心、通信、技术服务等多个部门通力合作。网络技术的发展使得企业间的合作如同企业内部的合作一样紧密，企业无须追求"大而全"，而应追求"精而强"。

7. 服务个性化

在电子商务应用阶段，企业可以进行市场细分，针对特定的市场生产不同的产品，为消费者提供个性化服务。

1.4.2 电子商务的优势

电子商务之所以越来越受到企业的青睐，是因为有以下明显优势。

1. 树立企业形象

企业在互联网上建立网站、开设官方旗舰店等，可以在虚拟空间展示公司的形象，通过网络向潜在消费者宣传企业提供的产品与服务。

2. 提高企业的运营效率

企业通过销售端与财务、物流、生产、库存、供应链管理、客户关系管理等协调运行，提高企业的运营效率。

3. 提高个性化服务

个性化消费将逐步成为消费的主流，消费者期望以个人愿望为基础购买个性化的产品及服务，甚至要求企业提供个性化的订制服务。企业通过网络直接面对消费者需求，进而进行市场细分并提供个性化的服务。

4. 提供更有效的售后服务

企业可以通过互联网提供售后服务，进行产品介绍、技术支持、常见问题解答等。互联网环境下，售后服务不再是企业的负担，而是企业通过客户关系管理来维持老客户、吸引新客户从而提高市场占有率的一种有效手段。

5. 降低成本

电子商务通过企业内部的信息化管理，优化资源配置，提高运营效率，从而降低采购、生产、库存、交易、配送等各个环节的成本，提高企业的竞争力。

电子商务的优势，最简明的表述是，电子商务可以增加销售额并降低成本。

1.5 电子商务基础理论

1.5.1 摩尔定律

Intel 创始人戈登·摩尔指出：每隔 18 个月，计算机芯片的性能将提升一倍。换言之，当价格不变时，单位货币所能买到的计算机性能，将每隔 18 个月翻一倍。摩尔定律说明了计算机芯片制造行业产品功能与其制造成本之间的变化关系，揭示了信息技术产业高速增长的动力源泉。

1.5.2 梅特卡夫法则

梅特卡夫法则认为，网络的价值等于网络节点数的平方，即网络价值随着网络客户数量的增加而呈指数级增加。梅特卡夫法则反映了信息网络扩张的效应，不同网络经济理论也将之论述为网络外部性的特征（网络外部性是指网络的用户基数越大，对用户的使用价值就越高）。

1.5.3 达维多定律

达维多定律认为,进入市场的第一代产品能够自动获得50%的市场份额,这是网络经济的马太效应,反映了电子商务市场强者恒强的现象。

摩尔定律、梅特卡夫法则、达维多定律是电子商务市场的三大定律。这三大定律说明在电子商务市场中,创新并不断更新自己的产品和服务是电子商务企业发展壮大的不竭动力,创新既是形成和维持垄断的根本,又是击破垄断的利器。

1.5.4 沉没成本

美国经济学家斯蒂格利茨指出:如果一笔已经付出的开支,无论做出何种选择都不能收回,具有理性的人只能忽略它,这种成本就称为沉没成本。网络产品的成本主要是前期的开发成本,即停止开发就无法挽回的成本。随着产品的销量不断增加,产品的单位平均成本会不断降低,从而使得网络企业具有很大的规模经济效应。

1.5.5 长尾理论

2004年10月,美国《连线》杂志主编Chris Anderson在一篇文章中首次提出了一个"长尾理论",即只要渠道足够多,非主流的、需求量小的商品销量也能够和主流的、需求量大的商品销量相匹敌。这是对传统的"二八定律"的彻底叛逆。

1.5.6 柠檬现象

柠檬现象是乔治·阿克尔洛夫引入的信息经济学研究中的重要概念,是指由于卖方比买方对产品的质量有更多的信息,使得市场上低质量的产品驱逐高质量的产品,从而使市场上商品质量持续下降的情形。柠檬现象的根源是信息不对称。

1.5.7 破坏性创新

创新是永恒的话题,哈佛大学教授克里斯坦森在《创新者的窘境》一书中首次提出破坏性创新(Disruptive Innovation)的概念。

破坏性创新是指企业利用已有成熟技术的融合、集成向非主流市场推出新产品和新服务,然后借助低端市场优势和成本优势逐渐向主流市场过渡,并最终颠覆主流市场的一类创新。破坏性创新立足于对服务水平要求较低的顾客群,在位企业的路径依赖和资源依赖性极易导致其主导者的角色被别的企业所替代,这也为破坏性创新者提供了获取大量新财富的机会。

1.6 数字经济

1.6.1 数字经济的含义

数字经济一词最早出现于美国学者唐·泰普斯科特1996年所著的《数字经济：网络智能时代的前景与风险》，在书中，泰普斯科特并没有给出"数字经济"（Digital Economy）的确切定义，而是用它来泛指互联网技术出现之后所出现的各种新型经济关系。美国商务部于1998年和1999年连续发布两份关于数字经济的报告，使数字经济的概念更加广为人知，但由于2001年互联网泡沫破灭，数字经济一度归于沉寂。

2016年，G20杭州峰会发布的《二十国集团数字经济发展与合作倡议》提出了数字经济的定义。数字经济是指以使用数字化的知识和信息作为关键生产要素，以现代信息网络作为重要载体，以信息通信技术的有效使用作为效率提升和经济结构优化的重要推动力的一系列经济活动。中国信息通信研究院发布的《中国数字经济发展与就业白皮书（2020年）》中提出：数字经济是以数字化的知识和信息为关键生产要素，以数字技术为核心驱动力，以现代信息网络为重要载体，通过数字技术与实体经济深度融合，不断提高数字化、网络化、智能化水平，加速重构经济发展与治理模式的新型经济形态。

1.6.2 数字经济的特点

1. 创新性

数字经济具有快速迭代试错、用户深度参与、创造消费需求等特点，是技术、产品、服务、商业模式等多种创新的综合体。

2. 规模性

数字经济最大的特点是具有梅特卡夫效应，是一种依靠规模化实现零边际成本的经济形态。

3. 革命性

数字经济的革命性主要体现在对传统产品、组织方式和生产方式的颠覆上。

1.6.3 数字经济的作用

数字经济是继农业经济、工业经济之后的更高级经济形态，是以数字化的知识和信息为关键生产要素，以数字技术创新为核心驱动力，以现代信息网络为重要载体，通过数字技术与实体经济深度融合，不断提高传统产业数字化、智能化水平，加速重构经济发展与政府治理模式的新型经济形态。

1. 数字经济有利于推动产业升级

云计算、大数据、物联网、人工智能、区块链等技术的快速发展，不断孕育出新模式、新业态、新产品。传统产业积极应用新一代信息技术，提升网络化、数字化、智能化水平，正引领产业结构加快升级，迈向中高端。数字经济已成为推进供给侧结构改革的助推器，催生出更多增长点，培育产业发展的新动能。

2. 数字经济有利于促进融合发展

2020年4月，中共中央、国务院发布《关于构建更加完善的要素市场化配置体制机制的意见》，明确将数据与土地、劳动力、资本、技术并列为五大核心要素。数字经济以数据为生产要素，将云计算、大数据、人工智能等数字技术融入传统产业，充分整合线上线下资源，优化信息传递、生产协同与管理提升等各环节，通过帮助供给侧和需求侧精准、智能地匹配，逐步实现柔性化、网络化、个性化的生产制造新模式，通过提升从生产到销售的全流程效率，赋能传统产业，实现新旧动能转换。

1.6.4 数字经济的分类

数字经济主要包括数字产业化、产业数字化。

1. 数字产业化

数字产业化是数字经济的先导力量，为各行业提供充足数字技术、产品和服务支撑，奠定数字经济发展坚实基础。数字产业化主要包括电子信息制造业、软件和信息技术服务业、电信广播卫星传输服务业和互联网服务业等数字产业。

2. 产业数字化

产业数字化是数字经济发展的主引擎，传统产业由于应用数字技术，生产数量和效率大大提升，其新增产出构成数字经济的重要组成部分。产业数字化是指利用现代信息技术对工业、农业、服务业等产业进行全方位、全角度、全链条改造，提高全要素生产率，实现工业、农业、服务业等产业的数字化、网络化、智能化。制造业数字化转型是产业数字化的重要方向，主要包括智能制造、工业互联网等。

本 章 小 结

本章介绍了电子商务的定义、广义电子商务与狭义电子商务的区别、电子商务的分类、电子商务的特点与优势、电子商务的发展过程，以及电子商务基础理论及数字经济。重点介绍电子商务的定义、电子商务的分类及电子商务基础理论。

思考题

1. 如何理解电子商务?
2. 简述 EB 与 EC 的区别。
3. 电子商务是如何分类的?
4. 简述数字经济三大定律。

实训题

1. 网络信息收集与分析训练。

某人欲支出 2 000 元左右购买一部智能手机,请给出购买建议。建议包括以下内容:

(1) 选择的主要依据(品牌、参数、性价比等);

(2) 销售选定智能手机的主要电子商务网站;

(3) 最终决定购买的网站及选择的理由。

2. 了解世界电子商务发展情况,以欧、美、日等某一发达国家为例,分析该国的电子商务市场规模、主要特点及发展趋势等。

3. 随着智能手机的普及,电子商务企业越来越重视移动客户端的市场开发,请以自己手机里安装的一款电子商务 APP 为例,分析下载使用该款客户端的原因,并比较其与同类客户端的优势。

第 2 章 电子商务模式

2.1 商务模式概述

2.1.1 商务模式的含义

商务模式（或称商业模式）的概念最早出现于 20 世纪 50 年代，但直到 20 世纪 90 年代才开始被广泛使用和传播。其含义至今尚未统一，归纳起来大致有三类：第一类是盈利模式论，认为商务模式就是企业的运营模式、盈利模式；第二类是价值创造模式论，认为商务模式是企业创造价值的模式，即企业如何提供产品与服务；第三类是体系论，认为商务模式是一个由很多因素构成的系统，是一个体系或结合。这些观点从不同层次揭示了商务模式的本质，表明企业如何提供产品与服务和获得利润，规定了企业在价值链中的位置。企业通过提供产品与服务创造客户价值，通过盈利模式创造投资者价值。价值主张和盈利模式是商务模式的核心，价值是基础，盈利是目标，不能创造价值的商业模式不可能盈利。

价值主张是指企业希望客户从其商业模式中获得的利益。价值主张定义了公司的产品或服务如何满足客户的需求，描述了客户的总体利益。有学者指出电子商务企业创造的价值表现在四个方面，即检索和交易的成本效益、补充效益、锁定效益和创新效益。检索和交易的成本效益指的是广泛收集信息，提高决策的速度。客户可以在更大的范围内选择商品和服务，形成规模效益，也就是生产和销售的数量越多，单位成本就越低。补充效益指的是把商品和服务捆绑在一起，这样就能比单独销售产生更大的价值。锁定效益指的是提高转换成本，把客户锁定在既有供货商身上。创新效益则是指通过种种创新的方法（如程式化的交易方式，将合作伙伴联系在一起，孵化新的市场等）来创造价值。

盈利模式描述了企业如何获得收入、产生利润以及获得高额的投资回报，是商务模式的核心。虽然电子商务盈利模式很多，但是大多数企业主要采用一种或几种模式的组合。常见的电子商务盈利模式有：广告模式、订阅模式、交易佣金模式、销售模式和会员制模式。

广告盈利模式是指网站通过设置广告专区供广告商付费使用而获取利润。网站一般通过向其用户提供有价值信息、服务或者产品吸引和留住用户。那些能吸引大量浏览者，或是能吸引高度专业化、与众不同的浏览者，且能获得用户持续关注（"黏住用户"）的网站，都能获取高额的广告费。例如，新浪的收入就主要来自出售横幅广告和视频广告。

订阅盈利模式是指网站向用户提供信息和服务，并向用户收取某些内容的订阅费。例如，某些行业网站提供行业商情研报供会员付费订阅。从订阅盈利模式的经验来说，要想成功地让客户接受对网络信息付费的做法，就必须保证所提供的信息有更高的价值和增值，在其他地方不易获取或不容易复制。

交易佣金盈利模式是指企业通过帮助交易双方完成或执行交易而收取费用。例如，第三方电子商务交易平台一般向在其平台上成功出售商品的卖主收取一定比例的交易佣金。而在线股票经纪商则就每一笔股票交易向客户收取交易费。

销售盈利模式是指企业通过向顾客销售产品、信息或服务获取收入。例如，京东、亚马逊和企业自建的商城网店等，都属于销售盈利模式。

会员制盈利模式是指网站向会员提供业务机会，收取推荐费或从交易收入中获取一定百分比的提成。例如，淘宝客网站通过引导潜在客户到特定网站购物来赚取收入。表 2-1-1 对这些主要的盈利模式进行了总结。

表 2-1-1 会员制主要的盈利模式

盈利模式	收入来源	举 例
广告	通过提供广告来收取费用	百度竞价广告、门户网站
订阅	通过提供信息内容和服务来收取订阅者的费用	行业门户网站提供的增值服务
交易佣金	通过完成交易或进行交易来收取费用（佣金）	第三方交易平台
销售	销售产品、信息或服务	京东、亚马逊自营网站
会员制	通过业务推荐收取费用	淘宝联盟

2.1.2 电子商务模式分类

电子商务的主要特点之一是它有利于创建新的商务模式。电子商务出现后，商务模式的概念常常应用于电子商务领域。电子商务的商务模式即电子商务模式，是指通过互联网销售商品、提供服务的体系。对电子商务模式进行多种不同分类，有助于理解和识别电子商务模式。电子商务模式主要有以下几种分类角度。

1. 基于价值链分类

欧洲学者保罗·迪姆尔斯于 1998 年率先提出商务模式分类体系，通过对价值链的分解和重组，并按照创新程度的高低和功能整合能力的水平，把电子商务模式划分为电子商店、电子采购、电子商城、电子拍卖、虚拟社区、协作平台、第三方市场、价值链整合商、价值链服务提供商、信息中介、信用服务商 11 种类型。

2. 基于原模型的分类

美国麻省理工学院彼得·魏尔教授和迈克尔·维塔尔教授认为电子商务的模式本质上是属于原模式的一种或者是这些原模式的组合。而他们所认为的原模式有以下 8 种：内容提供者、直销商品、"一站式"服务提供者、中间商、共享基础设施、价值网整合商、虚拟社区、企业/政府一体化。

3. 基于盈利方式的分类

美国北卡罗来纳州立大学教授迈克尔·拉帕根据企业在价值链中的位置及盈利模式识别出 9 种电子商务模式：经纪模式、广告模式、信息中介模式、销售商模式、制造商模式、会员制模式、社区模式、订阅模式和效用模式。该分类得到广泛认可。

经纪模式是指通过让买卖双方走到一起实现交易而从中收取一定的报酬。其中又包括市场交易、买卖履行、需求搜集系统、拍卖经纪人、交易经纪人、分销者、搜索代理、虚拟市场等 8 种模式。广告模式是指网站的所有者通过提供精彩的内容和服务来吸引浏览者，从而对在网站上做广告的商家收取广告费用。例如，门户网站、分类信息网站、微信订阅号等。信息中介模式是指通过出售所收集的有关消费者及其购买习惯的信息而盈利。销售商模式是指基于固定价格或拍卖价格的产品或服务的批发与零售，包括虚拟商（Virtual Merchant）、目录销售商（Catalog Merchant）、"鼠标 + 水泥"销售商（Click and Mortar）、数字产品零售商（Bit Vendor）等几种模式。制造商模式是指制造商省略批发与零售商等中间环节而直接将产品销售给顾客，包括购买、租赁、许可以及品牌内容整合等模式。会员模式是指销售商通过在会员网站投放网站商品的销售链接，按照点击量或交易量付给会员一定报酬。社区模式是指对于已经在社区成员的人际关系上有所投入的用户而言，维系成员关系比进行交易更为重要，因此会经常光顾社区网站。订阅模式是指通过独特内容吸引客户付费订购。效用模式是指根据访问者具体访问数量进行计费。

4. 基于电子商务应用领域的分类

美国纽约大学的肯尼斯·劳顿和卡罗·特拉弗根据电子商务应用的不同领域，把电子商务模式划分为 B2B、B2C、C2C 三种类型。这种划分几乎涵盖了所有电子商务模式。

5. 基于控制方的分类

麦肯锡管理咨询公司认为存在三种新兴的电子商务模式，即卖方控制模式、买方控制模式和第三方控制模式。卖方控制的商务模式是指卖方提供信息的卖主网站并通过网络订货的商务模式；买方控制的商务模式是指买方通过网络发布采购信息，进行招标式采购的一种商务模式；中立的第三方控制的商务模式提供特定产业或产品的搜索工具，包括众多卖方店面在内的交易市场。这种分类在一定程度上反映了卖方、买方以及第三方中介在市场交易过程中的相对主导地位，体现了各方对交易的控制程度。

其中，基于电子商务应用领域的分类是最通用的一种分类方法。本书采用该种方法对电子商务模式进行介绍。

2.2　B2B 电子商务模式

2.2.1　B2B 电子商务模式概述

1. B2B 电子商务模式产生与发展

伴随互联网的产生及商用转型，20 世纪 90 年代中后期，源于成本节约和效率提升需求，一些产业链中的核心企业利用自身资源优势，开始陆续自建基于 Internet 的 B2B 电子商务平台，服务于自身采购、生产、分销等供应链管理活动，走在了电子商务应用的前列，代表公司如国内的海尔、联想，国外的通用、福特、克莱斯勒、思科等。与此同时，一批服务于中小企业的 B2B 电子商务平台也陆续创建。

中国第三方 B2B 平台自 2000 年左右开始起步，以阿里巴巴、环球资源网、中国制造网等的创建为代表，随即受到市场的认可，发展迅速。大量第三方 B2B 企业先后成功上市，如慧聪网、生意宝、阿里巴巴、焦点科技、中国制造网等。这时以阿里巴巴为首的综合 B2B 平台垄断了市场，而一批网站在垂直细分行业另辟蹊径，突飞猛进，其中以中国化工网、我的钢铁网最为典型。此时可以看成是传统 B2B 最辉煌的时期。

这一阶段的 B2B 平台主要以提供信息、撮合服务为主，着重建立分类齐全、品种丰富、产品参数完善、产品介绍详细的产品数据库，尤其注重产品信息的质量，及时发布最新、最真实、最准确的产品信息，以全面提升采购体验，吸引更多采购商和供应商来网站发布、浏览查找信息。其主要盈利模式为向中小供应商企业收取会员费、广告费、竞价排名费、网络营销基础服务费等。该阶段被称为 B2B 平台电商 1.0 时代，只解决信息传递问题，未能如 B2C 电子商务进入交易服务，因而饱受诟病。B2B 平台经历早期的辉煌后逐渐式微，进入交易模式探索期。

随着云计算、物联网、大数据等互联网技术的进步，加之 B2B 平台在交易担保、金融支付、仓储物流等交易服务领域的实践探索，2013 年左右，信息撮合型的 B2B 平台逐渐向交易服务型转型。阿里巴巴 2013 年正式宣布进入 B2B 2.0 时代，首先打通了淘宝与 B2B 账号，走小额批发模式；其次是开始大宗原材料线上交易，包括名企采购、中国产业带的探索。慧聪网加快交易型 B2B 软件开发。钢铁行业里的找钢网，通过之前数据和交易的积累，与京东合作，尝试金融服务，开始做仓储、加工、物流，甚至自己设计管理软件，仿易道用车、滴滴打车等，开发了钢铁行业的"滴滴打车"，服务范围越来越广。

随着"产业互联网"概念的提出，供应链服务全面数字化转型时代到来，推动 B2B 电子商务由在线交易步入产业互联阶段，向供应链纵深服务方向升级，围绕客户需求，重新组织生产与运营模式。除了在线交易，B2B 电子商务平台还提供仓储物流服务、标准化 SaaS（软件服务化）服务、数字化营销工具等。例如，以震坤行、1688、京东工业品为代表的头部 B2B 电商平台正向供应链服务纵深方向拓展，构建行业生态。

2. B2B 电子商务模式的含义

B2B 电子商务模式是指企业（或其他组织机构）之间基于互联网技术和网络通信手段进行产品或服务交易，并提供相关服务的商业形态。这里的企业既可以是具有协同合作关系的供应链成员企业，如供应商、零售商和渠道商等，也可以是无合作关系的松散型的企业。其业务流程一般包括企业发布供求信息，信息撮合，签订采购或销售合同，支付，配送，票据的签发、传送和接受等。整个交易过程，除交易当事人双方外，还涉及银行、认证、税务、保险、物流配送等行业部门；对于跨境 B2B，还涉及海关、商检、担保、外运、外汇等行业部门。其交易的商品类型有两种：直接材料和间接材料。直接材料是指用于制造产品的材料，如生产汽车的钢材或生产书籍的纸张；间接材料是指支持生产和经营的材料，如办公用品或灯泡，它们通常用于维护、维修和运行（Maintenance, Repair and Operation，简称 MRO）活动，也被称为非生产性材料。

3. B2B 电子商务模式的特点

与其他电子商务模式相比，B2B 电子商务具有以下特点：

（1）交易次数少，交易金额大。B2B 一般涉及企业与客户、供应商之间的大宗货物交易，其交易的次数较少，交易金额远大于 B2C 和 C2C。

（2）交易对象广泛。交易对象可以是任何一种产品，可以是原材料，也可以是半成品或产成品。相对而言，B2C 和 C2C 的交易对象较集中于生活消费用品。

（3）交易操作规范。与其他电子商务模式相比较，B2B 电子商务的交易过程最复杂，从查询、谈判、合同订立到支付，都有非常严格和规范的流程。

4. B2B 电子商务模式的优势

B2B 电子商务通过互联网进行贸易，从贸易磋商、合同签订到支付等的各环节均通过互联网完成，整个交易完全虚拟化。它具有以下显著优势：

（1）降低信息沟通成本。信息交流是买卖双方实现交易的基础，较之于传统商务通过电话、电报或传真等交流工具，电子商务可以降低企业间的信息交流成本，距离越远，网络上进行信息传递的成本相对于信件、电话、传真的成本而言就越低。

（2）买卖双方通过网络进行商务活动，无须或只须少量中介者参与，可减少交易的有关环节，从而提高效率，降低成本。

（3）卖方可通过互联网进行产品介绍、宣传，增加了贸易机会。

（4）电子商务实行"无纸贸易"，可减少文件印刷和处理费用。

（5）互联网使得买卖双方能够即时沟通供需信息，使无库存生产和无库存销售成为可能，从而可使库存成本显著降低。

总之，B2B 电子商务模式可减少交易环节，减少订单处理，缩短从发出订单到货物装运的时间，减少信息沟通成本，降低交易成本，提高交易效率，使企业取得竞争优势。在疫情的影响下，越来越多的企业开始应用 B2B 开展在线采购，积极开展供应链优化及协作商务。

2.2.2 B2B电子商务模式的类型

从不同划分角度，B2B电子商务模式可区分为多种类型。

1. 从网站运营主体进行划分

商务部2009年发布的《电子商务模式规范》把B2B电子商务模式区分为B2B网上商务和B2B网上交易市场两种类型。其中B2B网上商务指具有法人资质的企业在互联网上注册网站，向其他企业提供实物和服务的电子商务平台，即自营式B2B网站，如海尔B2B网站和宝钢在线；B2B网上交易市场指提供给具有法人资质的企业间进行实物和服务交易的由第三方经营的电子商务平台，即第三方B2B网站，如阿里巴巴和慧聪网。其中自营式B2B网站可以区分为一位卖方对应多个买方的卖方主导型和一位买方对应多个卖方的买方主导型两种模式；第三方B2B网站也叫多对多的多方交易市场。卖方模式有三种主要的营销模式：以固定价格通过电子商品目录销售、通过正向拍卖销售、一对一销售。买方模式典型的营销模式是反向拍卖。

2. 从产品线宽度和深度进行划分

从产品线宽度和深度角度出发，B2B网上交易市场可细分为水平综合型和行业垂直型两类。水平综合类主要在广度上下功夫，基本涵盖了各个行业，如阿里巴巴、慧聪网。行业垂直型主要针对一个行业精耕细作，如全球纺织网、中国化工网、全球五金网等。

3. 从交易空间范围进行划分

从交易空间范围角度，B2B网上交易市场可分为内贸B2B平台（如1688）和外贸B2B平台（如阿里巴巴国际交易市场）。

4. 从交易商品标准化程度进行划分

从交易商品标准化程度角度，B2B网上交易市场还可区分为标准化的大宗商品现货交易平台和非标准化的普通商品交易平台。大宗商品是指可进入流通领域，但非零售环节，具有商品属性，用于工农业生产与消费使用的大批量买卖的物质商品。自2013年12月国家工商总局发232号文要求"全国禁止新设立大宗商品中远期交易市场"以来，大宗商品电子交易市场逐步转化为大宗商品现货交易市场。大宗商品现货B2B平台主要采取自动撮合定价模式，与普通商品交易平台相比，交易的商品多为价格波动频繁且波动幅度较大、标准化程度较高、大批量买卖、用于工农业生产与消费的物质产品。目前，国内这类大宗商品交易平台已有千余家，涉及石油、化工、钢材、塑料、粮食、煤炭等诸多商品领域。综合性的B2B平台主要经营非标准化的商品，如工业品。

无论哪种模式，现有法规都要求B2B网站或平台上的商品（服务）描述真实详细，遵守知识产权保护法规；网站或平台具备安全可靠的支付方式、货物物流解决方案，并能提供咨询、交易、售后等齐全服务功能。

2.2.3 典型 B2B 电子商务平台——阿里巴巴 B2B 网站

阿里巴巴集团于 1999 年在中国杭州创立。目前阿里巴巴集团旗下从事 B2B 业务的网站有阿里巴巴中国站（1688.com）和阿里巴巴国际站（Alibaba.com）。

阿里巴巴国际站创建于 1999 年，是阿里巴巴集团创建的首个网站，提供的商品大类有 40 多种，产品数以亿计，买家遍布全球 190 个国家和地区，是全球领先批发交易平台，服务于全球上亿的中小企业买家。阿里巴巴中国站由"中国黄页"起家，1999 年开始迅速发展，是全球首个 B 类注册用户超过 1.2 亿的平台，是国内领先的 B2B 综合电商交易平台。

阿里巴巴国际站和中国站服务的客户类型有三种：买家、卖家（生产商和渠道商）和服务商。买家是平台上有采购需求的各类企业，在平台注册、认证后，可通过平台搜索、询盘、下单、付款、收货、评价等流程完成商品采购或通过招标的形式完成采购。卖家是平台上从事商品批发的生产商或渠道商，可在平台通过开通旺铺、发布产品进行在线销售；还可以通过购买诚信通、实力商家认证提升自身可信度，通过购买数字营销增值服务提升运营效果。服务商是平台上为卖方提供网店装修、营销推广、店铺托管等服务的企业。阿里 B2B 网站目前不仅为买卖双方提供信息查询、询盘、支付、交易担保、物流、信用评价等基本交易服务，还针对企业不同采购场景提供一站式数字化解决方案。例如，2017 年上线企业汇采频道，聚焦行政办公采购、通用包装、工业品 MRO 和企业福利等四大采购场景，为中小企业通用物料的采购搭建线上采购通道。阿里巴巴国际站的具体服务流程如图 2-2-1 所示。

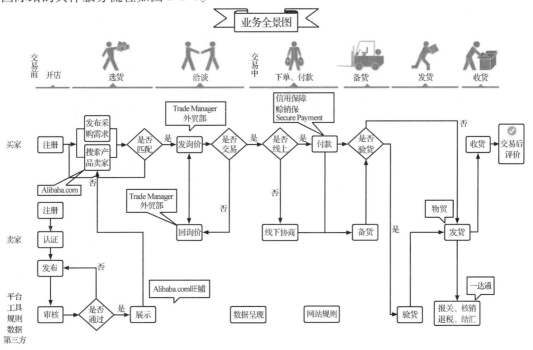

图 2-2-1 阿里巴巴国际站服务业务流程

目前阿里巴巴中国站的收费服务有诚信通、网销宝、实力商家、1688钻石展位等。诚信通是阿里巴巴针对内贸企业于2002年开始提供的一项电子商务收费服务，目前诚信通年费是6 688元/年，成为诚信通会员可以免费享有平台提供的旺铺展示、营销管理、市场推广和信用认证服务，也是购买所有增值服务的前提。网销宝是阿里巴巴专门为诚信通会员提供的增值服务，通过关键词，让企业锁定有需求的客户，通过地域、时间筛选，让企业推广范围更灵活、更准确，具体包含搜索推广、标王、店铺定向、明星商铺4种付费产品。实力商家是1688推出的体现卖家实力的一项增值服务。实力商家需经过严格的资质审核，需为买家提供多样特色的保障服务，同时享受1688提供的专属旺铺、专属牛头图标、流量倾斜及专属服务顾问指导等权益。1688钻石展位即阿里巴巴首页或各行业频道首页的广告位，如1688首页第二、第三、第四个轮播位，首页通栏或行业频道第三个轮播位。详见1688服务中心里的"常见问题"栏目。

在阿里巴巴国际站，与诚信通类似的收费服务是阿里中国金牌供应商会员服务以及额外询盘、展位、推广等增值服务。详见阿里巴巴国际站服务中心。

2.3　B2C 电子商务模式

2.3.1　B2C 电子商务模式概述

1. B2C 电子商务模式的产生与发展

1995年，贝佐斯创立亚马逊公司，开创了B2C电子商务模式的先河。从1999年开始，我国B2C电子商务模式在零售、旅游、搜索、汽车等领域陆续创立，详见表2-3-1。

表2-3-1　中国 B2C 电子商务网站产生时间一览

网站名称	域名	上线时间/年	主营产品及服务
当当网	www.dangdang.com	1999	早期主营图书、音像
携程网	www.ctrip.com	1999	在线旅游产品销售代理
百度	www.baidu.com	2000	早期是在线搜索服务
卓越网（亚马逊中国前身）	www.amazon.cn	2000	早期主营音像、图书、软件、游戏、礼品等流行时尚文化产品
京东多媒体网（京东前身）	www.jd.com	2004	早期主营3C产品（计算机类、通信类、消费类电子产品）
苏宁网上商城（苏宁易购前身）	www.suning.com	2005	主营家电、3C产品
汽车之家	www.autohome.com.cn	2005	汽车消费和汽车生活服务

续表

网站名称	域名	上线时间/年	主营产品及服务
世纪电视网（库巴购物网前身）	www.coo8.com	2006	主营平板电视、空调等家电产品
兰亭集势	www.lightinthebox.com	2007	主营婚纱、家装、3C产品等外贸业务
1号店	www.yhd.com	2008	食品
唯品会	www.vip.com	2008	名牌限时折扣
淘宝商城（天猫前身）	mall.taobao.com	2010	综合性第三方B2C电子商务平台
国美电子商务网站	www.gome.com.cn	2011	家电、电器
拼多多	www.pinduoduo.com	2015	早期主营农产品

伴随信息通信技术的发展，我国互联网应用和用户终端设备日益普及。在国家政策的扶持下，电子商务交易的物流、支付、信用等环境不断改善，网络消费市场发展迅速，吸引大批网络企业和传统渠道企业进入，市场竞争激烈，B2C电子商务企业纷纷在产品品类和服务体验方面不断优化升级。B2C电子商务市场自2010年起呈现出较快的发展速度。2015年，B2C电子商务占网络购物市场的比例首度过半，年度首次超过C2C。此后，B2C市场份额占比一直不断提升，2019年占比超过60%。据网经社发布的报告显示，2019年网络零售B2C市场（包括开放平台式与自营销售式，不含品牌电商），以网站成交金额统计，排名前三位分别为：天猫50.1%、京东26.51%、拼多多12.8%；排名第四至八位分别为：苏宁易购3.04%、唯品会1.88%、国美零售1.73%、云集0.45%、蘑菇街0.24%。

2. B2C电子商务模式的含义

B2C电子商务是企业通过互联网向个人消费者直接销售产品和提供服务的经营方式。B2C电子商务的创立伴随着去中介和再中介过程。去中介是指在供应链中去除负责特定活动的某些中间组织，再中介是指需要新型中介机构提供交易服务。

消费者网上购物的一般流程是进入网上商城→查找选购商品→查看、修改购物车→继续购买产品→结算→订单生成→订单跟踪→收货→售后服务和评价反馈。由此可见，B2C电子商务交易过程一般包括购买前的信息搜索与比较，购买中的信息交流，购买后的支付、物流配送和售后服务，需要涉及商家、消费者、在线支付和物流服务企业。

在订单处理过程中，用户可以随时通过订单管理模块在线查看订单处理状态。网站系统主要有以下几种处理状态：

（1）正在处理。网站已经收到订单，开始落实货源、与用户确认等，还未安排配送，在这种状态的订单用户可以自己在此取消订单。如果客户没有支付成功，网站要电话告诉客户，取消订单，客户可以重新下订单。

（2）货在途中。已经落实货源，与用户约定送货时间，在安排配送资源或者正在配送。

（3）处理完毕。用户收到订购的商品，安装调试完毕，用户付款且满意。

（4）缺货。用户所订商品因热销等原因目前缺货，正在给客户调配。如果客户不能等待调货的时间，可以与网站客户服务联系，更换商品或者取消订单。

3. B2C 电子商务模式的特点

B2C 电子商务以其完备的双向信息沟通、灵活的交易手段、快捷的物流配送、低成本高效益的运作方式等在各行各业展现了强大的生命力。B2C 电子商务的主要特点包括以下 9 个方面：

（1）可以没有实物商铺，有利于企业降低销售成本。

（2）用户数量巨大，所需要的身份认证、信息安全等方面的技术和管理办法成本低廉，易于大面积推广。

（3）支付或转账金额较低（小额支付）。

（4）网络上传输的信息可能涉及个人机密，如账号和操作金额等。

（5）重视客户服务，较大的企业常设有呼叫中心，有较完备的客户服务体系。

（6）经常会出现"一次性客户"，即不注册、不连续使用，只希望在方便的时候使用一下 B2C 服务的客户。

（7）网上商店所销售的商品类型服务，从大米、油、盐等生活日用品到家电、电脑、汽车、住房，涵盖了人们生活的方方面面。

（8）投放的广告大多是单品广告，只用一个页面即可将产品描述得淋漓尽致，契合消费者心理，且经常有线下推广资源的支持。

（9）大多数 B2C 电子商务企业依托于成熟的第三方物流专业企业，物流配送效率高、速度快。

4. B2C 电子商务模式的价值

（1）带给消费者的价值。

无时空限制、便捷，可以在任何有网络的地方"逛商店"，随时选购心仪的商品；商品信息丰富，可以在网上获得大量的商品信息，可以买到当地没有的商品，商品选购范围大；网上支付较传统用现金支付更便捷；可以买到比传统渠道更低廉的商品；收货、退货越来越方便。

（2）带给商家的价值。

由于网上销售无实体店面必备需求，经营规模不易受场地限制，同时可以选择在库存成本较低的地方建仓，便于发挥网络零售的长尾效应，提高企业的经济效益和参与国际竞争的能力。

（3）带给市场的价值。

对整个市场经济来说，这种新型的购物模式在更大范围内、更多的层面上可以实现更高效的资源配置。

2.3.2　B2C电子商务模式的类型

从不同划分角度，B2C电子商务模式可区分为多种类型。

1. 从网站提供的商品形态进行划分

（1）无形商品的B2C电子商务模式。

无形商品是指通过互联网传输的商品。无形商品不需要实际的物流配送，它可以以信息的形式通过互联网传输。无形商品分为两类：一类是信息商品，如报纸、电影、软件、书、游戏等，这类商品可以加在实体上，实体载体可以是磁介质、胶片、纸张等；另一类是虚拟商品，这类商品不能加在任何载体上，是一种看得见却摸不着的商品，如邮箱、虚拟货币、域名、信息服务等。

网络本身具有信息传递、信息处理的功能，因此无形商品如计算机软件、视听娱乐产品、信息等，往往可以通过网络直接向消费者提供。无形商品的电子商务模式主要有4种：网上订阅模式、付费浏览模式、广告支持模式与网上赠予模式。网上订阅模式是指企业通过网页向消费者提供网上直接订阅、直接浏览信息的电子商务模式，主要包括在线出版、在线服务和在线娱乐3种模式。付费浏览模式是指企业通过网页向消费者提供计次收费性网上信息浏览和信息下载的电子商务模式。广告支持模式是指在线服务商免费向消费者或用户提供信息在线服务，而营业活动全部用广告收入支持。网上赠予模式是指企业向网络用户赠送软件产品，利用网络的外部效应，扩大知名度和市场份额。

（2）有形商品的B2C电子商务模式。

有形商品指的是传统的实物商品，这种商品的查询、订购、付款等活动虽然也可以在网上完成，但商品交付必须通过物流配送系统完成。这种电子商务模式也叫在线零售。目前，企业实现在线销售主要有两种方式：一种是自建在线网站商城或APP商城，如京东、当当、唯品会；另一种是在第三方B2C电子商务平台开设网店，如天猫和其他提供第三方平台服务的自营B2C电子商务网站。有形商品的在线销售，使企业扩大了销售渠道，增加了市场机会。在网上销售的商品中，一些出售独特商品的虚拟商店较为成功。另一类在线销售较成功的商品是一些众所周知、内容较确切的实物商品，如书籍、品牌电脑等。

2. 从网站运营模式进行划分

（1）网上商厦。

网上商厦指提供给具有法人资质的企业在互联网上独立注册开设网上虚拟商店、出售实物或提供服务给消费者的由第三方经营的电子商务平台，通常也称为第三方B2C电子商务网站，典型代表是天猫。

（2）网上商店。

网上商店指具有法人资质的企业或个人在互联网上独立注册网站、开设网上虚拟商店、出售实物或提供服务给消费者的电子商务平台，也称为自营式B2C电子商务网站，典型代表有亚马逊、京东。

值得注意的是，当前很多 B2C 电子商务网站兼营自营和平台两种业务。传统自营式 B2C 电子商务网站，如京东、当当、亚马逊等除自营业务外，也提供第三方平台服务；传统第三方 B2C 电子商务网站天猫除提供第三方平台服务外，也涉足自营业务。

3. 从网站是否开展实体经营进行划分

（1）纯 B2C 电子商务模式。

纯 B2C 电子商务模式是指企业仅通过网络渠道直接将商品出售给消费者。这类企业被称为完全电子零售商或虚拟商家（virtual merchants）。早期的亚马逊网上书店就是一个完全电子零售商的例子。完全电子零售商一般无须负担建立和维护实体店面的成本，具有低运营成本和高效率流程的优势，但建立和维护在线渠道以及开展营销所需的开支也同样很大。从经营商品的种类和特征分类，完全电子零售商可以分为综合型和专门性两类。

综合电子零售商向大量消费者出售种类繁多的产品。它们利用订单履行或个性化方面的专门技术接触大量消费者，从而使收入最大化。亚马逊从书籍和音乐零售起家，现在直接或通过合作公司销售许多其他种类的产品。

专门或细分市场电子零售商仅向某个特定的市场销售某类产品。它们利用自己在某个特定产品领域的专长大量采购某产品，并用最有效的手段吸引潜在顾客。这种存在专门电子零售商的细分市场领域包括书籍、CD、鲜花、消费电子产品、计算机硬件和软件、汽车以及服装等。

网上实物产品销售的特点主要是网上在线销售的市场扩大了。与传统的店铺市场销售相比，网上销售可以将业务伸展到世界各个角落。此外，虚拟商店需要较少的雇员而且在仓库就可以销售。有些情况下，虚拟商店可以直接从经销商处订货，省去了商品储存的环节。

但是，完全电子零售商获取客户的成本也非常高，其物流配送体系比传统零售商更为复杂。在传统零售模式下，顾客集中到商店里来购买，而对于网上零售商来说，则需要把顾客购买的商品分别配送出去。另外，在传统的零售模式下，通过现场促销，还有可能创造出需求来。

（2）"鼠标+水泥"型 B2C 电子商务模式。

"鼠标+水泥"型 B2C 电子商务是指同时运营线上和线下两种零售渠道的 B2C 电子商务模式，是 O2O 电子商务的一种。这种零售商主要有两种：一种是传统的实体零售商开发自有网站拓展网络市场，如沃尔玛、大润发、银泰百货等传统零售企业；另一种是一些具有一定品牌优势的纯线上零售商独自或联合建立线下实体店，拓展线下市场，如传统电商巨头阿里的盒马鲜生、京东的 7fresh 以及三只松鼠、妖精的口袋等淘品牌。

虽然"鼠标+水泥"型零售商面临着实体店面和大量销售人员带来的高昂成本，但在品牌、客户群、仓库、规模以及训练有素的员工等方面占有优势。不过，它们也面临着多种挑战，包括协调不同渠道中的商品价格的冲突问题，处理网上购买商品的网下退货问题等。但总体而言，线上线下融合是 B2C 电商的新常态。

4. 其他分类方法

从网站客源角度出发进行划分，B2C 电子商务模式可以分为国外 B2C 电子商务网站和国内 B2C 电子商务网站。前者如兰亭集势、速卖通、亚马逊，后者如天猫、京东、当当等。从网站采用的典型技术角度划分，B2C 电子商务模式可以分为移动电子商务、社交电子商务、直播电子商务等。

目前法规对进行在线零售和提供在线交易服务的企业在资质、能力和服务质量等方面都有具体要求，这些要求是平台企业创立和制定自身规范的基础。

2.3.3 典型 B2C 电子商务平台

1. 天猫

天猫于 2012 年由淘宝商城更名而来，首页见图 2-3-1。天猫是为企业商家和消费者提供交易平台服务的第三方中介方，2019 年有 15 万合作品牌。入驻天猫商家可以开设三种类型的店铺：旗舰店、专卖店、专营店，同时需要向平台提交保证金、技术服务年费、实时划扣技术服务费。旗舰店是商家以自有品牌（商标为 R 或 TM 状态），或由权利人独占性授权，入驻天猫开设的店铺；专卖店是商家持他人品牌（商标为 R 或 TM 状态）授权文件在天猫开设的店铺；专营店是经营天猫同一经营大类下两个及以上他人或自有品牌（商标为 R 或 TM 状态）商品的店铺，一个招商大类下只能申请一家专营店。

图 2-3-1 天猫首页

天猫为买家提供"实效展示""次日送达""送货入户""一站式购齐""无忧退换货""同城配送，上门安装""全国联保""分期付款"等服务；为卖家提供直通车、超级推荐、超级钻展等营销推广增值服务。

2. 京东

京东于 2004 年正式涉足电商领域，致力于为用户打造极致购物体验，为用户提供一站式购物服务。2007 年，京东开始自建物流。2014 年 5 月，京东集团在美国纳斯达克证券交易所正式挂牌上市，是中国第一个成功赴美上市的综合型电商平台。2017 年，提供企业入驻服务，成为自营和非自营兼具的零售平台；同年正式成立京东物流集团，在经营品类上开始进入工业品领域。2019 年 11 月，京东正式推出京东国际，致力于打造可信赖的进口商品一站式消费平台。2020 年 6 月，京东集团在香港联交所二次上市。同时，京东商城还为第三方卖家提供在线销售平台和物流等一系列增值服务。目前，京东凭借强大的物流基础设施，能够为消费者提供一系列专业服务，如 211 限时达、次日达、夜间配和 2 小时极速达、GIS 包裹实时追踪、售后 100 分、快速退换货以及家电上门安装等服务。京东零售覆盖电脑数码、手机、家电、消费品、时尚、家居、生鲜、生活服务、工业品等品类，已经成为融合 B2B 和 B2C、自营式和平台式、农村和城市、跨境和国内、线上和线下等多种商务模式的综合电商平台。

2.4　C2C 电子商务模式

2.4.1　C2C 电子商务模式概述

1. C2C 电子商务的产生与发展

1995 年，ebay 诞生，开创了 C2C 电子商务模式先河；1999 年，国内 C2C 电子商务平台陆续产生；1999 年 6 月 16 日，雅宝网正式开通，开创了国内 C2C 电子商务模式；1999 年 8 月 8 日，易趣网在上海诞生；2002 年 3 月，ebay 公司注资 3 000 万美元，与易趣结成战略合作伙伴；2003 年 5 月，阿里巴巴投资 4.5 亿元成立淘宝网；2005 年 9 月，腾讯公司推出拍拍网；2006 年 12 月，TOM 在线与 ebay 成立合资公司，公司更名为 TOM 易趣，2007 年 8 月，TOM 易趣正式营运；2007 年 10 月，搜索引擎公司百度宣布进军电子商务，筹建 C2C 平台"百度有啊"。

2. C2C 电子商务模式的含义

C2C 电子商务模式是指提供给个人之间通过互联网络进行实物和服务交易的商务模式，有时候人们也称这种商务模式为 P2P（Person to Person，个人对个人）电子商务模式。C2C 电子商务平台是为买卖双方提供在线交易服务的网站，如国内的淘宝、国外的 ebay 等。这种模式源于传统的二手跳蚤市场和拍卖市场。C2C 电子商务能够实现家庭或个人的消费物资再调配、个人脑力资源和专门技能的充分利用，从而最大限度地减少人类对自然资源和脑力资源的浪费，体现互联网分享精神。随着移动互联技术的发展，这种共享模式在交通、住宿等领域不断得到拓展，显示出较强劲的发展潜力。

3. C2C 电子商务模式的特点

C2C 模式最能够体现互联网的分享、平等、开放的精神和优势。数量巨大、地域不同、时间不一的买方和卖方通过一个平台找到合适的对象进行交易，在传统领域要实现这样的效果几乎是无法想象的。

C2C 电子商务模式主要有如下特点：

（1）用户数量大、分散，往往身兼多种角色，可以是买方，也可以是卖方。

（2）买卖双方在第三方交易平台上交易，由第三方交易平台负责技术支持及相关的服务。

（3）没有自己的物流体系，依赖第三方物流体系。

（4）个人网店平均寿命短，绝大多数网店寿命不到一年，易于实现短期交易利益。

（5）交易中如果发生纠纷，很难解决。

4. C2C 电子商务模式的类型

目前专门为个人之间进行交易提供服务的网站有以下几种典型的应用模式：

（1）C2C 拍卖及销售型网站。这类网站的典型代表是淘宝和 ebay，主要为个人提供在线商品销售和拍卖服务，也是本章介绍的重点。

（2）分类信息网站。这类网站的典型代表有 58 同城网、赶集网，主要为个人提供租房、求职、同城二手交易、生活服务等信息发布与查询服务。

（3）内容分享网站。各类文献、音频、视频、软件等分享网站，供个人上传作品、定价并获取收益的平台。如优酷网、土豆网、百度文库等，个人可以向平台上传文献，供别人有偿或免费下载。

（4）P2P 网站。这类网站是为个人之间提供投资、信贷服务的电子商务网站。

（5）共享经济平台。为个人提供空车载人或乘坐服务的交易平台，如 Uber、滴滴打车、神州专车等；为个人提供民宿出租与租赁服务的交易平台，如 Airbnb。

2.4.2 C2C 拍卖模式

在线拍卖在 B2C、B2B 和 C2C 中均有使用，但在 C2C 中应用最为广泛。

1. 拍卖的起源

有文字记录的最早的拍卖出现在公元前 500 年的巴比伦，在 17 世纪的英国很流行，许多客栈举办正式的拍卖来出售艺术品和家具。18 世纪出现了两家英式拍卖行——1744 年成立的索斯比（Sotheby）拍卖行和 1766 年成立的克利斯蒂（Christie）拍卖行，它们在今天仍旧是著名的拍卖行。英国人也把拍卖带到了美洲殖民地，拍卖农场设施、动物、烟草甚至奴隶。

拍卖时，卖家提供一件或多件物品，但并不定价。拍卖行向潜在购买者提供有关拍卖品信息，或提供检查拍卖品的机会，然后让他们报出他们愿意为拍卖品出的价格。潜在的买家或出价人心里都已经有了一个预估价。整个拍卖过程都由一位拍卖员主持。在有些拍卖中，由卖家或拍卖员雇佣的人会朝着有利于卖家的方向出价，这些人被称为"雇佣出价人"。雇佣出价人会人为地提高某件拍卖品的价格，但某些特殊拍卖可能会不让他们参加。

2. 拍卖的种类

（1）英式拍卖。

英式拍卖也被称为出价逐升式拍卖，其出价是公开宣布的，属于开放式拍卖或开放出价的拍卖。在拍卖中，出价人叫一个比前一个出价更高的价格，直到没人出更高的价为止。这时，拍卖员宣布这件物品按最后一个出价卖给出价最高的出价人。英式拍卖在有些情况下会有起拍价或保留价格。出价的起拍价是开始拍卖的价格。如果没人出价高过这个价格，那么拍卖品就停止拍卖，不再出售。有些拍卖不宣布出价的起价，但是如果没人出价超过卖家的保留价格，那么拍卖品就退出拍卖，不再出售。

如果每种拍卖品有很多数量，则允许出价人指定购买量的英式拍卖称为美式拍卖。当美式拍卖出价结束时，出价最高的人得到他想要的数量。如果拍卖品给了出价最高的人以后还有剩余，那么就把剩下的拍卖品分给出价次低（出价第二高）的出价人，直到所有的拍卖品都分配完为止。虽然所有成功的出价人都得到了他想要的数量，但他们只按成功的出价人之中出的最低价来付款。

英式拍卖对卖家和出价人来说都有风险。因为获胜的出价人出的价格只需要比前一个最高价高一点，所以每个人都不愿马上按照其预估价出价；对出价人的风险是可能会被令人兴奋的竞争出价过程吸引，出价超出了预估价格，这种心理现象称为"胜者的苦恼"。

（2）荷兰式拍卖。

荷兰式拍卖是开放式拍卖的一种形式，它的出价从高价开始，一直降到有出价人接受这个价格为止，所以又称为出价逐降式拍卖。荷兰农场主使用这种拍卖方式来销售那些容易腐烂的产品，比如农产品和鲜花。

荷兰式拍卖皆为卖方叫价拍卖，又叫无声拍卖，可分为两种类型。① 人工式无声拍卖。这是早期传统减价拍卖形式，先由拍卖师当众报出最高价格，然后由出价人据此逐一应价。凡遇无人应价的价位，拍卖师由此递减报出新的价位，逐次降价，过程一直持续到有人购买为止；凡遇两个或两个以上应价的价位，拍卖师应由此递增报出新价，即立即转入增价拍卖形式，竞相加价过程一直持续到无人再加为止。② 钟表式无声拍卖。这也是荷兰人发明的，是现代化的减价拍卖形式。先由拍卖师当众报出最高价格，用电子拍卖钟上的相应刻度显示出来，然后再由出价人按动电钮逐一应价，凡无人应价时，则拍卖钟指针逆时旋转，表示递减降价，直到有人按动电钮使其停转表示购买为止。凡遇两个或两个以上应价时，则拍卖钟指针顺时旋转，表示递增加价，直到剩下最后一人按钮使其停止。在此，电子拍卖钟取代木制拍卖槌作为成交工具。

荷兰式拍卖有两个显著特点：① 价格随着一定的时间间隔，按照事先确定的降价阶梯，由高到低递减。② 所有买受人（买到物品的人）都以最后的竞价（所有买受人中的最低出价）成交。

荷兰式拍卖对卖家更有利，因为有最高预估价格的出价人不会让出价降到比其预估价格低得多的程度，否则拍卖品会被别的出价人买走。荷兰式拍卖适合迅速卖掉大量商品。2004年Google公司在首次公开募股时就使用荷兰式拍卖来销售股票，财经界认为这是一大创举，而且非常成功。

(3) 密封递价最高价拍卖。

密封递价最高价拍卖是指出价人同时各自递交自己的出价，通常不允许相互协商，出价最高的出价人获胜。如果拍卖的物品有很多，出价低于前一个的出价人购得剩余的拍卖品。

(4) 密封递价次高价拍卖。

密封递价次高价拍卖和密封递价最高价拍卖类似，只是出价最高的出价人是按照出价第二高的出价人所出的价格来购买拍卖品。威廉·维克瑞因对这类拍卖的研究而获得了1996年的诺贝尔经济学奖。他认为，在这种方式下每个人都存在一个固定的最优策略，即出价等于自己对于商品的真实估值，因为它鼓励所有的出价人都按其预估价出价，降低了出价人串通的可能，能使卖家获得更高的回报。因为，既然获胜的出价人受到保护，他不必按照那个不合理的高价付款，那么所有的出价人都想按照比其在密封递价最高价拍卖中高一些的价格出价。密封递价次高价拍卖通常也称为维氏拍卖（Vickrey Auctions），是在线广告常用的竞价拍卖模式。

(5) 开放出价双重拍卖。

开放出价双重拍卖由买家和卖家同时递交价格和数量来出价。拍卖员把买家的要约（从最高到最低）和卖家（从最低到最高）匹配。买家和卖家可以根据从其他出价中获得的消息来修改出价。期货和股票期权交易上通常采用此种拍卖方法，买卖双方的要约要由站在交易所中交易场地上的交易人喊出来。

(6) 密封递价双重拍卖。

密封递价双重拍卖和开放出价双重拍卖类似，只是买卖双方不可以修改出价。纽约股票交易所拍卖股票和债券时采取的就是该种拍卖方式，由称为拍卖专家的拍卖员管理一只股票或债券，拍卖专家的公司在必要时用自有资金来维持所管理股票的稳定。

无论是密封递价还是开放出价的双重拍卖，只对那些事先知道质量的物品有效，如有价证券或定级的农产品，通常交易量很大。这类物品拍卖不需要拍卖者事先进行质量检查。

(7) 逆向（卖家出价）拍卖。

逆向（卖家出价）拍卖中，多个卖家向代表买家的拍卖员出价，对买家指定数量的要采购的商品出价。随着拍卖的进行，出价不断降低，直到没有卖家愿意降价为止。虽然一般消费者也会使用此类拍卖方式，但大多数逆向拍卖都是企业间的交易。

3. 在线拍卖

在线拍卖使用一种竞争的过程，让卖方征求买方（正向在线拍卖）的连续投标或买方征求卖方的投标（反向电子拍卖），交易价格由出价情况动态确定。

互联网提供了以较低的成本进行在线拍卖的基础设施以及各种支持服务。与实体拍卖相比，参与在线拍卖的卖方和买方数量更多。作为一种成熟的商业方法，当传统营销渠道无效或效率低下时，可以采用在线拍卖进行处理，可以加速清理需要快速清算或销售的商品。

面向个人的网上拍卖是在线零售平台的一种典型服务模式，从拍卖商品类型来看，它包括普通消费品拍卖、特殊消费品拍卖；从拍卖方式来看，它包括逆向拍卖和团购两种常见模式。

（1）普通消费品拍卖。

ebay是最成功的消费品拍卖网站之一，既因为它是第一个面向所有人的消费品拍卖网站，也因为它的巨额广告投入。ebay的主要受众是那些对某些物品有某种爱好或特别兴趣的人，而这类物品在当地又无法得到。ebay最常用的是计算机版的英式拍卖，它允许卖家确定一个保留价格。ebay和现实中英式拍卖的最大不同在于ebay总是显示最新的最高出价，出价人在拍卖结束前只看到出价人列表却看不到他们所出的价格。ebay的英式拍卖也允许卖家指明某个拍卖要私下进行。在ebay的私下拍卖中，出价人的身份和所出的价格永远都不公开。拍卖结束后，ebay只通知卖家和出价最高的买家。ebay提供的另一种拍卖形式是大宗拍卖的增价形式，ebay把它称为荷兰式拍卖。这种形式不是真正意义上的荷兰式拍卖，实际上是美式拍卖。

（2）特殊消费品拍卖。

拍卖网站主要是通过定位于某个明确的细分市场而获得竞争优势。在这些细分市场里，物品易于识别，而且是较高收入的人需要的，如高尔夫球杆、葡萄酒、钢琴和技术产品等。拍卖这些特殊消费品可能需要提供一些专业咨询或物流之类的优质服务，作为缝隙市场，这种网站能够同大型的拍卖普通消费品的网站共存下去。

（3）消费者逆向拍卖和团购。

目前这类网站并不多见。在国外，逆向拍卖网站如Respond.com，访问者在网站上填表描述自己感兴趣的服务，网站将访问者的要求发给参与的商家，商家会通过电子邮件向访问者出价，这种方式称为逆向出价，访问者会接受最低出价者或最符合访问者心意的服务。如Priceline.com是卖家出价的拍卖网站，它让访问者标明自己愿意为机票、汽车租赁、酒店房间和其他服务付出的价格，如果价格高到卖家愿意接受就成交。在国内如携程网就属于此类网站。团购网站类似客户逆向拍卖。卖家公布某个物品的价格，这个价格会随参与者的增加而逐步下降。最适合在团购网站上销售的是知名的品牌商品，买家在讨价还价时心里踏实，不会担心质量会随降价而下降。另外，这种商品的性价比应该比较高，而且不易腐败变质。目前，国内主流电商零售平台均提供商品拍卖服务，如淘宝网的司法拍卖频道、京东的京东拍卖、拼多多的拼购等。

◆ 2.4.3 典型C2C电子商务平台

1. 淘宝网

淘宝网创立于2003年5月，是注重多元化选择、价值和便利的中国消费者首选的网上购物平台。淘宝网展示数以亿计的产品与服务信息，为消费者提供多个种类的产品和服务。此外,消费者也通过淘宝网获取产品知识,与其他消费者交流,接收商家的实时资讯,甚至可以使用当中的互动媒体接通其他消费者或品牌和零售商。根据网经社电子商务研究中心基于 2020 年月度活跃用户数(MAU)的统计,淘宝网是中国最大的移动商务平台。

淘宝网目前拥有近 5 亿的注册用户数,每天有超过 6 000 万的固定访客,同时每天的在线商品数已经超过了 8 亿件,平均每分钟售出 4.8 万件商品。随着淘宝网规模的扩大和用户数量的增加,淘宝网从单一的 C2C 网络集市变成了包括 C2C、团购、分销、拍卖等多种电子商务模式在内的综合性零售商圈。目前已经成为世界范围的电子商务交易平台之一。

淘宝网自建立以来,伴随竞争环境和信息互联技术的进步,其功能、服务、营销策略一直在不断完善。在初创阶段,淘宝网借鉴同类型 C2C 网站,集成了阿里旺旺及时通信工具、支付宝在线支付工具,设计了在线担保交易流程,提升在线交易的安全性和沟通便捷性,采用免费营销策略加速平台推广,培养用户使用习惯。目前淘宝网首页如图 2-4-1。

图 2-4-1 淘宝网首页

网站为个人或企业提供商品一口价发布或拍卖(新品或二手商品)、商品选购及培训服务;集成摄影、视觉设计、物流、软件设计等服务商,为平台个人或企业卖家提供运营服务;为销售的商品提供"退货承诺""免费换新""破损补寄""品质承诺""发货时间""指定快递"等特色服务,支持自买家完成支付宝担保交易付款之日起至交易成功后 15 天内保障买家权益,如有商品质量问题、描述不符或付款后未收到货等,全程支持退货退款,退货运费由卖家承担,若卖家不履行承诺,以卖家保证金先行赔付;采用支付宝担保交易模式保障交易安全;提供 iPhone、Android、WinPhone、iPad 等多样化的 APP 终端;交易后双向信誉评价激励买卖双方诚信交易。

2. ebay

ebay由皮埃尔·奥米迪亚于1995年9月4日在加利福尼亚州圣荷塞创立,提供的是以互联网为基础的现场旧货出售活动。用户参与ebay的网上交易主要是为了以下几个目的:找到有价值的收藏品;遇到志同道合的人;做一笔非常值得的交易。商品的出售要经过持续数日的拍卖过程,每件商品都汇集了多个买方的报价。

从概念上来讲,网上拍卖和传统拍卖十分相似。也就是说,商品在网站上列出,购买者看到后如果对该商品有意向,就输入报价,最终商品由出价最高的买主获得,网站负责商品的发送。由于只有最贵重的物品才通过传统拍卖方式出售,因此,网上拍卖填补了其他物品拍卖的空白。买卖双方都必须在ebay注册,提供个人联系方式和信用卡信息,并且确认是否接受网站提出的公开原则。ebay在拍卖期间随时向出价人更新他们的报价情况。出价人也可以选择ebay的出价代理服务。拍卖结束后,ebay会向买卖双方发送E-mail,通知他们交易结束,并提醒得标者在三日之内与卖家联系。

ebay本质上扮演的是中间人的角色,最初采取的是严格的P2P运作方式,它的客户是买家和卖家个人。随着交易时间的延长,其业务逐渐扩展到经销商对个人的交易,这些经销商除了众多不知名的小商家,还包括一些著名的大公司,如IBM、Eastman等。这些大企业成为ebay的新客户,在ebay上出售全新或二手产品,现在这个群体已经成为大宗交易的主体。

ebay对于买家是完全免费的,但对于在网站上展示和销售其产品的卖家却是收费的。除了汽车和房地产,ebay上所有商品的展示费从几美分到25美分不等。如果卖家将展示的产品销售出去,还必须按销售价格的一定比例支付费用给ebay。所以ebay的收入主要来自产品展示费和交易费。ebay网站首页见2-4-2所示。

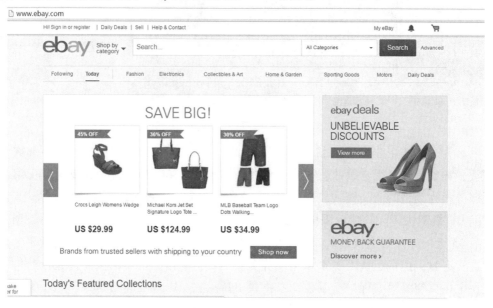

图2-4-2 ebay首页

第2章 电子商务模式

从实际发展来看，一方面，B2B、B2C 和 C2C 这三种业务模式正被赋予越来越多的内涵和意义；另一方面，三者逐渐走向融合，衍生出了一些新的业务模式。比如，淘宝网推出的天猫，建立的是一种平台式的 B2C 模式。传统自营式 B2C 的盈利模式主要在于压低生产商的价格，进而在采购价与销售价之间赚取差价。新的平台式 B2C 模式则让生产商直接充当卖方的角色，直接让生产商获取更大的利益。阿里巴巴从 B2B 做起，现在已逐步转向 B2B2C 模式，即将生产、分销、零售结合在了一起，在生产上，通过阿里巴巴平台完成产品和原材料的采购；在销售上，通过淘宝平台完成网上商店的构建，实现在线销售。

2.5 O2O 电子商务模式

2.5.1 O2O 电子商务模式概述

1. O2O 电子商务的产生与发展

伴随移动互联网、物联网、大数据和人工智能等技术的发展，线上和线下商务从分离逐步走向融合。我国 O2O 电子商务早期主要集中在生活及旅游服务等对线下服务依存度较高的领域，后借助"新零售"向全商品领域拓展。在生活服务领域，2008 年，团购网站鼻祖 Groupon 在美国产生，并获得巨大成功；2010 年，团购模式由国外传入中国，中国互联网领域随即掀起一股"团购网"创业热潮，并上演了"千团大战"：2011 年 5 月，国内的团购网站达 5 000 多家，进行了数月的"千团大战"后，剩下的团购网站不到 1 000 家；2015 年，"千团大战"后的头部团购网站美团网与大众点评合并，并于 2018 年在海外上市，在本地生活服务领域不断开疆拓土，逐步领先。旅游服务领域是国内另一个 O2O 电商应用较早的领域，其中典型代表是携程网，其联合酒店、航空公司、景点等线下资源，从事酒店、机票及门票在线预订以及旅游服务。

在传统零售领域，一些老牌的零售商也一直在寻求突围之路。2006 年，沃尔玛公司提出 SitetoStore 的 B2C 战略，即通过 B2C 完成订单的汇总及在线支付，顾客到 4 000 多家连锁店取货，这是 O2O 模式的原型。国内以苏宁为代表的传统零售企业也较早发展在线平台，开始 O2O 实践探索，但成效不佳。2016 年，马云率先提出了"新零售"的概念，践行"盒马+银泰+无人超市"线上线下融合的新零售方案，其他电商巨头及传统零售品牌也纷纷加速线上或线下布局，O2O 电商日渐成为电子商务的基本模式。

2. O2O 电子商务模式的含义

O2O 是舶来概念，由美国 Trailpay 支付公司创始人 Alex 在总结 Groupon、OpenTable、Restaurant.com 和 SpaFinder 网站共性的基础上于 2011 年 8 月率先提出的，其全称是 Online To Offline，即线上到线下。O2O 电子商务最初是指借助线上对线下服务的一种发

35

现机制，是实现"线上引流，线下消费"的一种商务模式，后发展出线下营销到线上交易、线上营销到线下交易以及线下消费体验等多种模式，旨在通过各种智能终端、在线平台、实体店等接触点，向消费者提供无缝化消费体验和统一的品牌和服务，是一种"线上＋线下"的全渠道整合商务模式。

无论哪种模式，都涉及线上服务平台（网店）、线下服务商（服务点）和顾客三类角色的互动，具体包括：商家通过线上服务平台的社会化营销吸引顾客访问，处于一定社交关系网络中的顾客与O2O线上平台交互，获取、购买线下服务；线下商家与线上服务平台交互进行业务处理，并为顾客提供上门或进店服务，顾客完成服务体验后在线反馈体验结果，将其他顾客引流至线下；顾客到线下门店或服务点完成对产品或服务的体验，并将体验结果反馈到线上服务平台。详见图2-5-1所示。

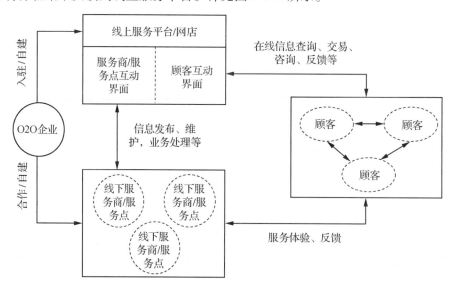

图2-5-1　O2O电子商务互动模式

其中，线上服务平台有两类：一类是提供入驻服务的第三方电子商务平台和社交媒体平台，前者如大众点评、美团、携程、滴滴出行、天猫等，后者如微博、微信等；另一类是自营的PC网上商城、移动APP，如苏宁易购、天虹微店。O2O企业主要采用自建或入驻的方式创建线上服务平台或网店，并为顾客、服务商不同角色设置相应互动界面。O2O企业通过顾客互动界面为顾客提供商品与服务信息查询、社交互动、咨询、购买、反馈等虚拟互动服务；通过服务商互动界面为线下服务商提供信息发布与维护、业务处理、客户关系维护等交互服务。O2O企业主要采用自建或合作方式整合线下服务商或服务点为顾客提供交互服务。例如，外卖O2O平台的配送服务普遍采用自建物流与社会化众包物流相结合的解决方案。

2.5.2 O2O 电子商务模式的类型

根据盈利模式的不同，O2O 可以分为三种不同的类型，即广场模式、代理模式和商城模式。在广场模式下，网站为消费者提供产品或服务的发现、导购、搜索和评论等信息服务。网站通过向商家收取广告费获得收益，消费者有问题需找线下的商家。这种模式的典型网站有大众点评网、赶集网等。在代理模式下，网站通过在线上发放优惠券、提供实体店消费预订服务等，把互联网上的浏览者引导到线下去消费。网站通过收取佣金分成来获得收益，消费者有问题找线下商家。使用这种模式的典型网站有拉手网、美团网、酒店达人、布丁优惠券等。而商城模式则是指由电子商务网站整合行业资源做渠道，用户可以直接在网站购买产品或服务。企业向网站收取佣金分成，消费者有问题找线上商城。这种模式的典型案例有到家美食会、易到用车等。

从用户需求的角度出发，O2O 电子商务模式可以区分为导流类 O2O 模式、体验类 O2O 模式和整合类 O2O 模式。导流类 O2O 模式以门店为核心，O2O 平台主要用来为线下门店导流，提高线下门店的销量。这类应用主要有两种模式：一是利用地图导航来导流，如高德地图、百度地图。二是利用手机应用程序入口来导流，适用于品牌影响力较强且以门店体验和服务拉动消费为主的品牌，如优衣库、盒马鲜生等。体验类 O2O 模式的核心是使消费者能享受到良好的服务和感受到生活的便利，适用于体验性的商品，如家具商品。整合类 O2O 模式的核心是全渠道的业务整合，具体实施路径有先线上后线下和先线下后线上，前者典型代表如腾讯和阿里等，后者如苏宁云商等。

2.5.3 典型 O2O 电子商务平台

1. 美团

2010 年，美团以团购业务起家；2012 年，推出电影票线上预订服务；2013 年，推出酒店预订及餐饮外卖服务；2014 年，推出旅游门票预订服务；2015 年，和大众点评合并，推出出行票务预订服务。之后，美团不断开拓服务场景，丰富服务品类，如今发展为囊括到店餐饮、在线外卖、酒店旅游、移动出行等提供吃喝玩乐生活服务的综合平台，其业务覆盖七大板块，构成了覆盖消费者生命周期的业务矩阵，已在到店到家餐饮场景、到店其他服务场景、酒店预订、共享出行等细分市场中占得市场主导及具有相对竞争优势。2018 年 9 月 20 日，美团正式在港交所挂牌上市。2020 年 8 月，美团单日外卖交易笔数超过 4 000 万笔。

美团 APP 首页如图 2-5-2 所示。美团作为平台方，招募线下商家入驻，为平台用户提供一站式本地化生活解决方案。用户在线浏览、选择商品及服务信息，在线完成支付，线下接受服务，完成服务消费，服务完成后进行服务评价，为其他用户及平台监督提供参考。有的服务需要用户自己前往实体店进行消费，如餐饮、酒店、休闲娱乐等；有的需要平台进行配送服务，如外卖。美团采用外包方式创建本地化的物流团队，由专送骑手和众包骑手构成，为入驻商家提供统一物流服务。

图 2-5-2　美团 APP 首页

美团的盈利模式主要有四种：一是抽取佣金，平台抽取入驻外卖餐厅的每单佣金为现今的主要盈利模式；二是竞价排位，平台将最前面几个铺位作为广告铺位，根据商家的竞价，收取月租；三是增值收费，平台定期开展活动，参与的商家要支付一部分费用；四是广告收费，平台收取线下的宣传单推广版面费用及线上的横板广告费用。

2. 京东到家

京东到家是达达集团旗下的本地即时零售平台之一，成立于 2015 年，依托达达快送和零售合作伙伴，为消费者提供超市便利、生鲜果蔬、医药健康等海量商品 1 小时配送到家的服务体验。它是京东集团以传统 B2C 业务模式为基础，向高频商品服务领域发展的新商务模式，沃尔玛、永辉超市、华润万家等超过 10 万家线下门店已入驻平台。2020 年 7 月，根据艾瑞咨询的报告，京东到家在中国本地零售商超 O2O 平台行业市场份额中位居第一。

京东到家以 O2O + LBS + 商家开放平台 + 物流众包 + 推荐算法的结构模式，面向以用户为中心的 3 千米内商业圈,让用户足不出户享受上门服务的便利和快捷。与此同时,京东到家以流量赋能、履约赋能、用户赋能、商品赋能、门店赋能为核心,为传统零售商提供线上线下融合的一体化解决方案,使实体门店具备线上履约能力,大幅提升坪效与人效,获得长足的线上业绩增长。具体表现为:一是扩大门店的经营商圈。通过京东到家提供的线上门店商圈和高效的即时配送网络,门店的商圈将由现在的 1 千米扩大到 3 千米,门店用户覆盖范围较原来扩大较多。二是提升门店全渠道经营能力。借助京东到家成熟的产品技术和大数据能力,依托于门店履约系统、智能选品系统、缺货管理系统等,全面帮助商家提高线上订单的履约效率、商品选品和管理效率。三是获得海量维度的用户洞察和运营能力。门店能通过数据互通和客户关系管理(CRM)系统实现线上线下全渠道的多维度用户精准识别和精准营销,大幅度提高用户的购买频次。四是提升门店销量。京东到家提供的海量用户流量、高效配送服务、产品技术赋能帮助门店在现有基础上大幅度提升销量。

本 章 小 结

商务模式主要揭示了企业如何创造价值、提供产品与服务、获得利润,规定了企业在价值链中的位置。盈利模式描述了企业如何获得收入、产生利润以及获得高额的投资回报,是商务模式的核心。常见的商务盈利模式有广告模式、订阅模式、交易佣金模式、销售模式和会员制模式。电子商务模式是指通过互联网销售商品、提供服务的体系,有多种划分角度,基于电子商务应用领域可划分为 B2B、B2C 和 C2C 三种基本模式。O2O 电子商务模式则是线上和线下融合背景下的新模式。

B2B 电子商务模式是指企业之间的电子商务模式,占据大部分的电子商务交易额,具有交易次数少、交易金额大、交易对象广泛、交易操作规范等特点,具有扩大市场、较低成本、提高供应链运营效率等优点。B2C 电子商务模式是指企业对消费者的电子商务模式,具有用户数量巨大、交易额度小、影响面广等特点,能给企业、消费者和市场带来显著价值。C2C 电子商务模式是指个人之间的电子商务模式,最能够体现互联网分享、平等、开放的精神和优势,典型应用模式是 C2C 拍卖网站,另外分类信息网站、内容分享网站、P2P 网站、打车 APP 软件也可视为 C2C 电子商务范畴。O2O 电子商务模式最初是指借助线上对线下服务的一种发现机制,实现"线上引流,线下消费"的一种商务模式,后发展至"线上+线下"全渠道整合的"新零售"商务模式,主要包括线上服务平台(网店)、线下服务商(服务点)和顾客三类角色,典型应用模式有美团、京东到家、盒马鲜生等。

思 考 题

1. 解释基本概念：综合电子商务、垂直电子商务、价值主张、盈利模式、MRO。
2. 谈谈你对商务模式的理解，并以你感兴趣的某一平台为例加以分析。
3. B2C 电子商务有哪些主要类型？其分类依据是什么？
4. 什么是 O2O 电子商务模式？它与后来兴起的"新零售"有什么关系？

实 训 题

1. 访问京东和天猫 APP，分别从买方和卖方的角度，对它们的内容、功能、服务等进行比较，分析它们的异同。
2. 从淘宝网和拼多多上找一件自己需要的商品完成购买，写出操作流程，并对关键步骤进行截图，整理在 Word 文档中，并对每一张截图进行简单说明，比较沟通体验的异同。
3. 在淘宝网上注册一个网店，从1688寻找一件代发货源，采用无仓储零售模式体验电商交易流程。

第3章

电子商务技术基础

3.1 互联网技术基础

3.1.1 互联网协议

互联网协议是由多个协议组成的,包括 TCP/IP 和 HTTP 等。

1. TCP/IP

TCP/IP 是指传输控制协议/网际协议(Transmission Control Protocol/Internet Protocol),供已连接互联网的计算机进行通信的协议。它为连接不同操作系统和不同硬件体系结构的互联网络提供通信支持。

TCP/IP 规范了网络中所有的通信设备,尤其是一台主机与另一台主机之间的数据往来格式及传送方式,可保证所有送到某个系统的数据能够准确无误地到达目的节点,并且非常详细地规定了计算机在通信时应遵循的规则。

TCP/IP 采用了四层的层级结构,每一层都呼叫其下一层提供的网络来完成自己的需求。

这四层分别如下。

(1)应用层:主要负责应用程序间的沟通,如简单电子邮件传输协议(SMTP)、超文本传输协议(HTTP)、文件传输协议(FTP)和网络远程访问协议(Telnet)等。

(2)传输层:提供节点间的数据传送及应用程序之间的通信服务,主要功能是数据格式化、数据确认和丢失重传等。

(3)互联网络层:负责提供基本的数据封包传送功能,让每一个数据包都能够到达目的主机(但不检查是否被正确接收),如网际协议(IP)。

(4)网络接口层(主机—网络层):接收 IP 数据包并进行传输。

2. HTTP

HTTP 是指超文本传输协议(Hyper Text Transfer Protocol),是客户端浏览器或其他程序与 Web(万维网)服务器之间的应用层通信协议。在互联网的网络服务器上存放的都是超文本信息，客户机需要通过 HTTP 获取所要访问的超文本信息。

客户在浏览器的地址栏里输入的网站地址称为统一资源定位符（Uniform Resource Locator，简称 URL）。在浏览器的地址框中输入一个统一资源定位符或单击一个超链接时，统一资源定位符就确定了要浏览的地址。例如，URL"http：//www.abc.com/china/index.htm"的含义如下。

（1）"http：//"代表超文本传输协议，通知 abc.com 服务器显示网页，通常不用输入。

（2）"www"代表一个 Web 服务器。

（3）"abc.com/"是存储网页文件的服务器的域名或站点服务器的名称。

（4）"china/"是该服务器上的子目录，就好像文件夹。

（5）"index.htm"是"文件夹"中的一个 HTML 文件（网页）。

3. SMTP、POP3 和 IMAP

SMTP 是指电子邮件传输协议（Simple Mail Transfer Protocol），其目标是向用户提供高效、可靠的邮件传输服务。SMTP 的一个重要特点是它能够在传送中接力传送邮件，即邮件可以通过不同网络上的主机进行接力式传送。它在两种情况下工作：一种情况是电子邮件从客户机传输到服务器；另一种情况是电子邮件从某一个服务器传输到另一个服务器。

POP 是指邮局协议（Post Office Protocol），用于电子邮件的接收。它使用 TCP 的 110 端口，现在常用的是第三版，所以简称为 POP3。POP3 仍采用客户/服务器工作模式。当客户机需要服务时，客户端的软件（Outlook Express 或 Foxmail）将与 POP3 服务器建立 TCP 连接，完成邮件的发送。

IMAP 是指互联网邮件存取协议（Internet Message Access Protocol），是通过互联网获取信息的一种协议。IMAP 像 POP 那样提供了方便的邮件下载服务，能让用户离线阅读。

◆ 3.1.2　IP 地址

IP 地址（Internet Protocol Address）也称网际协议地址，它给每个连接在互联网中的主机分配一个 32 位地址，使互联网上的每台主机（Host）都有一个唯一的地址。计算机利用这个地址在主机之间传递信息。常见的 IP 地址，分为 IPv4 与 IPv6 两大类。

采用 IPv4 技术时，IP 地址的长度为 32 位，分为 4 段，每段 8 位，用十进制数字表示，每段数字的范围为 0~255，段与段之间用英文句点隔开，如"159.226.1.1"。IP 地址由两部分组成，一部分为网络地址，另一部分为主机地址。其中，网络地址用来标识连入互联网的网络，主机地址用来标识该网络上的主机。

随着互联网及物联网的发展，IP 地址的需求量越来越大，而 IPv4 的网络地址资源有限。全球 IPv4 地址数已于 2011 年 2 月分配完毕，自 2011 年，我国 IPv4 网络地址总数基本维持不变。为了扩大地址空间，IPv6 应运而生。IPv6 采用 128 位地址长度，几乎可以不受限制地提供地址。它不仅可以实现计算机之间的联网，还可以实现硬件设备与互联网的连接，如家用电器、传感器、照相机和汽车等的联网。目前，拥有 IPv6 地址量居前五的国家分别是美国、中国、英国、德国和法国。截至 2020 年 12 月，我国 IPv6 地址数量 57634 块/32，相比 2019 年 12 月月底，增长 13.3%。

3.1.3 域名

1. 域名的含义

由于 IP 地址是数字标识，使用时难以记忆和书写，因此在 IP 地址的基础上发展出了一种符号化的地址方案，来代替数字型的 IP 地址。每一个符号化的地址都与特定的 IP 地址相对应。这种与网络上的数字型 IP 地址相对应的字符型地址称为域名（Domain Name）。它是企业、机构、组织或个人在互联网上注册的名字，是企业的一种标志，具有品牌识别功能。用户访问一个域名时，域名服务器会通过域名解析将域名转换成 IP 地址，再识别和定位网络上的计算机。一个 IP 地址可以对应多个域名。

2. 域名的种类

域名采取的是分层管理的原则，从而形成金字塔式域名体系。如图 3-1-1 所示。

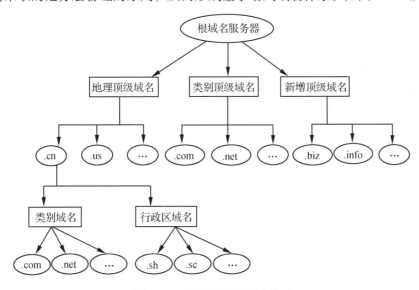

图 3-1-1　国际互联网域名体系

从图 3-1-1 可以看出，在类型上，域名共有三类顶级域名：一是地理顶级域名，共有 243 个国家和地区的代码。例如 .cn 代表中国，.up 代表日本，.uk 代表英国等，另一类是类别顶级域名，共有 7 个：.com（公司），.net（网络机构），.org（组织机构），.edu（美国教育），.gov（美国政府部门），.arpa（美国军方），.int（国际组织）。由于互联网最初是在美国发展起来的，所以最初的域名体系也主要供美国使用，所以 .gov、.edu、.arpa 虽然都是顶级域名，但却是美国使用的。只有 .com，.net，.org 成了供全球使用的顶级域名。相对于地理顶级域名来说，这些顶级域名都是根据不同的类别来区分的，所以称之为类别顶级域名。随着互联网的不断发展，新的顶级域名也根据实际需要不断被扩充到现有的域名体系中来。新增加的顶级域名是 .biz（商业）、.coop（合作公司）、.info（信息行业）、.aero（航空业）、.pro（专业人士）、.museum（博物馆行业）、.name（个人）。在这些顶级域名下，还可以再根据需要定义次一级的域名，如在我国的顶级域名 .cn 下又设立了 .com.cn、.net.cn、.org.cn、.gov.cn、.edu.cn 以及我国各个行政区划的字母代表，如 .bj.cn 代表北京、.sh.cn 代表上海等。

域名和商标一样，注册遵循先申请先注册原则，一旦注册成功，便具有排他性、标志性。在实际应用中，一个网站可以应用多个域名。这些特性是我们在域名选择、注册和应用时需要注意的。

3. 域名的注册

国内域名是指以 cn 为后缀的域名。国内域名管理机构是中国互联网信息中心（CNNIC）。根据《中国互联网络域名管理办法》的规定，CNNIC 将不再直接面对最终用户提供以 cn 为后缀的域名注册相关服务，域名注册服务将转由 CNNIC 认证的域名注册服务机构提供。在 CNNIC 网站上列有可提供域名注册服务的机构名单。因此，对于终端客户，欲申请国内域名，只能去 CNNIC 认证的域名注册服务商或二级代理商网站申请。国际域名注册服务由互联网域名最高管理机构（ICANN）认证的服务商提供。国外有名的顶级域名注册服务商有 Godaddy、Name、Domainsite、Enom、Ipower 等。

域名的注册遵循先申请先注册原则，管理机构对申请人提出的域名是否违反了第三方的权利不进行任何实质审查。同时，每一个域名的注册都是独一无二、不可重复的。因此，在网络上，域名是一种相对有限的资源，它的价值随着注册企业的增多而逐步为人们所重视。

4. 域名的解析

域名解析是指通过 DNS（Domain Name Server，域名服务器）把域名转变成 IP 地址的过程。注册好域名后，需要把域名解析到相应网站的 IP 地址，实现网站在 Internet 上的发布。

◆ 3.1.4　网站、网页和 APP

网站、网页和 APP 是互联网常见的三类资源。

网站（Website）是由一系列内容相关的网页构成的，网站中各个网页由超链接进行联系。它们存储在某一台与互联网相连的计算机中，呈现为文档和文件夹，可供互联网用户通过客户端浏览器访问。截至 2020 年 12 月，我国网站数量为 443 万个，自 2017 年起，数量逐步减少。其中".cn"下网站数量为 295 万个，也呈现缩减趋势。

网页（Webpage）是一个文档。根据文件编写语言类型，网页可区分为静态网页和动态网页。静态网页用超文本标注语言（Hyper Text Markup Language，简称 HTML）描述，以 .html 为后缀。动态网页用 ASP、JSP 和 PHP 等服务器端程序设计语言编写，一般用相应语言作为后缀,如 .asp、.jsp、.php 等。为便于搜索引擎抓取,很多网页都作了静态化处理。截至 2020 年 12 月,我国网页数量为 3 155 亿个,呈逐年增长态势。其中,静态网页数量为 2 155 亿,占网页总数量的 68.3%;动态网页数量为 1 000 亿,占网页总数量的 31.7%。

APP 是 Application 的缩写,表示移动互联网应用程序,一般是指智能手机软件,需要运行在手机操作系统之上。常用的智能手机操作系统是苹果公司的 iOS 和谷歌公司的 Android(安卓)系统。截至 2020 年 12 月,我国国内市场上检测到的 APP 数量为 345 万款,2021 年,呈现缩减趋势。排在前四位的 APP 数量占比合计达 59.2%,市场集中度高。电子商务类 APP 为 34 万个,占比为 9.9%,位列第三。

3.2 电子商务活动支持技术

各种电子商务交易模式的实现除了需要数据库、网络、安全、服务器软件、操作系统、服务器等一些基础设施外,还需要便于客户完成各类商务交互活动的支持技术,它们主要有购物支持技术(如搜索引擎、购物车和个性化推荐)、交流支持技术(如虚拟社区和社交网络)、新兴支持技术(如增强现实和众包)等。

3.2.1 搜索引擎、个性化推荐和购物车

1. 搜索引擎

(1)搜索引擎的含义和工作原理。

搜索引擎(Search Engine,简称 SE)是指为用户提供检索服务的一种互联网应用。它作为第一代互联网的核心技术和成功应用,已经与我们的学习和生活密不可分,是目前仅次于即时通信的第二大个人互联网应用。在电子商务交易过程中,用户时常需要借助搜索引擎降低信息不对称,节约信息获取时间成本。一些研究表明,95% 的购物者在进行任何购买之前都会在网上进行搜索研究。因而,搜索引擎是电子商务平台的核心技术之一,提升网店或网站对于搜索引擎的友好性是电子商务运营的重要内容。

搜索引擎类型多样,电子商务运营活动中常见的有两类:一是面向全网的综合性搜索引擎,如百度、搜狗和 Google 等;二是电子商务平台内的搜索引擎,如天猫、京东和团购等平台的搜索引擎。

综合性搜索引擎的工作过程是先利用网页爬虫程序从指定统一资源定位符(URL)开始顺着网页上的超链接,采用深度优先算法或广度优先算法对整个网络进行遍历,将网页信息抓取到本地数据库。然后使用索引器对数据库中的重要信息单元,如标题、关键词及摘要等或者全文进行索引,形成索引数据库。最后,检索器将用户通过浏览器提交的搜索关键词与索引数据库中的信息进行匹配检索,再将检索结果按某种排序算法返

回给用户。可见，综合性搜索引擎搜索的并不是互联网，它搜索的是预先整理好的网页索引数据库。这种模式下的搜索引擎检索的信息具有一定的时延性，网站的更新频率会影响搜索引擎爬虫程序的到访频率，从而影响信息的时效性。

电子商务平台内部搜索引擎的工作过程是：首先对用户输入的搜索词进行解读分析，然后根据解读后的搜索词对商品或服务内容进行筛选，最后根据用户属性，将筛选的商品或服务按照不同维度得分进行排序后，展现在用户的搜索结果中。可见，不同于综合性搜索引擎，电子商务平台内部搜索引擎根据用户属性和搜索关键词直接对商品进行检索，因而具有较强的时效性。

（2）搜索引擎的索引机制。

这里主要介绍电子商务平台内的搜索引擎。电子商务平台内的搜索引擎的目标是帮助完善搜索意图、为用户推荐最合适的商品或服务，以提高整体搜索效果。从用户搜索角度，搜索引擎商品推荐的排序机制主要包括用户引导、搜索词拓展、搜索词拆解、内容筛选四个环节。用户引导是指在用户开始搜索之前，互联网平台根据对用户人群画像的构建，在搜索框中间或者下方默认向用户推荐其可能搜索的关键词、类目词、品牌词、特定活动等，引导用户搜索相关热门内容，或提示用户所要搜索的关键维度的过程。搜索词拓展是指当用户在搜索框中输入要搜索的信息之后，搜索引擎通过搜索联想和自动补全功能，向用户推荐与搜索词相关度高的关键词的过程，用户通过点击推荐关键词能搜索到更精确的结果。搜索词拆解是指在用户的搜索词确定之后，搜索引擎对用户的搜索词拆解，进行语义解析，预测用户的搜索意图的过程。搜索引擎完成搜索词的拆解后，会得到一个关于搜索词的向量集合；搜索引擎通过搜索用户标签的提炼，得到一个关于用户的向量集合。这两个集合合并成一个向量集合，包含有不同关键词的权重和不同用户标签的权重，将会被用来进行商品或网页的筛选。对商品进行检索时，参考的指标有商品标题、商品描述、商品参数、商品规格、商品品牌、商品品类、促销类型等，这些指标的权重也组成了向量集合。系统通过直接计算向量集合的相似度来得出商品的排名，向量之间相似度高的，商品排名会越高。以上利用用户标签与查询词权重构成的向量与商品属性权重构成的向量之间的相似度得出商品排名的过程即为内容筛选。

（3）搜索引擎的排名机制。

影响网页搜索排名的因素很多，常见的有描述质量、相关性、网页权重和服务质量。

描述质量是指对搜索引擎检索对象（第三方平台的网店、自建网站等）中的标题、内容等描述的质量。对于电子商务平台网店来说，描述质量是指平台中网店的商品描述的质量，主要包括网店的商品标题、类目、属性、详情页等商品描述的质量，描述时注意完整、准确。对于自建网站来说，描述质量是指网页描述的质量，包括标题和内容的质量，描述时注意内容的可读性和价值性。

相关性是指搜索关键词与检索对象的匹配程度。对于电子商务平台网店来说，相关性是指用户搜索关键词与店铺商品所属类目、商品标题、商品属性之间的匹配程度，即主要包括类目相关性、标题相关性和属性相关性。对于自建网站来说，相关性是指用户搜索关键词与网页之间的匹配程度，即页面相关性，主要反映在用户搜索关键词与标题之间、用户搜索关键词与网页内容之间，匹配程度越高，则相关性越大，将被优先展示。页面相关性的主要影响因素有关键词匹配度、关键词密度和关键词分布。关键词密度是指某关键词所占字符总数与该网页总词汇所占字符总数的比例，目前业界公认最优关键词密度区间值为2%—8%。关键词分布是指关键词在网页出现的位置，一般来说，标题中的关键词权重高于正文，优先关注的位置关键词权重更高，如左上＞右上＞左＞右＞左下＞右下。

网页权重是指检索对象在搜索引擎中的综合表现分。对于电子商务平台来说，权重主要体现为商品权重，是电子商务平台根据商品表现给出的一个综合评分，是影响商品排名的关键因素，主要由商品人气、商品产出和作弊处罚三个方面决定。对于电子商务网站来说，权重主要体现为网页权重，是指搜索引擎给网页赋予一定的权威值，其核心影响因素有内容时效性、用户参与度和链接建设。

服务质量是指在电子商务平台中，买家与卖家在交易过程中，卖家所提供的服务能够满足买家需求的程度。现有主流电子商务平台对于卖家服务质量的考核主要分为店铺评分系统（Detail Seller Rating，简称DSR）评分和店铺服务指标。DSR主要包括描述相符度、服务态度和物流服务。店铺服务指标主要有品质退款率、纠纷退款率、退货退款自主完结时长等。

2. 个性化推荐

（1）个性化推荐的含义。

个性化推荐是一种信息过滤技术，即通过对用户兴趣与偏好的研究，利用一定的算法规则，发现用户的个性化需求并主动地为用户推荐信息和内容，从而有效地缓解信息过载的问题。

网上商品和信息数量浩如烟海，传统的搜索算法只能呈现给所有的用户一样的排序结果，无法针对不同用户的兴趣与爱好提供相应的服务。信息的爆炸使得信息的利用率反而降低，这种现象被称为信息超载。个性化推荐被认为是解决信息超载问题的有效工具之一，于20世纪90年代被提出，目前已被广泛地应用于互联网的各个领域。例如，电子商务平台的推荐系统，通过对用户在其网站上的各种行为进行研究，发掘用户对于不同类型商品和店铺的兴趣与偏好，为用户推荐其可能感兴趣的商品和店铺，从而帮助用户从浩瀚的商品列表中购买其所需要的商品，为每个用户提供个性化服务。

一个完整的推荐系统由三个部分组成：收集用户信息的行为记录模块，分析用户喜好的模型分析模块和推荐算法模块。行为记录模块负责记录用户的行为，如问答、评分、购买、下载、浏览等。模型分析模块的功能能够对用户的行为记录进行分析，建立合适的模型描述用户的喜好。推荐算法模块能够利用后台的推荐算法，实时地从商品集合中筛选出用户感兴趣的产品进行推荐。个性化推荐算法是推荐系统中最核心的模块。

（2）个性化推荐技术。

电子商务平台推荐系统广泛采用的推荐算法技术有：基于内容的推荐，基于人口统计学的推荐，基于记忆的协同过滤推荐所包含的基于用户的协同过滤推荐和基于项目的协同过滤推荐，基于模型的协同过滤推荐，基于关联规则的推荐，混合推荐。

基于内容的推荐（Content-based Recommendations），是一种为用户推荐其认可的商品的相似商品的推荐技术，通过对商品本身的信息如名称、品牌等的抽取与分析，建立商品之间的相似性列表，再根据用户对商品的反馈，相应地进行推荐。例如，如果用户曾经收藏或好评某商品，系统会为其推荐该商品的类似商品，如同类商品、同品牌商品等。

基于人口统计学的推荐（Demographic Recommendation），其理论基础是：具有特定共同的人口统计学特征（性别、年龄、地区、工作）的人，具有共同的偏好。它会根据用户的人口统计学特征，为其推荐具有相似特征的人群的偏好商品。

基于记忆的协同过滤推荐（Memory-based Collaborative Filtering Recommendation），主要包括基于用户的协同过滤（User-based CF）和基于项目的协同过滤（Item-based CF），是推荐系统领域最经典的推荐算法。

基于用户的协同过滤推荐是最早的协同过滤推荐算法，通过找到与某用户兴趣相似的用户集合，将用户集合中其他用户喜欢但该用户不了解的项目推荐给该用户。基于用户的协同过滤的关键是度量用户之间的兴趣相似度，一般来说，主要是利用用户行为的相似度来计算兴趣的相似度。例如，如果用户 A 和用户 B 喜欢的商品列表的重合度高，则用户 A、B 相似度高。

基于项目的协同过滤推荐，是电子商务推荐系统最重要的推荐算法，它能够找到与用户感兴趣的商品相似的商品，将其推荐给用户。基于项目的协同过滤，不利用项目本身属性来计算相似度，而通过分析用户对其的行为数据来计算相似度。该算法认为，物品 A 和物品 B 相似，是因为喜欢 A 的用户大多也喜欢 B。

基于模型的协同过滤推荐（Model-based Collaborative Filtering Recommendation），是一种通过用户的行为记录来训练用户偏好模型，并根据该模型为用户提供个性化推荐的推荐方法。代表性的基于模型的协同过滤的方法有：贝叶斯信念网络协同过滤（Bayesian Belief Nets CF）、隐语义模型（Latent Factor Model）、模糊系统（Fuzzy Systems）、矩阵分解（Matrix Factorization）等。

基于关联规则的推荐（Association Rule-based Recommendation），是指将交易数据集合中的满足支持度阈值和置信度阈值的规则挖掘出来，根据挖掘出来的关联规则，为用户推荐与其喜欢的商品相关联的商品。

混合推荐（Hybrid Recommendation），是一种能够克服单一推荐技术的缺陷，将多种推荐技术通过一定的方法混合在一起的推荐技术。常见的混合机制有：加权（Weighted）、混合（Mixed）、特征聚合（Feature Combination）、特征扩充（Feature Augmentation）等。混合推荐最常用的形式是将协同过滤推荐与其他推荐技术结合，来解决冷启动、数据稀疏等问题。

（3）个性化推荐技术的应用。

2013 年，淘宝推出名为"千人千面"的推荐算法。利用推荐算法智能化地将内容和商品信息分发给相应用户,将电商页面原本"千人一面"的商品展示方式,转变为"千人千面"的个性化展示,依靠用户画像中的兴趣标签对每个用户交互内容界面做"千人千面"的定制化推送。在"千人千面"平台中,每一个用户的"首页"或"首屏"都可以被机器通过算法单独定制,实时推送,24小时不间断更新内容。对于平台而言,有多少位用户就等于拥有多少个独立首页;对于用户而言,感兴趣的内容被优先推荐并排列成持续延伸的信息流界面,不仅避开了无趣信息,而且还拥有了实时更新的界面,内容量和页面容量得到无限释放。

拼多多能够根据用户的基本特征、浏览行为、访问频次、购买行为等信息,基于智能算法对用户需求做出预测,从而进行个性化推荐,并且伴随智能算法的迭代优化,拼多多的推荐逻辑在逐渐外扩,从推荐物品到推荐品类再到推荐场景,如从知道用户想要一把北欧风餐椅,给用户推荐大量北欧风座椅,升级到推荐一整屋的北欧风家具。这种基于用户数据,利用智能推荐算法技术让电商产品 Feed 化展现的做法,让拼多多实现了从卖一样货到卖一个场景,甚至卖一种生活方式或氛围的转变。

字节跳动分别于 2012 年和 2016 年上线今日头条 APP 和抖音 APP 两款以推荐算法驱动的内容平台。计算机通过推荐算法主动推荐内容,让创作者的内容突破了微博、微信依靠粉丝或好友转发被动获取流量的模式,为新入驻平台的创作者提供相对公平的流量获取机会。创作内容的推荐流量获取不依赖既有粉丝或好友数,名人明星和普通创作者在同一时段发布的内容,可视为在同一个起跑线出发。内容实时的阅读数据所呈现的内容优质度,是推荐算法量级的决定因素。

3. 购物车

电子购物车(Electronic Shopping Cart)也称为购物袋或购物篮,是一种软件,它允许顾客在安排付款和结账之前,集中放置他们希望购买的物品,就像在超市中的购物车一样。电子购物车能自动计算总金额,并加上合适的税费和物流费用。客户可以通过检查和修改他们的购物清单,最后点击"提交"按钮来完成购买。

B2C 的购物车相当简单(如需查看示例,请访问 tmall.com),但对于 B2B 来说,购物车可能更为复杂。购物车可以免费作为商户套件之外的独立组件进行出售或者免费提供给商户。它也可以被嵌入商户的服务器。微博、抖音、快手、Facebook 均嵌有购物车。有些企业直销商城购物车提供产品和服务个性化定制功能,如 Dell、Nike 和海尔等。

3.2.2 虚拟社区和社交网络

1. 虚拟社区

社区由一群有共同兴趣、彼此互动的人群构成。虚拟社区又称为网络社区或在线社区,是指通过计算机网络(主要是互联网)进行交互的社区形式。虚拟社区与典型的线下社区(如街区、俱乐部或社团)相似,区别是虚拟社区中的人不会面对面相见,而是在网上见面。虚拟社区为成员提供了多种进行交互、协作和交易的方式,从不同的角度,按照不同的标准，虚拟社区可分成多种类型。

（1）从社区成员的开放性角度分类。

从这一角度分类，虚拟社区可以分成公共社区和私人社区。公共社区的会员资格向任何人开放，如微博、Twitter，社区的所有者可能是一家私营公司、公益性组织或非营利组织。私人社区成员仅限于满足特定要求的人，可以是内部的（员工），也可以是外部的（面向客户和供应商）。

（2）其他分类。

从技术角度进行分类，虚拟社区可以区分为BBS、Blog、Wiki、IM、SNS、电子邮件组等。从使用虚拟社区的基本需求角度进行分类，虚拟社区可以分为兴趣型社区（如豆瓣网）、关系型社区（如虚拟品牌社区）、娱乐型社区（如QQ扑通社区、抖音）、事务型社区（如linkedin.com）。

2. 社交网络

社交网络是由节点（通常是个人、团体或组织）通过爱好、友谊或职业等环节连接起来的一个虚拟社区，其成员在此进行互动、分享和展示社交行为，是目前最热门的虚拟社区类型。社交网络服务是指基于社交网站为其社区成员提供免费的Web空间和工具，用于构建配置文件，交互、共享、连接，并创建和发布内容。国内典型的社交网络服务平台有微信、微博、抖音、快手和哔哩哔哩等，国外典型的社交网络服务平台有Facebook（脸书）、Twitter（推特）和YouTube（油管）等。

随着网络带宽的增加、信息技术的进步，社交网络服务功能不断增强，不仅能支持图像、语音、视频等复杂交互行为，还可提供多种功能和服务：用户可以构建一个网页，向公众展示他们的个人资料；用户可以创建彼此相互联系的朋友圈；网站提供讨论论坛（按分组、按主题）；支持查看照片、视频和文档以及共享（流媒体视频、用户提供的视频）；可以用维基百科共同创建文档；支持社区电子邮件和及时通信功能；提供专家回答会员的提问；消费者可以对产品和服务进行评分和评论；可以投票表决成员的意见；支持视频直播、会议聊天，相关内容可存储及回放；可利用留言和公告板服务向网站上的团体和个人发布信息；为内容（包括照片、视频和音乐）提供存储空间；用户可以为自己创建的内容添加书签。

社交性是电商平台的重要特色。例如，拼多多APP通过"拼小圈"扩展社交功能，将商品在诸如亲戚、同学、朋友等信任度较高的社会关系之间传播，形成口碑，持续吸引新的交易流量，从而将交易融入社交中，通过"砍价""拼团"等方式实现"从生活到生意""从关系到交易"的转化。

3.2.3 增强现实和众包

1. 增强现实

增强现实（Augmented Reality，简称AR）技术是指通过3D技术在真实物体上叠加虚拟对象，并强调虚拟对象与真实世界物体的交互，达到一种视觉混合增强效果。增强现实技术作为虚拟现实（Virtual Reality，简称 VR）技术的延伸，其基本软硬件构成与虚拟现实技术十分相似，因此两者间存在着不可分割的密切关系，但是它们有着显著的差别。VR 是由计算机生成的对真实生活环境的模拟，用户可以沉浸其中。如果将整个环境分为场景和物体，那么虚拟现实中的场景和物体都是虚拟的，这正好完全符合虚拟现实沉浸性的特点。在虚拟现实中，使用者无法感知到周围的真实世界，因此延伸出新的技术让虚拟与实体同时在同一空间共存，该技术即为增强现实。增强现实中的场景即是真实的场景，同时把虚拟的物体融入真实的场景，实现虚实结合，让使用者同时感知真实世界与虚拟世界。因此，AR 和 VR 两种技术在实现用户沉浸的目标上是相似的，但它们采用的方法和想要达到的最终目标都不相同。

越来越多的应用程序在使用 AR 技术。2017 年 4 月，FaceBook 的年度 F8 大会将 AR 和 VR 视为未来的方向。扎克伯格表示，VR 和 AR 社交将成为最普及的社交方式。同年 5 月起，美国主流社交平台 Facebook、Snapchat、Instagram 纷纷打通了 AR 入口，在社交中加入 AR 玩法。国内，BAT（百度、阿里巴巴、腾讯）等互联网巨头相继提出了 AR 社交战略，美图、B612、抖音、秒拍等社交软件纷纷发力 AR 相机。2018 年，Magic Leap 发布了基于 Magic Leap One 的社交应用 Avatar Chat。该应用让人们不再受时间或地点的局限，可以以 AR 的方式远程与家人、朋友沟通。此后，AR 社交呈现泛软件化，AR 社交也开始延伸至智能手机、智能头显等众多终端。

在电子商务领域，AR 主要被用于广告和营销。增强现实技术可以通过信息丰富的图形叠加层和演示来可视化产品。消费者可以使用网络摄像头、移动设备或店内镜子试穿试用产品，与卖家进行"一对一"交互，从而使购物体验更加真切。AR 产品可视化应用程序优势明显：增加购物的新颖性和便利性；沉浸式 AR 体验更吸引年轻观众；通过实时产品可视化提高客户参与度和销售量；客户可以拍照并在社交网络上分享，便于病毒式传播。

2. 众包

众包（Crowdsourcing）的概念是 2006 年 6 月由杰夫·豪在《连线》杂志的一篇文章里首次提出的，指一个公司或机构把过去由员工执行的工作任务，以自由自愿的形式，外包给非特定的（通常是大型的）大众网络的做法。其中，外包（Outsourcing）是指企业通过整合、利用其外部最优秀的专业化资源，达到降低成本、提高效率、充分发挥自身核心竞争力和增强企业应对外界环境能力的一种管理模式。它与众包存在一定的相似性。

第一，它们都是竞争日益激烈的市场经济产物，外包鼓励公司"有所为有所不为"，众包鼓励消费者及用户"你的地盘你做主"。其次，延伸了组织边界。一个将任务外包的组织，其外延可以扩展到它旗下所有的接包商；而一个将任务众包的组织，其外延则包括它所有的众包合作伙伴，甚至可以囊括每个互联网用户。第三，企业的创新不再局限于企业内部，企业开始向外寻求创新能力，这是对传统创新模式的最大突破。

但二者之间也存在许多不同之处。外包强调的是高度专业化，它是社会专业化分工的必然结果，是专业化作用下规模经济的产物；它信赖的是专业化的机构和人士，主张让专业人干专业事，企业"有所为有所不为"。众包恰恰相反，它倡导的是社会多样化、差异化所激发的创新潜力，是范围经济的产物，依靠的是"草根阶层"。

在众包过程中，发起者招募群体进行内容创建，完成烦琐任务或从事研究和开发。这种做法的基本逻辑是两个人的想法优于一个人的想法，大团体的集体智慧可以以低成本解决复杂问题。众包涉及三个基本要素：需要执行的任务，用于处理任务的群体，以及用于执行任务的模型和流程。虽然不同企业应用众包的形式有所不同，但相同的商业理念会形成类似的模式核心结构。众包的一般工作流程为：① 发包方根据自身的实际需求，确定需要通过众包来完成的任务；② 发包方确定完成任务的众包平台，通常有两种选择，可以考虑自建众包平台（如星巴克公司自建了"我的星巴克创意"的社交媒体网站，向客户征求意见和反馈意见），还可以考虑借助第三方众包平台（如宝洁借助 InnoCentive 平台发布任务）；③ 发包方将任务发布到众包平台；④ 众包平台根据任务的特性，确定实施该任务的过程机制，如确定是采用协作模式还是竞赛模式；⑤ 众包平台将任务推送给接包方；⑥ 接包方根据自己的参与动机接受任务，并可以根据任务的具体需求与发包方进行协调、咨询；⑦ 接包方执行任务，搜索问题解决方案，并将其提交到平台；⑧ 平台对所有问题解决方案进行评估；⑨ 对获胜的个体或者团队进行奖励。

3.3 电子商务新技术

3.3.1 物联网

1. 物联网的含义和特征

物联网（Internet of Things），顾名思义，就是"物物相连的互联网"，这里蕴含两层含义：第一，物联网的核心和基础仍然是互联网，是在互联网的基础上延伸和扩展的网络；第二，其应用场景延伸和扩展到了任何物体与物体之间的联通。它具体是指通过射频识别装置、红外感应器、全球定位系统、激光扫描器等信息传感设备，按约定的协议将任何物体与网络相连接，物体通过信息传播介质进行信息交换和通信，以实现智能化识别、定位、跟踪、监控和管理的一种网络。

物联网理念最早出现在比尔·盖茨于 1995 年所著的《未来之路》一书中。1999 年，美国 Auto-ID 首先提出了"物联网"的概念，其主要建立在物品编码、射频识别技术和互联网的基础上。2005 年 11 月 17 日，在突尼斯举行的信息社会世界峰会（WSIS）上，国际电信联盟（TTU）发布了《ITU 互联网报告 2005：物联网》，正式提出了"物联网"的概念。2009 年 8 月，"感知中国"的概念被提出，此后物联网被正式列为国家五大新兴战略性产业之一，并写入政府工作报告，物联网在中国得到了全社会极大的关注。

物联网具有网络化、物联化、互联化、自动化、感知化、智能化的基本特征。

（1）网络化。

机器到机器（Machine to Machine，简称 M2M）的连接无论是无线还是有线形式，都必须形成网络；不管是什么形态的网络，最终都必须与互联网相连接，这样才能形成真正意义上的物联网（泛在性的）。

（2）物联化。

人物相连、物物相连是物联网的基本要求之一。计算机和计算机连接成互联网，可以实现人与人之间的交流。而物联网就是在物体上安装传感器、植入芯片，然后借助无线或有线网络，让人们和物体"对话"，让物体和物体之间进行"交流"。

（3）互联化。

物联网是一个让人与自然界、人与物、物与物之间进行交流的平台。因此，在一定的协议条件下，实行多种网络融合互联，分布式与协同式并存，是物联网的显著特征。

（4）自动化。

物联网通过数字传感设备自动采集数据，根据事先设定的运算逻辑，利用软件自动处理采集到的信息，一般不需人为干预；按照设定的逻辑条件，如时间、地点、压力、温度、湿度、光照等，可以在系统的各个设备之间自动进行数据交换或通信；对物体的监控和管理实现自动按指令执行。

（5）感知化。

在各种物体上都能植入微型感应芯片，这样，任何物体都可以变得有感觉、有知觉。这主要是依靠射频识别设备、红外感应器、定位系统、激光扫描器等信息传感设备来实现的。

（6）智能化。

通过装置在各类物体上的电子标签、传感器，赋予物体智能，实现人和物体的沟通和对话、物体与物体的沟通和对话。

2. 物联网的体系结构

物联网的体系结构大致可分为感知层、网络层和应用层三个层次。

感知层的主要功能是信息感知与采集。感知层主要包括二维码标签和识读器、射频识别标签和读写器、摄像头，以及各种传感器等装置和设备，如温度感应器、声音感应器、震动感应器、压力感应器等。该层可完成物联网应用数据的采集和设备控制。

物联网的网络层是在现有通信网和互联网的基础上建立起来的，综合使用了 3G/4G/5G 网络、有线宽带、公用电话交换网、无线通信技术，实现了有线与无线的结合、宽带与窄带的结合、感知层与通信网的结合。

物联网的应用层由各种应用服务器组成（包括数据库服务器），利用经过分析处理的感知数据为用户提供丰富的特定服务。应用层服务可分为监控型（物流监控、污染监控等）、查询型（智能检索、远程抄表等）、控制型（智能交通、智能家居、路灯控制等)、扫描型(手机钱包、高速公路不停车收费系统)等。

3. 物联网的关键技术

从物联网的三层体系结构中可以看出,物联网产业链可细分为物体标识、感知、处理和信息传送四个环节,关键技术包括射频识别技术、传感器技术、网络通信技术和定位技术等。

(1) 射频识别技术。

射频识别技术是物联网中非常重要的技术。射频识别技术是一种非接触式的自动识别技术,它通过射频信号自动识别目标对象并获取相关数据,识别工作无须人工干预,可工作于各种恶劣环境。射频识别技术可识别高速运动物体并可同时识别多个标签,操作快捷方便。

一套完整的射频识别系统是由阅读器(Reader)、电子标签(TAG,也就是所谓的应答器,Transponder)及应用软件三部分组成的。其工作原理是阅读器发射某一特定频率的无线电波能量给电子标签,用以驱动电子标签电路将内部的数据送出,之后阅读器便依序接收、解读数据,并传送给应用软件进行相应的处理。射频识别技术可应用于社会各个领域,如安防、物流、仓储、追溯、防伪、旅游、医疗、教育等领域,主要用于实现产品的识别、追踪和溯源等。

(2) 传感器技术。

传感器是一种检测装置,通常由敏感元件和转换元件组成,能感知到预定的被测信息,并能将检测到的信息按一定规律变换成电信号或其他所需形式输出,以满足信息的传输、处理、存储、记录和控制等要求。引入嵌入式智能技术,在传感器基础上增加协同、计算、通信功能,可使传感器智能化,具有感知、计算和通信能力。目前传感器技术已渗透到科学和国民经济的各个领域,在工农业生产、科学研究及改善人民生活等方面起着越来越重要的作用。

(3) 网络通信技术。

传感器依托网络通信技术实现感知信息的传递。传感器的网络通信技术可分为两类:近距离通信技术和广域网络通信技术。在广域网络通信方面,互联网、3G 移动通信、4G 移动通信、5G 移动通信、卫星通信技术等实现了信息的远程传输。特别是以 IPv6 为核心的下一代互联网的发展,使为每个传感器分配 IP 地址成为可能,也为物联网的发展创造了良好的网络基础条件。

(4) 定位技术。

目前,定位技术主要有卫星定位、基站定位、Wi-Fi 定位和蓝牙定位等。

① 卫星定位。美国全球定位系统(GPS)是最早投入使用、在民间使用最广泛的卫星定位系统。我国的北斗卫星导航系统(BDS)的服务范围在 2018 年年底由区域扩展为全球。另外,比较成熟的卫星定位系统还有俄罗斯格洛纳斯卫星导航系统和欧洲伽利略卫星导航系统。卫星定位是最常见的定位技术,在生活中随处可见,如汽车车载导航和手机 APP 百度地图、高德地图,都是使用了卫星定位技术。

② 基站定位。基站定位一般应用于手机用户，手机基站定位服务又叫移动位置服务。它通过移动网络运营商的网络获取移动终端用户的位置信息（经纬度坐标）。基站定位精度较低，其精度取决于基站分布密度。有资料显示，基站分布密集区域的定位精度可达 20～50 米甚至更精确，而在基站分布稀疏地区的定位误差可高达数千米。

③ Wi-Fi 定位。Wi-Fi 定位系统的服务器有每个无线访问接入点（AP）的坐标数据，只要移动电子设备连接了 Wi-Fi 信号，Wi-Fi 定位系统便可根据一个或者多个无线访问接入点的坐标来确定该移动电子设备的位置。Wi-Fi 定位一般用于室内定位，比基站定位精度高很多。

④ 蓝牙定位。蓝牙定位和 Wi-Fi 定位原理有一定的相似性，区别不是很大。蓝牙定位技术最大的优点是设备体积小、距离短、功耗低，容易集成在手机等移动电子设备中。只要开启设备的蓝牙功能，就能够对其进行定位。对于复杂的空间环境，蓝牙定位的稳定性稍差，受噪声信号干扰大，价格比较昂贵。

4. 物联网的应用

物联网的应用主要包括智能家居、智能穿戴、智能交通、智能医疗和智慧城市等。今天的物联网，已经每时每刻充斥在我们每个人的生活中，国内比较成功的物联网的应用主要有列车车厢管理、第二代身份证、大部分高校的学生证、市政交通一卡通、高速公路 ETC（不停车收费系统）等。

在电子商务活动中，物联网的应用也将非常广泛。电子商务活动中产品的生产、仓储、物流配送等各个环节都存在较大的改进空间。利用物联网，电商企业可以实现对每一件产品的实时监控，对物流体系进行管理；还可以对产品在供应链各阶段的信息进行分析和预测。例如，可以应用物联网技术对库存物品信息进行实时感知，形成自动化库存管理，并和网上零售系统实现数据共享；可借助物品标识和定位技术，将配送包裹模块化，让消费者、网上零售商户和物流公司三方实时获悉货物的位置。

3.3.2 云计算

1. 云计算的含义和特征

云计算（Cloud Computing）是通过网络提供可伸缩的、廉价的分布式计算能力的一种技术。用户只需要在具备网络接入条件的地方，就可以随时随地获得所需的虚拟化资源，如网络、服务器、存储空间、应用软件等。

云计算具有以下基本特征：

（1）按需服务，即自助式服务，以服务的形式为用户提供应用程序、数据存储、基础设施等资源，并可以根据用户需求自动分配资源，而不需要系统管理员干预。

（2）泛在接入，即随时随地使用，用户可以利用各种终端设备（如 PC、笔记本电脑、智能手机等）随时随地通过互联网访问云计算服务。

（3）计费服务，即可度量的服务，监控用户的资源使用量，并根据资源的使用情况对提供的服务进行计费。

（4）弹性服务，即快速实现资源弹性扩缩，服务的规模可快速伸缩，以自动适应业务负载的动态变化。

（5）资源池化，资源以共享资源池的方式统一管理，并能将资源分享给不同用户。

2. 云计算的服务模式

云计算是一种新的服务模式。根据侧重点的不同，云计算服务大致可以分为三大类：IaaS、PaaS 和 SaaS。

IaaS 是 Infrastructure-as-a-Service 的缩写，称为"基础设施即服务"，是指将计算、存储、网络以及搭建应用环境所需的一些基础环境当作服务提供给用户，使得用户能够按需获取 IT 基础设施。IaaS 主要由计算机硬件、网络、存储设备、平台虚拟化环境、效用计要方法、服务级别协议等组成，主要产品有国外的亚马逊云、微软云，国内的阿里云、腾讯云、华为云等。

PaaS 是 Platform-as-a-Service 的缩写，称为"平台即服务"。PaaS 是建立在 IaaS 之上的，为用户提供应用程序的开发与运行环境。通用的 PaaS 平台技术难度很高，成熟的产品很少，主要有国外的 RedHat 公司的 OpenShift、Pivotal 软件公司的 Cloud Foundry 等，以及国内的中国移动物联网开放平台、代码托管和研发协作平台——码云等。随着技术的进一步成熟，有实力的大公司，如阿里巴巴、腾讯、华为、浪潮、中国电信、中国移动等，会同时提供 IaaS 与 PaaS。

SaaS 是 Software-as-a-Service 的缩写，称为"软件即服务"。SaaS 是一种通过互联网提供软件服务的模式。厂商将应用软件统一部署在自己的服务器上，客户可以根据自己的实际需求，通过互联网向厂商订购所需的应用软件服务，按订购的服务多少和时间长短向厂商支付费用，并通过互联网获得厂商提供的服务。SaaS 比 PaaS 更具专业性与集成性，产品有腾讯的微信平台及 QQ 平台、在线教育平台——职教云、用友新一代云 ERP 等。

3. 云计算的部署模式

云计算包括公有云、私有云和混合云三种模式。

（1）公有云面向所有用户提供服务，用户一般可通过互联网使用，如阿里云、腾讯云、金山云和百度云等。它使客户能够访问和共享基本的计算机基础设施，包括硬件、存储和带宽等资源。

（2）私有云是为某一个客户单独使用而构建的，因而可提供对数据、安全性和服务质量的最有效控制。私有云可以被部署在企业数据中心的防火墙内，也可以被部署在一个安全的主机托管场所。私有云能保障客户的数据安全，目前有些企业已经开始构建自己的私有云。

（3）混合云是公有云和私有云两种服务方式的结合。企业在选择公有云服务的同时，为了安全和便于控制，会将部分企业信息放置在私有云上，因此，大部分企业使用的是混合云模式。

3.3.3 大数据

1. 大数据的含义和特征

大数据（Big Data）是指无法在一定时间范围内用常规软件工具进行捕捉、管理和处理的数据集合，是需要新处理模式才能具有更强的决策力、洞察发现力和流程优化能力的海量、高增长率和多样化的信息资产。它具有四个主要特征。

（1）数据量大。

随着移动社交网络技术的发展及广泛应用，人们可以随时随地发布包括博客、微博、微信等在内的各种信息；随着物联网的推广和普及，各种传感器和摄像头将遍布人们工作和生活的每个角落，这些设备每时每刻都在自动生产大量的数据，所涉及的数据量巨大，已经从 TB 级别跃升到 PB 级别。根据某著名咨询机构做出的估测，人类社会产生的数据总量一直都在以每年 50% 的速度增长，这被称为"大数据摩尔定律"。

（2）数据类型繁多。

数据来自多种数据源，数据种类和格式多样，90% 左右是半结构化和非结构化的数据。从来源来看，主要包括邮件、音频、视频、微信、微博、位置信息、链接信息、手机呼叫信息、网络日志等；从格式来看，有文本、音频、视频、图片、表格等。

这些数据需要清洗和转换才能被存储于关系型数据库中。

（3）产生和处理速度快。

大数据时代的数据产生速度非常迅速，很多应用都需要基于快速生成的数据给出实时分析结果，用于指导生产和生活实践。数据处理和分析的速度通常需要达到秒级响应。例如，谷歌公司的 Dremel 可以在 2~3 秒内完成 PB 级别数据的查询。

（4）价值密度低。

大数据价值密度远远低于传统关系型数据库中已经存在的数据。在大数据时代，很多有价值的信息都是分散在海量数据中的，需要通过数据清洗、转换和分析才能被发掘。而这一过程通常需要耗费巨资。

2. 大数据的处理流程

大数据技术，就是从各种类型的数据中快速获得有价值信息的技术。大数据处理方法有很多，一般来说，大数据处理流程包括大数据采集及预处理、大数据存储及管理、大数据分析及挖掘和大数据展现四个步骤。

（1）大数据的采集及预处理。

在互联网时代，数据来源广泛，包括商业数据、互联网数据、传感器数据等，数据类型复杂多样，有结构化、半结构化及非结构化等多种类型。

大数据采集，就是从大量数据中采集出有用的信息，为大数据分析打下基础，是整个大数据分析中非常重要的环节。大数据的采集需要庞大的数据库作为支撑，有时也会利用多个数据库同时进行大数据的采集。

采集端有很多数据库，工作人员需要将这些分散的数据库中的海量数据全部导入一个集中的大的数据库中，在导入的过程中依据数据特征对其进行一些简单的清洗、筛选，这就是大数据的导入和预处理。

（2）大数据的存储及管理。

大数据存储与管理要用存储器把采集到的数据存储起来，建立相应的数据库，并进行管理和调用，主要解决大数据的可存储、可表示、可处理、可靠性及有效传输等几个关键问题。

（3）大数据分析与挖掘。

大数据分析是对已经导入的海量数据依据其本身特征进行分析并对其进行分类汇总，以满足大多数常见的分析需求。在分析过程中需要用到大数据分析工具。数据挖掘则是从大量的、不完全的、有噪声的、模糊的、随机的实际应用数据中，提取隐含在其中的、人们事先不知道的但又是潜在有用的信息和知识的过程。数据挖掘涉及的技术方法有很多，只有运用相对准确合适的方法，才能从大数据中得到有价值的结果。

（4）大数据的展现。

大数据技术能够将隐藏于海量数据中的信息和知识挖掘出来，为人们的社会经济活动提供依据，从而提高各个领域的运行效率。大数据展现方式包括图化展示（散点图、折线图、柱状图、地图、饼图、雷达图、K线图、箱线图、热力图、关系图、直方图、树图、平行坐标、桑基图、漏斗图、仪表盘）和文字展示等。

3. 大数据的影响和应用

大数据能对科学研究、思维方式、社会发展等产生显著影响。其中对人的思维方式影响最大，即全样本而非抽样、效率而非精确、相关而非因果。

大数据已被广泛应用于各个行业，包括零售、社交网络、金融、汽车、餐饮、电信、物流、交通等在内的社会各行各业都已经与大数据密切融合。大数据的应用往往是与云计算、人工智能及物联网紧密结合的。

3.3.4 人工智能

1. 人工智能的含义

人工智能（Artificial Intelligence，简称AI）是计算机科学的一个分支，它企图了解智能的实质，并生产出一种新的能以与人类智能相似的方式做出反应的智能机器。人工智能可以对人的意识、思维的信息过程进行模拟。该领域的研究包括机器人、语音识别、图像识别、自然语言处理和专家系统等。

人工智能的概念是在1956年8月的达特茅斯会议上被正式提出的。经过60多年的发展，人工智能已经形成了一个由基础层、技术层与应用层构成的蓬勃发展的产业生态链，并应于人类生产与生活的各个领域，深刻而广泛地改变着人类的生产与生活方式，"AI＋"各类应用层出不穷。我国普通公众对人工智能发展应用的认知始于2016年初的

AlphaGo（阿尔法围棋）与人类的围棋对决，此后"人工智能"的概念逐渐被普通大众熟知。

2. **人工智能的关键技术**

人工智能已经逐渐发展为一个庞大的技术体系，它涵盖了机器学习、深度学习、人机交互、自然语言处理、机器视觉等多个领域的技术。

（1）机器学习。

机器学习是一门多领域交叉学科，涉及统计学、系统辨识、逼近理论、神经网络、优化理论、计算机科学、脑科学等诸多领域。机器学习主要研究计算机怎样模拟或实现人类的学习行为，以获取新的知识或技能，重新组织已有的知识结构，使之不断改善自身的性能。

（2）深度学习。

深度学习是机器学习研究中的一个新的领域，其动机在于建立、模拟人脑进行分析学习的神经网络，模仿人脑的机制来解释图像、声音和文本等数据。深度学习是当前人工智能商业化进程中应用最广泛的一种机器学习方式，它能够基于对用户特征和产品属性等关键信息的提取实现营销场景的个性化预测、推荐和匹配。例如，新电商平台拼多多利用其领先的分布式 AI 技术，实现了商品消费环节基于人人以及人机交互的智能推荐，类似的情境还有淘宝的"猜你喜欢"，以及今日头条的"你关心的，才是头条"。

（3）人机交互。

人机交互研究的主要是人和计算机之间的信息交换，它是人工智能领域重要的外围技术。人机交互与认知心理学、人机工程学、多媒体技术、虚拟现实技术等密切相关。人机交互技术除了传统的基本交互和图形交互外，还包括语音交互、情感交互、体感交互及脑机交互等技术。

（4）自然语言处理。

自然语言处理泛指各类通过处理自然语言并将其转化为计算机可以"理解"的数据的技术。自然语言处理研究的主要是能实现人与计算机之间用自然语言进行有效通信的各种理论和方法。它涉及的领域较多，主要包括机器翻译、机器阅读理解和问答系统等。

（5）机器视觉。

机器视觉就是用机器代替人眼来做测量和判断，让计算机拥有类似人类提取、处理、理解、分析图像和图像序列的能力。机器视觉系统通过机器视觉设备（图像摄取装置）将被摄取目标转换成图像信号，传送给专用的图像处理系统，得到被摄目标的形态信息，根据像素分布和亮度、颜色等信息，将其转变成数字信号，图像系统再对这些信号进行各种分析并抽取目标的特征，根据判别的结果来控制现场的设备动作。

3. **人工智能的应用**

人工智能具有广阔的应用前景，目前"AI +"已经成为发展趋势，下面是人工智能应用最多的几大领域。

（1）智慧家居。

智慧家居主要是指基于物联网技术，通过智能硬件、软件系统、云计算平台构成一套完整的家居生态圈。用户可以对设备进行远程控制，设备间可以互联互通，并进行自我学习等。智慧家居系统能整体优化家居环境的安全性、节能性、便捷性等。

（2）智慧零售。

人工智能在零售领域的应用已经十分广泛，无人便利店、重力感应无人售货机、自助结算、情绪识别系统、人脸识别技术及生物识别支付技术已经逐步应用于新零售中。智慧零售正在一点一滴地改变着人们的生活。

（3）智慧交通。

智慧交通系统是人工智能、物联网、云计算及大数据在交通系统中集成应用的产物。目前，我国主要是通过对交通中的车辆流量、行车速度进行采集和分析，对交通实施监控和调度，有效提高通行能力，简化交通管理，降低环境污染等。

（4）智慧医疗。

医疗方面是人工智能应用的一大领域。智慧医疗在辅助诊疗、疾病预测、医疗影像辅助诊断、药物开发等方面已经发挥出重要作用。目前，比较流行的可穿戴设备，如智慧手环、手表等，具有心血管监测、血压监测、睡眠监测、运动计步、行走里程计数、卡路里消耗统计等多种功能，对于个人的疾病预防和医疗保健具有辅助作用。

（5）智慧教育。

智慧教育通过图像识别，可以进行机器批改试卷、识题答题等；通过语音识别，可以纠正、改进用户发音；而人机交互可以用来进行在线答疑解惑等。人工智能和教育的结合可以从工具层面给用户提供更有效率的学习方式。

（6）智慧物流。

物流行业已经利用智能搜索、计算机视觉以及智能机器人等技术，在运输、仓储、配送、装卸等流程上进行了自动化改造，基本能够实现无人操作。目前物流行业大部分人力分布在"最后一千米"的配送环节，京东、苏宁、菜鸟争先研发无人车、无人机、无人仓等，都是在力求抢占市场先机。

◆ 3.3.5 区块链

1. 区块链的含义和类型

区块链这一概念是由中本聪在其2008年发表的《比特币：一种点对点的电子现金系统》一文中首次提出的，用于解决传统中心化信息系统信用风险及信用成本高的问题。它是将若干记录了交易数据的区块进行链接的技术，形成前后相连的链式结构，每一个区块承接上一个区块的交易数据，从而构建出信息不可篡改的链条。比特币是区块链的首个应用，区块链是比特币的底层技术，本质上是一种集成了共识机制、非对称加密算法、时间戳（Timestamp）等基础技术的分布式账本技术。它具有去中心化、不可篡改性、可追溯性、匿名性、公开性和集体维护性等特点，可以基于较低的成本和风险实现跨部门、跨区域的信息协同与资源共享，具有传统的数据存储和交易方式无可比拟的独特优势。

区块链目前分为以下三类："公有链"（Public Blockchain）、"私有链"（Private Blockchain）与"联盟链"（Consortium Blockchain）。

公有链指交易信息向大众公开，所有人均可参与竞争记账权，不需要经过许可的区块链。私有链指在某些应用场景下，数据信息不对外公开，其读写权限通常集中在一个组织中，只有被许可的人才可以参与记账成为节点并且查看数据的私有区块链。私有链一般适用于特定机构的内部数据管理与审计。联盟链是指有若干个机构共同参与管理的区块链，每个机构管理一个或多个节点，其数据只允许系统内的机构进行读写和发送。联盟链是一种公司与公司、组织与组织之间达成联盟的模式。公有链、联盟链和私有链三种应用模式，已经从最初的数字货币扩展到物流、农业、大数据、安全、社区等社会的各个领域，构筑了"区块链+"的应用生态，初步形成由上游、中游、下游和相关服务企业构成的产业生态。

2. 智能合约

智能合约由"智能"和"合约"这两个词组成。首先，智能合约是个合约，与所有合约一样，规定了合约双方的权利义务。其次，它是个智能的合约，只要条件达成，它就能根据计算机设定好的软件代码自动执行合约条款，因此有"code is law"（代码即法律）这一说法。智能合约用计算机程序取代了法律记录条款并由程序自动执行。2015年诞生的以太坊（ETH），作为首个图灵完备的、具有智能合约的底层公链平台，被认为是区块链2.0的代表。在区块链上部署的智能合约，有内容公开透明、不可篡改等特点，可以有效降低双方违约的风险，节省巨大的人力成本，更加经济高效。

3. 共识机制

共识机制是区块链的灵魂。区块链就像一台计算机，需要通过共识机制来协调计算机的各个零部件共同协作完成对数据信息的校验并记录。共识机制需要保证即便这台计算机中部分零件出现故障，也依然能够成功地记录信息、正常运转。

共识机制可以分为两大类：用于解决可信任环境下 CFT（故障容错）共识算法和用于解决非可信环境下的 BFT（拜占庭容错）共识算法。图灵奖得主莱斯利·兰伯特等人提出了分布式系统中的拜占庭将军问题：拜占庭帝国地域辽阔，为了防御，每个军队都分隔很远，将军与将军之间只能靠信差传消息。拜占庭帝国想要进攻一个强大的敌人，为此派出了10支军队去包围这个敌人。每个将军单独进攻毫无胜算，至少6个将军一起进攻才能取胜。问题是，他们不确定其中是否有叛徒。在这种状态下，这些将军们能否找到一种共识协议来让他们能够远程协商，对进攻战略达成一致从而赢取战争？针对该问题提出的解决办法统称为拜占庭容错机制（Byzantine Fault Tolerance，简称BFT），指的是一大类解决非可信环境下的共识机制，如 PBFT，PoW，PoS 等。

BFT 共识机制常用于公有链和联盟链。CFT 共识算法考虑的问题相对简单一些，它只保证分布式系统中，有的计算机发生故障，但不存在有叛徒节点时，整个分布式系统的可靠性。目前流行的 CFT 共识算法主要有 Paxos 算法及其衍生的 Raft 共识算法，常用于私有链。

区块链技术被广泛地认为是继大型机、个人计算机、互联网、移动互联网之后计算范式的第五次颠覆式创新，推动信息互联网向价值互联网转变，重塑人类社会活动形态。区块链具有优化资源配置、发挥数据价值、保障资产权利、促进资产流通的特点，同时区块链技术在集成后呈现出的整体性突破，将促进与物联网、工业互联网融合健康发展，充分释放数据价值。区块链不仅是技术上的重大集成创新，更是一种思维模式的创新，是数字社会重要的基础设施。区块链可以使数据变成一种由市场动态配置、各方协同合作、价值合理体现的新资源，引发产业生态的优化重构，将对现有各行各业都产生深远的影响。区块链技术也有助于改变经济社会治理方式，提升社会治理水平。包括政府、市场、企业、社会团体和民众等参与的多元化治理是社会发展的趋势，区块链技术通过提升社会化治理、法治保障、公共服务、诚信社会等能力建设，促进社会公平、健康、和谐发展。2016 年，区块链作为战略性前沿技术被列入我国"十三五"国家信息化规划。

本章小结

电子商务模式的实现离不开各种信息技术。本章主要介绍了互联网技术基础、电子商务活动支持技术和电子商务新技术。互联网技术基础部分主要介绍了 TCP/IP、HTTP 和 SMTP 等互联网协议，IP 地址和域名，互联网常见的三类资源（网站、网页和 APP）。电子商务活动支持技术主要介绍了搜索引擎、个性化推荐和购物车，虚拟社区和社交网络，增强现实和众包等技术的功能、原理与应用。电子商务新技术部分主要介绍了物联网、云计算、大数据、人工智能和区块链等新一代信息技术的原理与应用。

思考题

1. 解释基本概念：TCP/IP、IP 地址、域名、APP、搜索引擎、虚拟社区、社交网络、增强现实、众包。
2. 讨论面向全网的综合性搜索引擎与电商平台搜索引擎的基本工作过程的异同。
3. 企业社交网络与微博等公共社交网络的区别是什么？
4. 讨论虚拟现实和增强现实之间的异同点。
5. 讨论众包与外包的异同点。
6. 讨论如何应对个性化推荐过程中的"信息茧房效应"问题。
7. 讨论物联网、云计算、大数据、人工智能和区块链新兴信息技术之间的关系。

实训题

1. 淘宝搜索引擎检索及排名规则调查与分析。

访问淘宝网,调查并思考如下问题:

(1) 淘宝搜索引擎搜索框下方的热门搜索词有什么类型特征?是否因人而异?

(2) 淘宝搜索引擎搜索词拓展时采用"前缀匹配原则"是什么意思?

(3) 分析淘宝搜索引擎关键词拆解,预测用户意图的方法。

(4) 搜索词相同的情况下,搜索结果是否因人而异?关键词是否出现在返回结果标题或详情页属性中?

(5) 排名靠前的商品销量、评论量、人气、DSR评分等有什么特征?

2. 调研阿里、京东和腾讯等互联网头部公司对于物联网、云计算、大数据、人工智能和区块链技术的应用情况。

第4章 电子商务安全

4.1 电子商务安全概述

4.1.1 电子商务安全的含义

电子商务的一个重要技术特征是利用信息技术来传输和处理商业信息。因此,电子商务安全从整体上可分为两大部分:计算机网络完全和商务交易安全。

计算机网络安全包括计算机网络设备安全、计算机网络系统安全、数据库安全等。其特征是针对计算机网络本身可能存在的安全问题,实施网络安全增强方案,以保证计算机网络自身的安全性为目标。

商务交易安全则紧紧围绕传统商务在互联网上应用时产生的各种安全问题,在计算机网络安全的基础上,保障以电子交易和电子支付为核心的电子商务过程的顺利进行。

计算机网络安全与商务交易安全实际上是密不可分的,两者相辅相成,缺一不可。如果没有计算机网络安全作为基础,商务交易安全就犹如空中楼阁无从谈起;如果没有商务交易安全保障,即使计算机网络本身再安全,仍然无法达到电子商务所特有的安全要求。

电子商务安全以网络安全为基础。但是,电子商务安全与网络安全又是有区别的。首先,网络不可能绝对安全,在这种情况下,还需要运行安全的电子商务。其次,即使网络绝对安全,也不能保障电子商务的安全。电子商务安全除了基础要求之外还有特殊要求。

从安全等级来说,从下至上有密码安全、局域网安全、互联网安全和信息安全之分,而电子商务安全属于信息安全的范畴,涉及信息的机密性、完整性、认证性等方面。同时,电子商务安全又有它自身的特殊性,即以电子交易安全和电子支付安全为核心,有更复杂的机密性概念、更严格的身份认证功能,对不可拒绝性有新的要求,需要有法律依据性和货币直接流通性的特点,还有网络没有的其他服务(如数字时间戳服务)等。

4.1.2 电子商务面临的安全威胁

在现实世界中,安全的实现相当简单。例如:房子门窗安装足够坚固的锁就可以阻止窃贼的闯入;安装报警器是阻止入侵者破门而入的进一步措施;当从银行账户上提取存款时,出纳员要求出示相关身份证明也是为了保证存款安全;签署商业合同时,需要双方在合同上签名以产生法律效力也是保证合同的安全实施。

但在数字世界中,保证正常的信息流使得交易顺利进行却不是一件容易的事。由于交易是建立在网络基础上的,这种特殊的交易形式使得电子商务的安全也有其特殊性。归纳起来,这些安全威胁可分为如下几类:

1. 信息的截获和窃取

如果没有采用加密措施或加密强度不够,攻击者可能通过因特网、公共电话网、搭线、电磁波辐射范围内安装截收装置或在数据包通过的网关和路由器上截获数据等方式,获取传输的机密信息;或通过对信息的流量、流向、通信频度和长度等参数的分析,推出有用信息,如消费者的银行账号、密码以及企业的商业机密等。

2. 信息篡改

当攻击者获得了网络信息格式以后,通过各种方法和手段对网络中传输的信息进行中途修改,并发往目的地,从而破坏信息的完整性。这种破坏手段主要有以下3种:

(1)篡改,即改变信息流的次序或更改信息的内容,如购买商品的出货地址。

(2)删除,即删除某个消息或消息的某些部分。

(3)插入,即在消息中插入一些信息,让接收方读不懂或接收错误的信息。

3. 信息假冒

当攻击者掌握了网络信息数据规律或解密了商务信息以后,可以假冒合法用户或发送假冒信息来欺骗其他用户,主要有伪造电子邮件和假冒他人身份两种方式。

(1)伪造电子邮件。如虚开网站和商店,给用户发电子邮件、收订货单;伪造大量用户,发电子邮件,穷尽商家资源,使合法用户不能正常访问网络资源,使有严格时间要求的服务不能及时得到响应,或窃取商家的商品信息和用户信用信息。

(2)假冒他人身份。如:冒充领导发布命令、调阅密件;冒充他人消费、栽赃;冒充主机欺骗合法主机及合法用户;冒充网络控制程序,套取或修改使用权限、通行字、密钥等信息;接管合法用户,欺骗系统,占用合法用户的资源。

4. 交易抵赖

交易抵赖包括多个方面,如:发信者事后否认曾经发送过某条信息或内容;收信者事后否认曾经收到过某条消息或内容;购买者订货后不承认;商家因价格差而不承认原有的交易;等等。

4.1.3 电子商务安全需求

电子商务面临的威胁导致了人们对电子商务安全的需求,也是真正实现一个安全的电子商务系统所要求的各个方面，主要包括可靠性、机密性、完整性、认证性、不可抵赖性等。

1. 可靠性

可靠性是指电子商务系统的可靠程度，是指为防止由于计算机失效、程序错误、传输错误、硬件故障、系统软件错误、计算机病毒和自然灾害等所产生的潜在威胁，采取了一系列的控制和预防措施来防止数据信息资源不受到破坏的可靠程度。

2. 机密性

机密性是指交易过程中必须保证信息不会泄露给非授权的个人或实体。电子商务的交易信息直接代表着个人、企业或国家的商业机密。传统的纸面贸易都是通过邮寄封装的信件或通过可靠的通信渠道发送商业报文来保守机密的；而电子商务则建立在一个较为开放的网络环境上，商业保密就成为电子商务全面推广应用的重要屏障。因此，要预防非法的信息存取和信息在传输过程中被非法窃取，确保只有合法用户才能看到数据，防止泄密事件。

3. 完整性

完整性是指数据在输入、输出和传输过程中，要求能保证数据的一致性，防止数据被非授权建立、修改和破坏。电子商务简化了贸易过程，减少了人为的干预，但同时也带来了需要维护商业信息完整、统一的问题。由于数据输入时的意外差错或欺诈行为，可能导致贸易各方信息的差异。此外，数据传输过程中信息的丢失、信息重复或信息传送的次序差异也会导致贸易各方信息不相同。信息的完整性将影响贸易各方的交易和经营策略，保持这种完整性是电子商务应用的基础。

4. 认证性

认证性是指网络两端的使用者在沟通之前相互确认对方的身份。在电子商务中，认证性一般都通过证书机构的证书来实现。由于网络电子商务交易系统的特殊性，企业或个人的交易通常都是在虚拟的网络环境中进行，所以对个人或企业实体进行身份确认成为电子商务中很重要的一环。对个人或实体的身份进行鉴别，为身份的真实性提供保证，即交易双方能够在相互不见面的情况下确认对方的身份。这意味着当某人或实体声称具有某个特定身份时，鉴别服务将提供一种方法来验证其声明的正确性，即商务数据具有认证性的要求。

5. 不可抵赖性

不可抵赖性又叫不可否认性，是指信息的发送方不能否认已发送过的信息，接收方不能否认已收到过的信息，这是一种法律有效性的要求。电子商务可能直接关系到贸易双方的商业交易，如何确定要进行交易的贸易方正是所期望的贸易方，是保证电子商务顺利进行的关键。在传统的纸面贸易中，贸易双方通过在交易合同、契约或贸易单据等书面文件上手写签名或印章来鉴别贸易伙伴，确定合同、契约、单据的可靠性并预防抵赖行为的发生。这也就是人们常说的"白纸黑字"。在无纸化的电子商务方式下，通过手写签名和印章进行贸易方的鉴别已是不可能的了，因此，要在交易信息的传输过程中为参与交易的个人、企业或国家提供可靠的标识预防抵赖，即商务流转数据具有不可抵赖性的要求。

4.2 电子商务安全技术

4.2.1 网络安全技术

1. 防火墙技术

古代构筑和使用木结构房屋的时候，为防止火灾的发生和蔓延，人们将坚固的石块堆砌在房屋周围作为屏障，这种防护构筑物就被称为"防火墙"（Firewall）。随着计算机和网络的发展，各种攻击入侵手段相继出现，为了保护计算机的安全，人们开发出一种能阻止计算机之间直接通信的技术，并沿用了古代类似这个功能的名字——"防火墙"。

（1）防火墙的含义。

防火墙是设置在被保护网络和外部网络之间的一道屏障，以防止发生不可预测的、潜在破坏性的侵入，实现网络的安全保护。防火墙本身具有较强的抗攻击能力，是提供信息安全服务、实现网络和信息安全的基础设施。在与互联网的连接中，防火墙已经成为企业、政府机关等网络连接不可或缺的部分，成为保障内部信息以及防范外网攻击的第一道防线。

防火墙是在两个网络之间执行访问控制策略的一个或一组系统，包括硬件和软件，目的是保护网络不被他人侵扰。本质上，它遵循的是一种允许或阻止业务来往的网络通信安全机制，也就是提供可控的过滤网络通信、只允许授权的通信。

更简单地理解，防火墙就是位于内部网或Web站点与互联网之间的一个路由器或一台计算机，又称为堡垒主机。其目的如同一个安全门，为门内的人和物提供安全。同时它又像工作在前门的安全卫士，控制并检查站点的访问者。

（2）防火墙的基本类型。

① 包过滤防火墙。采用这种技术的防火墙产品，通过在网络中的适当位置对数据包进行过滤，检查数据流中每个数据包的源地址、目的地址、所有TCP端口号和TCP链路状态等要素，然后依据一组预定义的规则，以允许合乎逻辑的数据包通过防火墙进入内部网络，而将不合乎逻辑的数据包加以删除。

包过滤防火墙的优点是不用改动应用程序，一个过滤路由器能协助保护整个网络，数据包过滤对用户透明，而且过滤路由器速度快、效率高。其缺点是不能彻底防止地址欺骗，一些应用协议不适合用数据包过滤（如UDP），正常的数据包过滤路由器无法执行某些安全策略，安全性较差，数据包工具存在很多局限性。

② 代理防火墙。代理防火墙运行在两个网络之间，它对于用户来说，像是一台真的

服务器，而对于外界的服务器来说，它又是一台客户机。当代理服务器接收到用户的请求后，会检查用户请求的站点是否符合公司的要求，如果公司允许用户访问该站点，代理服务器会像一个客户一样，去那个站点取回所需信息再转发给用户。

代理防火墙的优点主要有：易于配置；能生成各项记录；能灵活、完全地控制进出流量、内容；能过滤数据内容；能为用户提供透明的加密机制；可以方便地与其他安全手段集成。其缺点主要有：速度较路由器慢；对用户不透明；对于每项服务，代理可能要求不同的服务器；代理服务不能保证免受所有协议弱点的限制；代理不能改进底层协议的安全性。

③ 状态监视器防火墙。状态监视器防火墙由动态包过滤发展而来，这种防火墙采用了一个在网关上执行网络安全策略的软件引擎，称为检测模块。检测模块在不影响网络正常工作的前提下，采用抽取相关数据的方法对网络通信的各层实施监测，抽取部分数据，即状态信息，并动态地保存起来作为以后指定安全决策的参考。检测模块支持多种协议和应用程序，并可以很容易地实现应用和服务的扩充，如 Check Point 防火墙。

状态监视器的优点：一是检测模块支持多种协议和应用程序，可以很容易地实现应用和服务的扩充；二是它会监测 RPC 和 UDP 之类的端口信息，而包过滤和代理网关都不支持此类端口；三是性能坚固。其缺点主要是：配置非常复杂，而且会降低网络的速度。

④ 复合式防火墙。常见的复合式防火墙是代理服务器和状态分析技术的组合，具有对一切连接尝试进行过滤、提取和管理多种状态信息的功能，同时可以智能化地做出安全控制和流量控制的决策，提供高性能的服务，具有灵活的适应性和网络内外完全透明的特性。

（3）防火墙的功能。

① 保护易受攻击的服务。防火墙能过滤那些不安全的服务，只有预先被允许的服务才能通过防火墙，强化身份识别体系，防止用户的非法访问和非法用户的访问，这样就降低了受到非法攻击的风险性，大大地提高了企业内部网的安全性。

② 控制对特殊站点的访问。防火墙能控制对特殊站点的访问，隐藏网络结构。如有些主机能被外部网络访问，而有些则要被保护起来，防止不必要的访问。通常会有这样一种情况，在内部网中只有电子邮件服务器、FTP 服务器和 WWW 服务器能被外部网访问，而其他访问则被防火墙禁止。

③ 集中化的安全管理。对于一个企业而言，使用防火墙比不使用防火墙可能更加经济一些。这是因为如果使用了防火墙，就可以将所修改过的软件和附加的安全软件都放在防火墙上集中管理。如果不使用防火墙，就必须将所有软件分散到各个主机上。

④ 检测外来黑客攻击的行动。防火墙集成了入侵检测功能，提供了监视互联网安全和预警的方便端点。

⑤ 对网络访问进行日志记录和统计。如果所有对互联网的访问都经过防火墙，那么防火墙就能记录下这些访问，并提供网络使用情况的统计数据。当发生可疑操作时，防火墙能够报警并提供网络是否受到检测和攻击的详细信息。

2. 病毒防范技术

（1）计算机病毒的含义。

"计算机病毒"最早是由美国计算机安全学家弗雷德·科恩博士研制出的一种在运行过程中可以复制自身的破坏性程序，美国计算机专家伦·艾德勒曼将它正式命名为计算机病毒。国外最流行的定义为：计算机病毒是一段附着在其他程序上的可以实现自我繁殖的程序代码。

在《中华人民共和国计算机信息系统安全保护条例》中的定义为：计算机病毒是指编制或者在计算机程序中插入的破坏计算机功能或者数据，影响计算机使用并且能够自我复制的一组计算机指令或者程序代码。

（2）计算机病毒的类型。

① 开机型病毒（引导区病毒）。开机型病毒藏匿在磁盘片或硬盘的第一扇区。DOS的架构设计，使得病毒可以在每次开机时，在操作系统还没被加载之前就被加载到内存中，这个特性使得病毒可以针对DOS的各类中断（Interrupt）进行完全的控制，并且拥有更强的能力进行传染与破坏。

② 文件型病毒。文件型病毒通常寄生在可执行文件（如 *.com、*.exe）中。当这些文件被执行时，病毒的程序就跟着被执行。文件型的病毒依传染方式的不同，又分成非常驻内存型以及常驻内存型两种。

③ 复合型病毒。复合型病毒兼具开机型病毒以及文件型病毒的特性。它们可以传染 *.com、*.exe 文件，也可以传染磁盘的开机系统区（Boot Sector）。这个特性使得这种病毒具有相当强的传染力。

④ 变种病毒。变种病毒也称为千面人病毒。它可怕的地方在于，每当它繁殖一次，就会以不同的病毒码传染到别的地方去。每一个中毒的文件中，所含的病毒码都不一样，对于扫描固定病毒码的防毒软件来说，这无疑是一个严峻的考验。有些严重的千面人病毒，几乎无法找到相同的病毒码。

⑤ 宏病毒。宏病毒主要利用软件本身所提供的宏能力来设计病毒，所以凡具有写宏能力的软件都有宏病毒存在的可能，如 Word、Excel 等。

⑥ 木马病毒。木马病毒主要是指利用计算机程序漏洞侵入后窃取文件的程序，它是一种具有隐蔽性的、自发性的、可被用来进行恶意行为的程序，大多不会直接对计算机产生危害，而是以控制为主。木马的作用是监视别人和盗窃别人的密码、数据等。

⑦ 蠕虫病毒。过去大家对计算机蠕虫可能比较陌生，不过近年来应该常常听到。顾名思义，计算机蠕虫指的是某些恶性程序代码会像蠕虫般在计算机网络中爬行，从一台计算机爬到另外一台计算机，方法有很多种，如通过局域网络或是 E-mail。

⑧ 黑客型病毒。黑客型病毒造成的损失最大，通常通过走后门、发黑色信件、瘫痪网络等方式进行破坏，破坏更严重。如红色代码病毒 CodeRed 利用计算机病毒、计算机蠕虫和黑客三管齐下的方式，造成全球 26.2 亿美元的损失。同样攻击 IIS 漏洞的 Nimda 病毒，其破坏指数远高于 CodeRed。Nimda 反传统的攻击模式，不仅考验着信息系统工作

人员的应变能力，更使得传统的防毒软件面临更大的挑战。

事实上，单一形态的恶性程序愈来愈少了，许多恶性程序不但具有传统病毒的特性，而且结合木马程序、计算机蠕虫形态来造成更大的破坏。

（3）计算机病毒的特征。

① 传染性。计算机病毒的传染性是指病毒具有把自身复制到其他程序中的特性。计算机病毒是一段人为编制的计算机程序代码，这段程序代码一旦进入计算机并得以执行，它就会搜寻其他符合其传染条件的程序或存储介质，确定目标后再将自身代码插入其中，达到自我繁殖的目的。

② 非授权性。一般正常的程序由用户调用，再由系统分配资源，完成用户交给的任务。其目的对用户是可见的、透明的。而病毒具有正常程序的一切特性，它隐藏在正常程序中，当用户调用正常程序时窃取到系统的控制权，先于正常程序执行。病毒的动作、目的对用户是未知的，是未经用户允许的。

③ 隐蔽性。计算机病毒具有很强的隐蔽性，病毒一般是具有很高编程技巧、短小精悍的程序，大部分病毒的代码之所以设计得非常短小，也是为了隐藏。这类病毒有的可以通过病毒软件检查出来，有的根本就查不出来，有的时隐时现、变化无常，处理起来通常很困难。

④ 潜伏性。大部分的病毒感染系统之后一般不会马上发作，它可长期隐藏在系统中，只有满足特定条件时才开始发作。著名的"黑色星期五"就是在每个逢13号的星期五发作。这些病毒在平时会隐藏得很好，只有在发作日才会露出本来面目。

⑤ 破坏性。任何病毒只要侵入系统，都会对系统及应用程序产生不同程度的影响。轻者会降低计算机工作效率，占用系统资源；重者可导致系统崩溃，删除文件，甚至对数据造成不可挽回的破坏。

⑥ 不可预见性。从对病毒的检测方面看，病毒还具有不可预见性。不同种类的病毒，它们的代码千差万别，而且病毒的制作技术也在不断提高，所以病毒对反病毒软件来说永远是超前的。

（4）计算机病毒的防范措施。

在实际应用中，防范病毒应注意从两方面着手：第一，加强网络管理人员的网络安全意识，有效控制和管理本地网与外界进行的数据交换，同时坚决抵制盗版软件的使用；第二，选择和加载保护计算机网络安全的网络防病毒产品，随着网络技术的不断发展，网络反病毒技术将成为计算机反病毒技术的重要方面，也是计算机应用领域中需要认真对待的问题，这将成为网络管理人员及用户的长期任务，只有做好这项工作，才能保证计算机网络长期安全稳定地运行。具体地说，要有效地在整个网络环境下预防病毒应该做到以下几点：

① 给自己的计算机安装防病毒软件。应用于网络的防病毒软件有两种：一种是单机版防病毒产品；另一种是网络版防病毒产品，如瑞星、金山毒霸等。现在许多防病毒软件都兼有部分黑客防火墙的功能，需要注意的是要定期对软件进行升级。

② 认真执行病毒定期清理制度。许多病毒都有一个潜伏期，有时虽然计算机仍在运行，但实际上已经染上了病毒。病毒定期清理制度可以清除处于潜伏期的病毒，防止病毒突然爆发，使计算机始终处于良好的工作状态。

③ 控制权限。可以将网络系统中易感染病毒的文件的属性、权限加以限制。对各种终端用户，允许他们具有只读权限，断绝病毒入侵的渠道，从而达到预防的目的。

④ 高度警惕网络陷阱。网络上常常会出现非常诱人的广告及免费使用的承诺，在从事网络营销时对此应保持高度的警惕。例如，有人发送给某个用户电子邮件，声称为"确定我们的用户需求"而进行调查。作为对填写表格的回报，允许用户免费使用某个软件 5 小时。如果用户被诱惑，那便掉入"黑客"的诡计之中了。这些程序是类似"特洛伊木马"病毒程序的变态。它看起来像一种合法的程序，但是它静静地记录着用户输入的每个密码，然后把它们发送给"黑客"的互联网信箱。

⑤ 不打开陌生地址发来的电子邮件。网络病毒主要的传播渠道是电子邮件，而电子邮件传播病毒的关键是附件中的宏病毒。宏病毒是一类主要感染 Word 文档和文档模板文件的病毒。当有人发一封电子邮件给某个用户，如果它们带有病毒，只要用户打开这些文件，用户的计算机就会被宏病毒感染。此后用户打开或新建文件都可能带上宏病毒，这就导致了宏病毒的感染。

3. 黑客防范技术

（1）黑客概述。

"黑客"（Hacker）源于英语动词 hack，意为"劈砍"，引申为做一件非常漂亮的工作。更多的人对黑客的定义是：那些通过不合法的途径进入别人的网络寻找意外满足的人。然而黑客对自己的定义是：黑客就是那些对技术的局限性有充分认识的人。他们大多是程序员，具有操作系统和编程语言方面的高级知识，乐于探索可编程系统的细节，并且不断提高他们的能力，知道系统中的漏洞及其原因所在；他们不断追求更深的知识，并公开他们的发现，与其他人分享，专业黑客都是很有才华的源代码创作者。从技术水平角度出发，黑客一般被分为 4 类：业余玩家、职业入侵者、计算机高手和 Hacker 级的 Cracker。

（2）黑客的攻击方法。

① 入侵系统攻击。入侵系统攻击是黑客常用的方法之一，包括口令攻击、漏洞攻击、缓冲区溢出攻击及其他入侵手法，这些攻击均源于信息收集的过程。

② 欺骗攻击。欺骗攻击就是使被攻击的对象无法查出地址，或者是使用第三者服务器进行攻击等，其目的就是隐藏自己的地址，具体包括：COOKIE 欺骗、IP 欺骗、Web 欺骗等。

③ 拒绝服务攻击。拒绝服务攻击是网络信息系统由于某种原因不能为授权用户提供正常的服务。典型的拒绝服务攻击有两种形式：资源耗尽和资源过载。目前，分布式拒绝服务攻击是一种典型的拒绝服务攻击手段，其攻击过程可分为以下几个步骤：首先，探测扫描大量主机以寻找可入侵的主机。其次，通过一些典型而有效的远程溢出漏洞攻

击程序，获取其系统控制权。再次，在每台入侵主机中安装攻击程序。最后，利用已入侵主机继续进行扫描和入侵。

④ 木马攻击。"特洛伊木马程序"是黑客常用的攻击手段。当被植入木马的主机连接到因特网上时，这个木马程序就会通知攻击者，报告目标主机的 IP 地址以及预先设定的端口。攻击者在收到这些信息后，利用这个潜在其中的程序，就可以任意地修改目标主机的参数设定、复制文件等，从而达到控制目标主机的目的。

（3）防范黑客的措施。

① 安装必要的安全软件。安装必要的安全软件是防范黑客必做的一件事情，杀毒软件和防火墙都是必备的。除此之外，也可以巧妙地利用一些出色的远程监控软件。

② 关闭不必要的端口。黑客在入侵时常常会扫描计算机端口，如果安装了端口监视程序，该监视程序就会有警告提示。如果遇到这种入侵，可用工具软件关闭用不到的端口。

③ 关闭自动播放，避免间接感染。移动存储设备是病毒传播的主要媒介，有些病毒和恶意代码程序就是专门针对移动存储设备的加密区而写的，即使 U 盘格式化，它们也依然存在。为了防止黑客的攻击，需要关闭计算机的自动播放服务。

④ 防范木马程序。为了防止黑客植入木马程序，在下载文件时先放到自己新建的文件夹里，再用杀毒软件来检测，起到提前预防的作用。在使用中将注册表 HKEY_LOCAL_ MACHINE \ SOFTWARE \ Microsoft \ Windows \ CurrentVersion \ Run 下所有以 Run 为前缀的可疑程序全部删除即可。

⑤ 封死黑客的"后门"。删掉不必要的协议，对于服务器和主机来说，一般只安装 TCP/IP 协议就够了；在没有必要使用的情况下，关闭"文件和打印共享"；禁止建立空链接；关闭不必要的服务。

⑥ 做好 IE 的安全设置。ActiveX 控件和 Java Applets 有较强的功能，但也存在被人利用的隐患，网页中的恶意代码往往就是利用这些控件编写小程序，只要打开网页就会被运行。所以，要避免恶意网页的攻击，只有禁止这些恶意代码的运行。IE 对此提供了多种选择，具体设置步骤是：选择"工具"→"Internet 选项"→"安全"→"自定义级别"，建议将 ActiveX 控件与 Java 相关选项禁用。

⑦ 隐藏 IP 地址。黑客经常利用一些网络探测技术来查看主机信息，主要目的就是得到网络中主机的 IP 地址。如果攻击者知道了你的 IP 地址，等于为他的攻击准备好了目标，他可以向这个 IP 发动各种进攻，如 DoS（拒绝服务）、Floop 溢出攻击等。隐藏 IP 地址的主要方法是使用代理服务器。与直接连接到 Internet 相比，使用代理服务器能保护上网用户的 IP 地址，从而保障上网安全。

⑧ 杜绝 Guest 账户的入侵。Guest 账户即所谓的来宾账户，它可以访问计算机，但受到限制。要杜绝基于 Guest 账户的系统入侵，禁用或彻底删除 Guest 账户是最好的办法，但在某些必须使用到 Guest 账户的情况下，需要通过其他途径来做好防御工作。首先要给 Guest 账户设一个安全性高的密码，然后详细设置 Guest 账户对物理路径的访问权限。

4. 其他防范技术

（1）钓鱼网站防范技术。

① 钓鱼网站的概念。钓鱼网站是一种网络交易欺诈，通常是指不法分子利用各种手段伪装成银行及电子商务等网站，或者利用真实网站服务器程序上的漏洞在站点的某些网页中插入危险的 HTML 代码。

② 钓鱼网站的危害。其主要危害是窃取用户提交的银行账号、密码等私密信息。近年来，钓鱼网站在全球频繁出现，严重地影响了在线金融服务、电子商务的发展，危害公众利益，影响公众应用互联网的信心。它一般通过电子邮件传播，此类邮件中有一个经过伪装的链接将收件人链接到钓鱼网站。钓鱼网站的页面与真实网站界面完全一致，要求访问者提交账号和密码。一般来说，钓鱼网站结构很简单，只有一个或几个页面，URL 和真实网站有细微差别。

③ 钓鱼网站的防范方法。通过第三方网站身份诚信认证，辨别网站的真实性；核对网站域名，仔细辨别是否和官网有不同之处；比较网站内容，可单击某个链接看是否能打开；通过网络内容服务商备案查询网站的基本情况、网站拥有者的情况；查看网站网址是否是以"https"开头，如果不是，应谨慎对待。

（2）公共 Wi-Fi 安全防范技术。

免费公共 Wi-Fi 在带来便利的同时，也存在不少安全风险。在使用免费公共 Wi-Fi 时，需要注意以下几点：

① 关掉共享。用户在公共场所或自己家里使用笔记本电脑时可能会与其他计算机共享文件及文件夹，但在使用公共 Wi-Fi 时关掉这些共享会更加安全。

② 不要自动连接 Wi-Fi 网络。用户的智能手机、平板电脑及笔记本电脑自动连接家里或工作网络确实方便，但当用户在外使用公共 Wi-Fi 时自动连接 Wi-Fi 网络可能会导致一些麻烦，甚至可能遭到黑客的攻击。

③ 在移动银行及购物方面用户须保持"精明"。用户最好在家时才进行与网上银行或购物相关的事项。如果用户确实需要进行一项紧急资产转移，或者立刻购买能够节省一大笔费用，那么使用手机网络连接也比 Wi-Fi 更安全。

④ 使用安全软件。用户的笔记本电脑也应该安装与家里计算机一样的反病毒、反间谍、防火墙等安全软件，在使用公共网络时防火墙尤其重要，其目的就是将"窥探"隔绝。

⑤ 小心偷窥。在数字世界里，并不是所有的危险都源于高科技，用户在使用公共Wi-Fi 时须小心谨慎，以防有人从背后偷窥。当用户在繁忙的机场休息室里使用公共Wi-Fi 时，可能会有人偷窥，希望用户可能透露出一个用户名、密码或者信用卡号码等信息。

4.2.2 信息加密技术

1. 信息加密概述

随着计算机联网的逐步实现,计算机信息的保密问题显得越来越重要。数据保密交换或密码技术,是对计算机信息进行保护的最实用和可靠的方法。

密码学是一门古老而深奥的科学,它对一般人来说是陌生的,因此长期以来,它只在很少的范围内,如军事、外交、情报等部门使用。计算机密码学是研究计算机信息加密、解密及其变换的科学,是数学和计算机的交叉学科,也是一门新兴的学科。随着计算机网络和计算机通信技术的发展,计算机密码学得到了前所未有的重视并迅速普及和发展起来。在国外,它已成为计算机安全主要的研究方向,也是计算机安全课程教学中的主要内容。

密码是实现秘密通信的主要手段,是隐藏语言、文字、图像的特种符号。凡是用特种符号按照通信双方约定的方法把电文的原形隐藏起来,不为第二者所识别的通信方式,就称为秘密通信。在计算机通信中,采用秘密技术将信息隐藏起来,再将隐藏后的信息传输出去,这样信息在传输过程中即使被窃取或截获,窃取者也不能了解信息的内容,从而保证信息传输的安全。

任何一个加密系统至少包括下面 4 个组成部分:未加密的报文,也称为明文;加密后的报文,也称密文;加密解密设备或算法;加密解密的密钥。

发送方用加密密钥,通过加密设备或算法,将信息加密后发送出去。接收方在收到密文后,用解密密钥将密文解密,恢复为明文。如果传输中有人窃取,他只能得到无法理解的密文,从而对信息起到保密作用。

2. 加密的原理

密码编制的原理主要有替代和换位两种方法。古今中外的密码,不论其形态多么繁杂,变化多么巧妙,都是按照这两种基本原理编制出来的。替代和换位这两种原理在密码编制和使用中相互结合,灵活应用。

(1) 替代算法。

替代算法指的是明文的字母由其他字母、数字或符号所替代。最著名的替代算法是恺撒密码。恺撒密码的原理很简单,就是单字母替换,下面是一个简单的例子。

明文:a b c d e f g h i j k l m n o p q

密文:f g h i j k l m n o p q r s t u v

若明文为 apple,对应的密文则为 fuuqj。在这个一一对应的算法中,恺撒密码将字母表用了一种顺序替代的方法来进行加密,此时密钥为 5,即每个字母按顺序退后 5 个。

为了加强安全性,人们想出了更进一步的方法:替代时不是有规律的,而是随机生成一个对照表。

明文:a b c d e f g h i j k l m n o p q r s t u v w x y z

密文：k y d h p o z g i s b t w f l r c v m u n e x j a p

此时，若明文为 apple，则对应的密文为 krrtp。

不过，有更好的加密手段，就会有更好的解密手段，而且不论怎么改变字母表中的字母顺序，密码都有可能被人破解。由于英文单词中各字母出现的频度是不一样的，通过对字母频度的统计就可以很容易对替换密码进行破译。为了抗击字母频度分析，随后产生了换位算法，并将二者进行结合。

（2）换位算法。

换位算法是采用移位法进行加密的。它把明文中的字母重新排列，字母本身不变，只是位置变了。如把明文中的字母的顺序倒过来写，然后以固定长度的字母组发送或记录。

明文：computer systems

密文：sm etsy sretupmoc

列换位法将明文字母分割成为 5 个一列的分组，并按一组后面跟着另一组的形式排好。如明文是：WHAT YOU CAN LEARN FROM THIS BOOK，分组排列如表 4-2-1 所示。密文则以下面的形式读出：WOLFHO HUERIK ACAOSX TARMBX YNNTOX，这里的密钥是数字 5。

表 4-2-1　列换位法

W	H	A	T	Y
O	U	C	A	N
L	E	A	R	N
F	R	O	M	T
H	I	S	B	O
O	K	X	X	X

加密强度取决于以下三个主要因素：

① 算法的强度。这包括几个因素。例如，除了尝试所有可能的密钥组合之外的任何方法都不能解密。必须使用工业标准的算法，它们已经被加密学专家测试过无数次，任何一个加密方案如果没有成为标准将不能被应用。

② 密钥的保密性。这是一个合乎逻辑但有时被忽略了的方面。如果密钥受到损害，没有任何算法能够发挥作用，因此，数据的保密程度直接与密钥的保密程度相关，注意区分密钥和算法，算法不需要保密，被加密的数据是先与密钥共同使用，然后再通过加密算法。

③ 密钥的长度。这是最为人所知的一个方面。根据加密和解密的应用程序，密钥的长度是以"位"为单位，在密钥的长度上加上一位则相当于把可能的密钥的总数乘以两倍。简单地说，构成一个任意给定长度的密钥的位的可能组合的个数可以被表示为 2 的 n 次方，这里的 n 是一个密钥长度，因此，一个 40 位密钥长度的密钥总数将是 2 的 40 次方或 1099511627776 种可能的不同的密钥，与之形成鲜明对比的是现代计算机的速度。

尽管可能加密的密钥的总数是非常大的，专门的计算机现在仍可以在不到一天的时间内试验许多种密钥的组合。1933年，Michael Wiener研制出了一种专门的计算机，专门破译DES（一种使用56位密钥的算法）。其实任何密码无论长度有多长都能被破解。简单地说，一个人或组织在密钥破解的装备上花的钱越多，则密钥就会被越快地破解，这种断言已经得到证实。曾经有个电子基金组织利用建造的专门计算机在不到三天的时间内破译了一个64位基础的密码。

3. 对称加密

对称加密又称为单钥加密或私钥加密，即收发信双方共用一个密钥去加密和解密数据，其示意图如图4-2-1所示。常见的对称加密算法为DES和IDEA等算法，目前广泛使用的是3DES。

对称加密方法对信息编码和解码的速度很快，效率也很高，但需要细心保存密钥。如果密钥泄露，则以前的所有信息都失去了保密性，以后发送者和接收者进行通信时必须使用新的密钥。如果发送者和接收者处在不同的地点，就必须当面或在公共传送系统（电话系统、邮政服务）中在无人偷听偷看的情况下交换密钥。任何人一旦截获了密钥，就可用它来读取所有加密消息。因为密钥必须安全地分发给通信双方，所以对称加密的一个问题就出在密钥的分发上，包括密钥的生成、传输和存放。在公共网络上进行密钥发布非常麻烦，如果企业有几千个在线顾客，那么密钥的发布就很难满足要求。

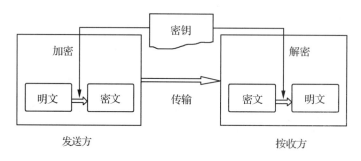

图4-2-1 对称加密技术示意图

对称加密的另一个问题是其规模无法适应互联网这类大环境的要求。每个人通信都要求一个密钥，n个人彼此之间进行保密通信就需要$n(n-1)/2$个密钥。想用互联网交换保密信息的每对用户都需要一个密钥，这时密钥组合就会是一个天文数字。

4. 非对称加密

非对称加密又称为公开密钥加密或双钥加密。1977年，麻省理工学院的三位教授发明了RSA公开密钥密码系统，它是最常用的一种不对称加密算法。RSA公开密钥密码系统使用一对不同的密钥，给别人用的叫公钥，给自己用的叫私钥。公钥与私钥是一对密钥。如果用公钥对数据进行加密，只有用对应的私钥才能解密；如果用私钥对数据进行加密，那么只有用对应的公钥才能解密。非对称加密技术的示意图如图4-2-2所示。这种加密算法中，公钥和私钥存在一种数学关系。公钥保存在公开区域，可在用户中传递，甚至可以印在报纸上面；私钥必须存放在安全保密的地方。RSA是目前使用最广泛的非对称加密算法，它的算法如下：

选取两个足够大的质数 P 和 Q；

计算 P 和 Q 相乘所产生的乘积 $n = P \times Q$；

找出一个小于 n 的数 e，使其符合与 $(P-1) \times (Q-1)$ 互为质数；

另找一个数 d，使其满足 $(e \times d)$ MOD $[(P-1) \times (Q-1)] = 1$，其中 MOD（模）为相除取余，则 (n, e) 即为公钥，(n, d) 即为私钥。

加密和解密的运算方式为：明文 $M = C^e$（MOD n），密文 $C = M^d$（MOD n）。这两个质数无论哪一个先与明文密码相乘对文件加密，均可由另一个质数再相乘来解密。但要用一个质数来求出另一个质数，则是非常困难的，因此将这一对质数称为密钥对。

举例来说，假定 $P = 3$，$Q = 11$，则 $n = P \times Q = 33$。选择 $e = 3$，因为 3 和 20 没有公共因子，$(3 \times d)$ MOD $(20) = 1$，得出 $d = 7$。从而得到 $(33, 3)$ 为公钥，$(33, 7)$ 为私钥。加密过程为将明文 M 的 3 次方模 33 得到密文 C，解密过程为将密文 C 的 7 次方模 33 得到明文 M。与对称加密技术相比，非对称加密技术有若干优点：第一，在多人之间进行保密信息传输所需的密钥组合数量很小。发布者只需一对密钥即可，把公钥告知大家，每个人用公钥加密后的密文互相无法解密，只有发布者能用私钥解密。第二，公钥的发布不成问题，它没有特殊的发布要求，可以在网上公开。第三，非对称加密可用于电子签名。采用非对称加密技术，除签名者外，他人无法冒充签名，而且签名者事后也无法否认自己以电子方式签过文档，因为只有签名者拥有私钥。

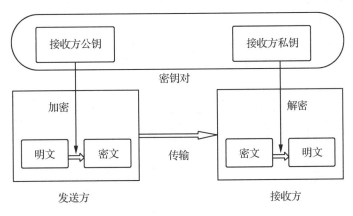

图 4-2-2 非对称加密技术示意图

非对称加密系统也有缺点。例如，加密和解密的速度比对称加密技术的速度慢得多。当商家和顾客在互联网上进行商务活动时，加密和解密的累计时间会很长。非对称加密系统并不是要取代对称加密系统，恰恰相反，它们是相互补充的。如可用非对称加密在互联网上传输对称加密系统的密钥，而用对称加密方式加密报文，即 DES 用于明文加密，RSA 用于 DES 密钥的加密。DES 加密速度快，适合加密较长的报文；而 RSA 可解决 DES 密钥分配的问题。

4.2.3 电子签名技术

对信息进行加密只解决了电子商务安全的第一个问题,而要防止他人破坏传输的数据,确定发送信息人的身份,还需要采取另外一种手段——电子签名(也称数字签名)。

电子签名技术采用电子签名来模拟手写签名,解决了电子商务中不可否认的安全需求。电子签名可以保证接收者能够核实发送者对电子文件的签名,发送者事后不能抵赖对文件的签名,接收者不能伪造对电子文件的签名。它能够在电子文件中识别双方交易人的真实身份,保证交易的安全性和真实性以及不可抵赖性,起到与手写签名或者盖章同等的作用。电子签名主要有 3 种应用广泛的方法:RSA 签名、DSS 签名和 Hash 签名。Hash 签名是最主要的电子签名方法,也称为数字摘要法(Digital Digest)。它是将电子签名与要发送的信息捆绑在一起,比较适合电子商务。

电子签名的具体操作过程如下:首先生成被签名的电子文件,然后对电子文件用哈希算法生成一个 128 比特的散列值(数字摘要),再对数字摘要用发送方的私钥做非对称加密,即做电子签名,然后将以上的签名和电子文件原文以及签名证书的公钥加在一起进行封装,形成签名结果发送给接收方,待接收方验证。

接收方收到签名结果后进行签名验证,验证过程是:接收方先用发送方公钥解密电子签名,导出数字摘要,并对电子文件原文做同样的哈希算法,得到一个新的数字摘要,将两个摘要的哈希值进行比较,结果相同则签名得到验证,否则签名无效。图 4-2-3 为电子签名技术示意图。

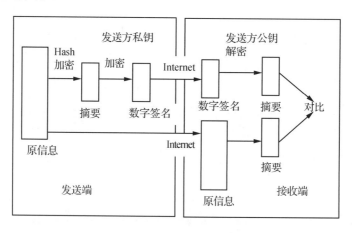

图 4-2-3 电子签名技术示意图

通过上述讲解,可以看出电子签名的过程也是使用非对称加密技术,但与数据加密不同的是,二者实现的过程正好相反,使用的密钥对也不同。电子签名使用的是发送方的密钥对,发送方用自己的私有密钥进行加密,接收方用发送方的公开密钥进行解密,这是一个一对多的关系,任何拥有发送方公开密钥的人都可以验证数字签名的正确性。数据加密则使用的是接收方的密钥对,这是多对一的关系,任何知道接收方公开密钥的人都可以向接收方发送加密信息,只有唯一拥有接收方私有密钥的人才能对信息解密。另外,电子签名只采用非对称密钥加密算法,它能保证发送信息的完整性、身份认证和不可否认性,而数据加密往往采用对称加密算法和非对称加密算法相结合的方法,它能保证发送信息的保密性。

如果接收方对发送方电子签名验证成功,就可以说明以下实质性的问题:该电子文件确实是经发送方签名后发送的,说明发送方用了自己的私钥做的签名并得到验证,达到不可否认的目的;电子签名防止冒用他人名义发送信息;接收方收到的电子文件在传输中没有被篡改,保持了数据的完整性。

4.2.4 身份认证技术

1. 身份认证的含义

身份认证是在计算机网络中确认操作者身份的过程,是一种鉴别某一实体身份真伪性的技术,是防止冒充攻击的重要手段。身份认证可分为用户与主机间的认证和主机与主机之间的认证,如何保证以数字身份进行操作的操作者就是这个数字身份的合法拥有者,即保证操作者的物理身份与数字身份相对应,是身份认证要解决的问题。作为防护网络资源的第一道关口,身份认证有着举足轻重的作用。

2. 身份认证的基础

有效的身份认证源于以下几个基础因素:

(1)用户所知。根据用户所知道的信息来证明用户的身份(what you know,你知道什么),比如口令、密码等。

(2)用户所有。根据用户所拥有的东西来证明用户的身份(what you have,你有什么),比如印章、智能卡(如信用卡)等。

(3)用户个人特征。直接根据独一无二的身体特征来证明用户的身份(what you are,你是谁),比如指纹、声音、视网膜、签字、笔迹等。

3. 身份认证的方法

互联网上身份认证的方法有很多,如口令认证、智能卡认证、短信密码认证、动态口令牌认证、USB Key认证以及生物特性认证等。

(1)口令认证。口令认证也称为静态密码认证。传统的口令认证主要是基于固定口令的认证方式。用户的密码是由用户自己设定的。在登录时输入密码,然后系统与事先保存的用户信息进行比较,如果吻合,计算机就认为操作者是合法用户。

(2)智能卡认证。智能卡是一种内置集成电路的芯片,芯片中存有与用户身份相关的数据,智能卡由专门的厂商通过专门的设备生产,由合法用户随身携带,登录时必须将智能卡插入专用的读卡器读取其中的信息,以验证用户的身份。

(3)短信密码认证。短信密码是以手机短信形式请求包含6位随机数的动态密码。身份认证系统以短信形式发送随机的6位密码到客户的手机上,客户在登录或者交易认证时输入此动态密码,从而确保系统身份认证的安全性。

(4)动态口令牌认证。这是目前最为安全的身份认证方式,它利用了 what you have 方法,是一种动态密码。动态口令牌是客户手持的用来生成动态密码的终端,主流的动态口令牌是基于时间同步方式的,每 60 秒变换一次动态口令,口令一次有效,它产生 6 位动态数字进行一次一密的方式认证。

(5)USB Key 认证。基于 USB Key 的身份认证方式是近几年发展起来的一种方便、安全的身份认证技术。它采用软硬件相结合、一次一密的强双因子认证模式,很好地解决了安全性与易用性之间的矛盾。USB Key 是一种 USB 接口的硬件设备,它内置单片机或智能卡芯片,可以存储用户的密钥或数字证书,利用 USB Key 内置的密码算法实现对用户身份的认证。

(6)生物特性认证。这是一种通过可测量的身体或行为等生物特征进行身份认证的技术。生物特征是指唯一的可以测量或可自动识别和验证的生理特征或行为方式。生物特征分为身体和行为特征两类。身体特征包括指纹、掌型、视网膜、虹膜、人体气味、脸型、手的血管、DNA 等;行为特征包括签名、语音、行走步态等。

◆ 4.2.5 区块链技术

区块链技术因其去中心化、匿名性、不可篡改、可追溯性等特点,在电子商务信息安全领域有着广泛的应用。

1. 保证交易者身份认证可靠

通过区块链技术,电子商务交易各方可以获得一个透明可靠的统一信息平台,实时查看状态,降低物流成本,追溯物品的生产和运送整个过程,从而提高交易管理的效率。当发生纠纷时,举证和追查也会变得更加清晰与容易。

2. 保证交易信息安全

区块链上的每个节点都可以验证账本的完整程度和真实可靠性,确保所有交易信息是没有被篡改的、真实有效的;区块链上的每个节点都保存着所有交易信息的副本,当区块链上的数据和参与者数量非常庞大时,修改信息的成本将会非常高,至少需要掌握超过全网 51% 以上的运算能力才有可能修改信息,修改成本可能远超预期收益;当区块链上的部分节点的信息被恶意篡改,区块链上的其他节点会在短时间内发现这些未形成"共识"的信息并进行维护和更新。区块链数据的真实可靠和不可篡改等特点,能够保证信息的真实性。

3. 保证数据安全

由于区块链是分散的,所以数据也被分散存储。网络罪犯可以攻击个人,但他们只会窃取他们破解的个人信息,对整个区块链进行黑客攻击几乎是不可能的。在电子商务中实现区块链技术可以节省投资和避免让人头疼的风险。

4. 加强对客户信息的保护

区块链技术能保障参与者信息不被他人窃取,虽然全网每个节点都保存着每笔交易信息数据,但通过公钥和私钥的设置,在每个节点进行信息查询时,只能查询到交易数据,而参与者个人信息则是保密的,这样既可使参与者个人信息免遭泄露,也能够使参与者在完成交易的同时不受其他信息干扰。区块链技术利用分布式智能身份认证系统,可以在确保客户身份信息真实可靠的基础上防止信息泄露。客户将在区块链上注册的用户名与个人其他有效身份信息相互验证并形成"共识",实现个人信息的数字化管理,个人信息丢失、被人为篡改的风险也就被大大降低了。借助加密技术,客户真实身份信息被隐匿,其他节点查询也仅限于交易信息,只有客户本人通过私钥才能获得身份信息,从而能够对个人信息形成有效保护。

4.3 数字证书

4.3.1 数字证书的概念及分类

1. 数字证书的概念

数字证书(Digital ID)又称为数字凭证、数字标识,是一个经证书认证机构(CA)数字签名(包含用户身份信息以及公开密钥信息)的电子文件。数字证书可以证实一个用户的身份,以确定其在网络中各种行为的权限。在网上进行信息交流及商务活动时,需要通过数字证书来证明各实体(消费者、商户、企业、银行等)的电子身份。在网上的电子交易中,若双方出示了各自的数字证书,并用它来进行交易操作,那么双方都可不必为对方的身份真伪担心。

2. 数字证书的分类

(1)个人凭证(Personal Digital ID)。属于个人所有,帮助个人用户在网上进行安全交易和安全的网络行为。个人数字证书安装在客户端的浏览器中,通过安全电子邮件进行操作。

(2)企业(服务器)凭证(Server ID)。企业如果拥有 Web 服务器,即可申请一个企业凭证,用具有凭证的服务器进行电子交易。而且有凭证的 Web 服务器会自动加密和客户端通信的所有信息。

(3)软件(开发者)凭证(Developer ID)。软件凭证为网络上下载的软件提供凭证,用来和软件的开发方进行信息交流,使用户在下载软件时可以获得所需的信息。

4.3.2 数字证书认证机构

1. 认证中心的概念

认证中心又称证书授权中心,简称 CA 认证中心,是一个负责发放和管理数字证书的、具有权威性和公正性的第三方信任机构。CA 用于创建和发布证书,通常为安全域的优先群体发放证书。创建证书的时候，CA 系统首先获取用户的请求信息，其中包括用户公钥，CA 将根据用户的请求信息产生证书，并用自己的私钥对证书进行签名。其他用户、应用程序或实体将使用 CA 的公钥对证书进行验证。

2. CA 整体框架

一个典型的 CA 系统包括安全服务器、CA 服务器、注册机构 RA、LDAP 服务器和数据库服务器等。

（1）安全服务器。安全服务器面向普通用户，用于提供证书申请、浏览、证书撤销列表以及证书下载等安全服务。安全服务器与用户的通信采取安全通信方式。用户首先得到安全服务器的证书（该证书由 CA 颁发），然后用户与服务器之间的所有通信，包括用户填写的申请信息以及浏览器生成的公钥均以安全服务器的密钥进行加密传输，只有安全服务器利用自己的私钥解密才能得到明文，从而保证了证书申请和传输过程中的信息安全。

（2）CA 服务器。CA 服务器是整个证书机构的核心，负责证书的签发。CA 首先产生自己的私钥和公钥，然后生成数字证书，并将数字证书传输给安全服务器。CA 还负责为操作员、安全服务器以及注册机构服务器生成数字证书。安全服务器的数字证书和私钥也需要传输给安全服务器。CA 服务器是整个结构中最为重要的部分，存有 CA 的私钥以及发行证书的脚本文件。从安全角度考虑，应将 CA 服务器与其他服务器隔离，采用人工干预的方式，确保认证中心的安全。

（3）注册机构 RA。登记中心服务器面向登记中心操作员，在 CA 体系结构中起着承上启下的作用，一方面向 CA 转发安全服务器传输过来的证书申请请求，另一方面向 LDAP 服务器和安全服务器转发 CA 颁发的数字证书和证书撤销列表。

（4）LDAP 服务器。提供目录浏览服务，负责将注册机构服务器传输过来的用户信息以及数字证书加入服务器上。这样用户通过访问 LDAP 服务器就能够得到其他用户的数字证书。

（5）数据库服务器。这是认证机构中的核心部分，用于认证机构数据（密钥和用户信息等）、日志和统计信息的存储及管理。实际的数据库系统应用采用多种措施，如磁盘阵列、双机备份和多处理器等方式，以维护数据库系统的安全性、稳定性、可伸缩性和高性能。

3. CA 的功能

（1）证书的颁发。认证中心接收、验证用户（包括下级认证中心和最终用户）的数字证书的申请，将申请的内容进行备案，并根据申请的内容确定是否受理该数字证书申请。如果中心接受该数字证书申请，则进一步确定给用户颁发何种类型的证书。新证书用认证中心的私钥签名以后，发送到目录服务器供用户下载和查询。为了保证信息的完整性，返回给用户的所有应答信息都要使用认证中心的签名。

（2）证书的更新。认证中心可以定期更新所有用户的证书，或者根据用户的请求来更新用户的证书。

（3）证书的查询。证书的查询可以分为两类：一是证书申请的查询，认证中心根据用户的查询请求返回当前用户证书申请的处理过程；二是用户证书的查询，这类查询由目录服务器来完成，目录服务器根据用户的请求返回适当的证书。

（4）证书的作废。当用户的私钥由于泄密等原因造成用户证书需要申请作废时，用户需要向认证中心提出证书作废请求，认证中心根据用户的请求确定是否将该证书作废。另外一种证书作废的情况是证书已经过了有效期，认证中心自动将该证书作废。认证中心通过维护证书作废列表来完成上述功能。

（5）证书的归档。证书具有一定的有效期，证书过了有效期之后就将作废，但是我们不能将作废的证书简单地丢弃，因为有时可能需要验证以前的某个交易过程中产生的数字签名，这时就需要查询作废的证书。基于此类考虑，认证中心还应当具备管理作废证书和作废私钥的功能。

CA 发放的证书分为两类，即 SSL 证书和 SET 证书。SSL（安全套接层）证书服务于银行对企业或企业对企业的电子商务活动，而 SET（安全电子交易）证书则服务于持卡消费、网上购物。虽然它们都是识别身份和数字签名的证书，但它们的信任体系安全性不同，而且所符合的标准也不一样。简单地说，SSL 证书的作用是通过公开密钥证明持证人的身份，而 SET 证书的作用则是通过公开密钥证明持证人在指定银行确实拥有该信用卡账号，同时也证明了持证人的身份。

4. CA 体系结构

目前国内的 CA 认证中心主要分为区域性 CA 认证中心和行业性 CA 认证中心。对于一个大型的应用环境，认证中心往往采用一种多层次的分级结构，上级认证中心负责签发和管理下级认证中心的证书，最下一级的认证中心直接面向最终用户。处在最高层的是金融认证中心（Root CA），它是所有人公认的权威，如人民银行总行的 CA。CA 的体系结构如图 4-3-1 所示。

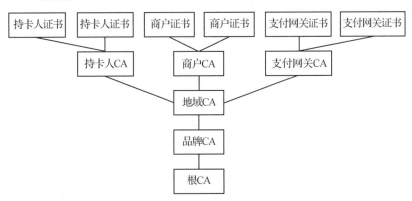

图 4-3-1　CA 体系结构

其中，根 CA 是离线并被严格保护的，仅在发布新的品牌 CA 时才被访问；品牌 CA 发布地域政策 CA、持卡人 CA、商户 CA 和支付网关 CA 的证书，并负责维护及分发其签字的证书和电子商务文字建议书；地域政策 CA 是考虑到地域或政策的因素而设置的，因而是可选的；持卡人 CA 负责生成并向持卡人分发证书；商户 CA 负责发放商户证书；支付网关 CA 为支付网关（银行）发放证书。

◆ 4.3.3 数字证书的申请与应用

1. 数字证书的申请

数字证书的申请是在网上进行的。网上交易的各方，包括持卡人、商户与网关，都必须在自己的计算机里安装一套网上交易专用软件，这套软件包括申请证书的功能。

用户将交易软件安装完毕后，首要任务是上网向 CA 申请数字证书。基本过程如下：

（1）持卡人首先生成一对密钥对，将私人密钥保存在安全的地方，将公开密钥连同自己的基本情况表一起发送到 CA。

（2）CA 根据持卡人所填表格，与发卡银行联系，对持卡人进行认证。

（3）生成持卡人的数字证书，并将持卡人送来的公开密钥放入数字证书中。

（4）对证书进行 Hash 运算，生成消息摘要。

（5）用 CA 的私人密钥对消息摘要加密，对证书进行数字签名。

（6）将带有 CA 数字签名的证书发给持卡人。

这就是持卡证书申请的基本过程，商户、网关及各级 CA 的申请过程类似。在实际过程中，只有当各级 CA 有了自己的证书，才能为下一级 CA 或用户颁发证书。

2. 数字证书的应用

（1）网上交易。主要包括网上谈判、网上采购、网上销售、网上支付等方面。网上交易极大地提高了交易效率，降低了成本，但也受到了网上身份无法识别、网上信用难以保证等难题的困扰。数字证书可以解决网上交易的这些难题。利用数字证书的认证技术，可以对交易双方进行身份确认以及资质的审核，确保交易者身份信息的唯一性和不可抵赖性，保护交易各方的利益和安全。

（2）安全电子邮件。邮件的发送方利用接收方的公开密钥对邮件进行加密，邮件接收方用自己的私有密钥解密，确保邮件在传输过程中信息的安全性、完整性和唯一性。

（3）网上招标。网上的公开招投标，利用数字证书对企业进行身份确认，招投标企业只有在通过身份认证和资质审核后，才可在网上展开招投标活动，从而确保招投标企业的安全性和合法性。双方企业通过安全网络通道了解和确认对方的信息，选择符合自己条件的合作伙伴，确保网上的招投标在一种安全、透明、信任、合法、高效的环境下进行。

（4）网上办公。网上办公系统综合国内政府、企事业单位的办公特点，提供了一个虚拟的办公环境，并在该系统中嵌入数字认证技术，开展网上政文的上传下达，通过网络联结各个岗位的工作人员，通过数字证书进行数字加密和数字签名，实行跨部门运作，实现安全便捷的网上办公。

（5）电子政务。随着网上政务各类应用的增多，原来必须指定人员到政府各部门窗

第4章 电子商务安全

口办理的手续都可以在网上实现，如注册申请、申报、纳税、社保、审批、指派任务等。

4.4 电子商务安全协议

4.4.1 SSL 协议

SSL 协议并不是专门针对电子商务开发的，它是一种广泛用于服务器和客户机之间相互认证以建立加密的通信链接的协议。但是，目前大多数的电子商务网站和开展网上业务的银行均采用这种形式来保证交易的安全性。

1. SSL 协议的产生

SSL 协议（Secure Sockets Layer）即安全套接层协议，是 Netscape 公司于 1996 年设计开发的，主要用于提高应用程序之间的数据安全系数。TCP/IP 在最初设计时没有考虑安全问题，信息传递全部采用明文形式。随着网络不断扩大，这种明文方式传递的信息在网络监听、信息篡改及伪造等的攻击下显得非常脆弱。于是人们基于 TCP/IP 开发了各种安全协议，例如，适用于 IP 层的 IPSec，适用于应用层的 S-HTTP、S/MIME 协议等。SSL 协议位于 TCP/IP 层和应用层之间，代表高层协议使用 TCP/IP 层的服务，如 HTTP、FTP、SMTP、Telnet 等应用层协议能透明地建立于 SSL 协议之上。SSL 协议在应用层协议通信之前就已经完成加密算法、通信密钥（会话密钥）的协商以及服务器认证工作。此后，应用层协议所传送的数据都是经加密后的密文，从而保证了通信的机密性。目前，SSL 协议已成为 Internet 上保密通信的工业标准，Web 浏览器和服务器普遍将 HTTP 和 SSL 相结合以实现安全通信。

2. SSL 协议提供的服务

SSL 协议利用公开密钥体制和 X.509 数字证书技术，提供了如下三种基本的安全服务。

（1）机密性。SSL 协议客户机和服务器之间通过密码算法和密钥的协商，建立起一个安全通道。在安全通道中传输的所有信息都经过了加密处理，网络中的非法窃听者所获取的信息都将是无意义的密文信息。

（2）完整性。SSL 协议利用密码算法和 Hash 函数，通过对传输信息特征值的提取来保证信息的完整性，确保要传输的信息全部到达目的地，可以避免服务器和客户机之间的信息内容受到破坏。

（3）身份认证。利用证书技术和可信的第三方 CA，可以让客户机和服务器相互识别对方的身份。为了验证证书持有者是其合法用户，SSL 协议要求证书持有者在握手时相互交换数字证书，通过验证来保证对方身份的合法性。

3. SSL 协议的不足

SSL 协议当初并不是为支持电子商务而设计的，所以其在电子商务系统的应用中还存在很多弊端。

（1）它只是简单地在双方之间建立了一条安全通道，在涉及多方的电子交易中，只能提供交易中客户端与服务器之间的双方认证。而电子商务往往是由用户、电子商务网站、银行三方协作完成的，SSL 协议并不能协调各方之间的安全传输和信任关系。

（2）SSL 协议不能防止不良商家的欺诈，因为该商家掌握了客户的信用卡号。商家欺诈是信用卡业务发展所面临的最严重的问题之一。

（3）SSL 协议除了传输过程以外不能提供任何安全保证，它并不能使客户确信此公司接受信用卡支付是得到授权的。

（4）SSL 协议不对应用层的消息进行数字签名，因此 SSL 不能提供交易的不可否认性。

4.4.2 SET 协议

1. SET 协议的产生

SET 协议（Secure Electronic Transaction）即安全电子交易协议，它是由 Visa 和 MasterCard 公司于 1997 年 5 月开发的一套规范，是为了在 Internet 上进行在线交易时保证信用卡支付的安全而设立的一个开放规范，它得到了 IBM、HP、Microsoft、VeriFone、GTE 等很多公司的支持，已形成了事实上的工业标准，并且获得了 IETF（国际互联网工程任务组）标准的认可。目前，它已成为公认的信用卡网上交易的国际标准。SET 协议的基本设计目标是保证持卡者、商家以及收单行之间在公开的互联网上能够安全地进行支付交易。

2. SET 协议的参与者

SET 协议中定义的参与者包括持卡人、商家、发卡行、收单行、支付网关和认证中心。下面逐一对其进行介绍。

（1）持卡人（Cardholder），在电子商务环境中，是指信用卡和数字证书的持有者，通过相应的软件，可以借助支付卡和数字证书与商家完成支付交易。

（2）商家（Merchant），是指能够为持卡人提供服务或商品的实体，SET 协议中定义的商家能够与持卡人进行安全的电子交易，并且一个商家必须与相关的收单行达成协议，保证可以接受支付卡付款。

（3）发卡行（Issuer），是指金融机构为持卡人建立一个账户并发放信用卡，保证对经过授权的交易进行付款。此外，发卡行还负责为持卡人颁发数字证书，数字证书用来鉴别持卡人的身份，证书里不包含关于标识持卡人所持有的信用卡的信息。

（4）收单行（Acquirer），是指为商家建立一个账户并处理信用卡授权和支付的金融机构。

（5）支付网关（Payment Authority），是一个由收单行或者指定的第三方操作的设备，位于商家和收单行之间连接 SET 和现有的银行支付网络，用于处理信用卡授权和支付。

因此，通常商家是与发卡行的支付网关进行交互的，而不是与发卡行直接进行交互。

（6）认证中心（Certificate Authority），是负责为持卡人、商家和支付网关签发和管理数字证书，让持卡人、商家和支付网关之间可以通过数字证书进行认证的一个机构。

3. SET 协议的功能

SET 协议的核心技术主要采用了公开密钥体制加密、数字签名、电子证书等。SET 协议的功能主要有：

（1）保证信息在 Internet 上安全传输，防止数据被黑客或内部人员窃取。

（2）保证在线商务参与者信息的相互隔离。客户的资料加密或打包后通过商家到达银行，但是商家不能看到客户的账户和密码信息。

（3）解决多方认证问题，不仅要对消费者的信用卡认证，而且要对在线商店的信誉程度认证，同时还有对消费者、在线商店与银行间的认证。

（4）保证了网上交易的实时性，使所有的支付过程都是在线的。

（5）效仿 EDI 贸易的形式，规范协议和消息格式，促使不同厂家开发的软件具有兼容性和互操作功能，并且可以运行在不同的硬件和操作系统平台上。

4. SET 协议的工作流程

SET 协议在一般使用环境下的工作流程如下：

（1）持卡人利用电子商务平台选购物品，并提交订单。

（2）商家接收订单，生成初始应答消息，数字签名后与商家证书、支付网关证书一起发送给持卡人。

（3）持卡人对应答信息进行处理，选择支付方式，确认订单，签发付款指令，将订单信息和支付信息进行双重签名，对双重签名后的信息和用支付网关公钥加密的支付信息签名后连同自己的证书发送给商家（商家看不到持卡人的账户信息）。

（4）商家验证持卡人证书和双签名后，生成支付认可请求，并连同加密的支付信息转发给支付网关。

（5）支付网关通过金融专网到发卡行验证持卡人的账号信息，并生成支付认可信息，数字签名后发给商家。

（6）商家收到支付认可消息后，验证支付网关的数字签名，生成购买订单确认信息发送给持卡人。至此交易过程结束。商家发送货物或提供服务并请求支付网关将货款从发卡银行持卡人的账号转账到收单银行商家账号，支付网关通过金融专网完成转账后，生成取款应答消息发送给商家。

5. SET 协议的不足

（1）SET 协议没有担保非拒绝服务，无法证明交易是否由签署证书的使用者发出。

（2）SET 协议签名的内容无法保证持卡人和商家在协议最后收到的签名并不是对交易的内容，而只是对一认证码签名，如果产生纠纷，持卡人和商家都无法单独提供证据证明其与银行间的交易。

（3）SET 协议没有考虑交易个体的公平性，持卡者在没有收到商家对交易信息的确认前就送出自己的签名，如果商家和银行恶意行骗，则持卡者会显得无助。所以，SET协议仍然存在一些问题和风险。

（4）SET 协议认证结构仅适用于信用卡支付，对其他支付方式有所限制。

（5）SET 协议非常复杂，商家可通过它获取客户的信用卡号码，这是一个安全隐患。

4.4.3 其他安全协议

1. S-HTTP 协议

S-HTTP 是 Secure Hypertext Transfer Protocol 的简称，称为安全超文本传输协议。它利用密钥对文本进行加密，通常只用于 Web 业务，保障 Web 站点之间进行信息交换传输的安全性。S-HTTP 是因 HTTP 扩充了安全特性、增加了报文的安全性而产生的，它是基于 SSL 技术的。该协议向 Internet 的应用提供完整性、可鉴别性、不可抵赖性及机密性等安全措施。

2. PGP 协议

PGP 是 Pretty Good Privacy 的简称，是一种长期在学术圈和技术圈内得到广泛使用的安全邮件标准。PGP 协议是一个基于 RSA 和 IDEA 的邮件加密软件，其特点是通过单向散列算法对邮件内容进行签名，以保证信件内容无法被修改，使用公钥和私钥技术保证邮件内容保密且不可否认。发信人和收信人的公钥都分布在公开的地方。

3. S-MIME 协议

S-MIME 是 Secure Multi-Part Internet Mail Extension 的简称。S-MIME 协议是安全的多功能互联网电子邮件扩充协议。它也称为安全电子邮件管理协议或电子邮件扩充标准格式，是一种在互联网安全电子邮件管理环境中采用加密报文语法对电子邮件安全性进行处理的规则，主要用于电子邮件的收发业务或者电子邮件的使用业务，也可以用于 Web 业务。

4. STT 协议

STT 是 Secure Transaction Technology 的简称。STT 协议称为安全交易技术协议，是由 Microsoft 公司提出的。STT 协议将认证和解密从浏览器中分离出来，用以提高安全控制能力。Microsoft 在 Internet Explore 中采用了 STT 协议。

4.5 电子商务法律法规

4.5.1 我国关于规范电子商务领域的立法

电子商务的发展需要良好的政策和法律环境。为促进电子商务健康快速发展，规范电子商务活动，从 1999 年起，我国已颁布了一系列电子交易方面的法律规范。

《中华人民共和国电信条例》《关于维护互联网安全的决定》等系列法律规范的颁布，使得我国互联网发展迈上了新台阶。《计算机信息网络国际互联网管理暂行规定》《计算机信息网络国际互联网管理暂行规定的实施办法》《计算机信息网络国际联网安全保护管理办法》《计算机信息系统安全保护条例》《互联网网络域名注册暂行管理办法》及其实施细则，这些法律规范的颁布主要从基础设施的基础上对电子商务的安全问题进行了保护。2004年8月，十届全国人大常委会第十一次会议通过了《中华人民共和国电子签名法》，并于2005年4月1日开始实施。《中华人民共和国电子签名法》被认为是中国首部真正电子商务法意义上的法律。2005年2月8日，信息产业部发布了《电子认证服务管理办法》。2005年，中国电子商务协会组织网络交易平台服务商共同制定的《网络交易平台服务规范》被称为电子商务领域的首个行业规范。2005年8月18日，中国人民银行公布《中国人民银行个人信用信息基础数据库管理暂行办法》，并且于2006年年初启动了我国个人征信系统的建设。2005年10月26日，中国人民银行发布了《电子支付指引（第一号）》，对防范电子支付风险和保障客户资金安全发挥了积极作用。2005年12月，国务院出台了《关于加快电子商务发展若干意见》，规定了加快电子商务发展的指导思想和基本原则。2006年3月30日，当时的信息产业部出台了《互联网电子邮件服务管理办法》，对垃圾邮件的定义、邮件的发送规则及发送垃圾邮件的法律责任都做了明确规定。2012年12月，《关于加强网络信息保护的决定》获得通过。近年来，随着新问题的出现，国家不断出台一些法律、法规，如《中华人民共和国网络安全法》《网络产品和服务安全审查办法（试行）》《中国互联网金融协会信息披露自律管理规范》。自2017年6月1日起，《中华人民共和国网络安全法》正式实施。《中华人民共和国网络安全法》是网络安全的基本法，为今后我国构建全面系统的网络安全法律体系奠定了基础。

电子商务这个新兴市场在发展过程中，出现了以前的市场经济活动中没有遇到过的各种各样的问题。这些问题，使用现有的法律法规不能进行有效的规范管理，迫切需要制定一部综合性的电子商务法，所以，《中华人民共和国电子商务法》于2019年1月1日正式实施。

4.5.2 电子商务安全相关的法律法规

1.《中华人民共和国电子签名法》

2004年8月28日，十届全国人大常委会第十一次会议表决通过《中华人民共和国电子签名法》（以下简称《电子签名法》），并于2005年4月1日正式实施。《电子签名法》的实施是为了规范电子签名行为，确立电子签名的法律效力，维护有关各方的合法权益。

《电子签名法》第二条规定：电子签名是指数据电文中以电子形式所含、所附用于识别签名人身份并表明签名人认可其中内容的数据。

《电子签名法》第十三条规定：电子签名同时符合下列条件的，视为可靠的电子签名：电子签名制作数据用于电子签名时，属于电子签名人专有；签署时电子签名制作数据仅由电子签名人控制；签署后对电子签名的任何改动能够被发现；签署后对数据电文内容和形式的任何改动能够被发现。当事人也可以选择使用符合其约定的可靠条件的电子签名。

《电子签名法》第十四条规定：可靠的电子签名与手写签名或者盖章具有同等的法律效力。

《电子签名法》是我国第一部真正意义上的电子商务法，是我国电子商务发展的里程碑，它的颁布和实施极大地改善了我国电子商务的法制环境，促进了安全可信的电子交易环境的建立，从而大力推动了我国电子商务的发展。《电子签名法》于2015年4月做了修正。

2.《中华人民共和国网络安全法》

2016年11月7日，十二届全国人大常委会第二十四次会议表决通过《中华人民共和国网络安全法》（以下简称《网络安全法》），并于2017年6月1日正式实施。《网络安全法》的实施是为了保障网络安全，维护网络空间主权和国家安全、社会公共利益，保护公民、法人和其他组织的合法权益，促进经济社会信息化健康发展。

《网络安全法》首次在法律层面规定了个人信息保护的基本原则，在原来加强网络信息保护的基础上，将个人信息保护作为一项重要的制度，做出了全面系统的规定，充实完善了搜集、使用个人信息的规则，强化了个人信息收集、使用主体的保护责任。

《网络安全法》第四十条规定：网络运营者应当对其收集的用户信息严格保密，并建立健全用户信息保护制度。

《网络安全法》第四十一条规定：网络运营者收集、使用个人信息，应当遵循合法、正当、必要的原则，公开收集、使用规则，明示收集、使用信息的目的、方式和范围，并经被收集者同意。网络运营者不得收集与其提供的服务无关的个人信息，不得违反法律、行政法规的规定和双方的约定收集、使用个人信息，并应当依照法律、行政法规的规定和与用户的约定，处理其保存的个人信息。

《网络安全法》第四十二条规定：网络运营者不得泄露、篡改、毁损其收集的个人信息；未经被收集者同意，不得向他人提供个人信息。但是，经过处理无法识别特定个人且不能复原的除外。网络运营者应当采取技术措施和其他必要措施，确保其收集的个人信息安全，防止信息泄露、毁损、丢失。在发生或者可能发生个人信息泄露、毁损、丢失的情况时，应当立即采取补救措施，按照规定及时告知用户并向有关主管部门报告。

《网络安全法》第四十三条规定：个人发现网络运营者违反法律、行政法规的规定或者双方的约定收集、使用其个人信息的，有权要求网络运营者删除其个人信息；发现网络运营者收集、存储的其个人信息有错误的，有权要求网络运营者予以更正。

《网络安全法》是我国网络安全治理领域的基础性立法，首次从立法层面确立了安全在整个信息系统建设中的核心和关键地位，对于完善我国在网络空间的规范治理体系具有基础性意义，标志着我国网络安全从此有法可依。

3.《中华人民共和国电子商务法》

《中华人民共和国电子商务法》(以下简称《电子商务法》)纳入十二届全国人大常委会五年立法规划,于2013年年底正式启动立法进程,前后历时五年,三次公开征求意见,经四次审议之后的《电子商务法》在2018年8月31日第十三届全国人大常委会第五次会议上通过,于2019年1月1日正式实施。《电子商务法》的实施是为了保障电子商务各方主体的合法权益,规范电子商务行为,维护市场秩序,促进电子商务持续健康发展。

《电子商务法》加大了对信息安全的保护力度,明确包括第三方电商平台、平台内经营者、支付服务提供者、快递物流服务者等在内的信息安全保护责任主体,提出对未履行保护义务的,最高处50万元罚款并吊销执照;构成犯罪的,追究刑事责任。

《电子商务法》第二十四条规定:电子商务经营者应当明示用户信息查询、更正、删除以及用户注销的方式、程序,不得对用户信息查询或更正、删除以及用户注销设置不合理条件。

《电子商务法》第三十条规定:电子商务平台经营者应当采取技术措施和其他必要措施保证其网络安全、稳定运行,防范网络违法犯罪活动,有效应对网络安全事件,保障电子商务交易安全;电子商务平台经营者应当制定网络安全事件应急预案,发生网络安全事件时应当立即启动应急预案,采取相应的补救措施,并向有关主管部门报告。

《电子商务法》第三十一条规定:电子商务平台经营者应当记录、保存平台上发布的商品和服务信息、交易信息,并确保信息的完整性、保密性、可用性。商品和服务信息、交易信息保存时间自交易完成之日起不少于3年;法律、行政法规另有规定的,依照其规定执行。

《电子商务法》作为我国电子商务领域的首部综合性法律,为我国电子商务的发展奠定了基本的法律框架。对反应强烈的电子商务纳税、微商代购、信誉评价(刷好评、删差评)、商品搭售、砍单、电子支付、押金退还、快递延期、大数据杀熟等乱象都做了明文规定,将引导电商更加规范地发展。

本 章 小 结

现代电子商务面临计算机网络安全和交易安全的双重要求,认识电子商务的安全威胁与对它的全面防范是富有挑战性的工作。本章列举了电子商务面临的各种安全威胁手段,并指出电子商务安全应该满足的安全需求,即要实现电子商务信息的可靠性、机密性、完整性和不可抵赖性。同时介绍了电子商务安全的主要技术,包括网络安全技术、信息加密技术、电子签名技术、身份认证技术和区块链技术等。其中网络安全技术主要包括防火墙技术、病毒防范技术、黑客防范技术等,并且介绍了数字证书的概念、分类以及认证机构。最后对目前常用的两种电子商务交易安全协议 SSL 协议和 SET 协议的产生、功能以及不足之处也做了简要介绍。还对与电子商务安全相关的部分法律法规进行了简要介绍。

1. 电子商务网站会受到哪些不安全因素的威胁？如何防范？
2. 简述密码系统的基本要素：明文、密文、加密算法、解密算法和密钥。
3. 请比较对称加密技术和非对称加密技术各自的优缺点。
4. 简述电子签名的流程。
5. 试比较 SET 协议和 SSL 协议的功能。

1. 为了防止计算机受到病毒和黑客的攻击，试着对你所使用的浏览器进行必要的安全性设置。
2. 上网下载 360 安全卫士，并试着安装和使用。
3. 上网下载免费的杀毒软件，安装后对你所用的电脑进行一次全面的查毒、杀毒。
4. 浏览国内知名的认证中心网站，了解各网站的主要业务是什么。

www.cfca.com.cn　中国金融认证中心

www.sheca.com　上海市数字证书认证中心

www.cnca.net　广东省电子商务认证有限公司

5. 查阅《电子商务法》，指出哪些条款涉及个人信息保护、押金退还、擅自删除消费者评价、大数据杀熟等问题。

第 5 章 电子支付

5.1 电子支付概述

在电子商务活动中,作为重要环节的电子支付方式越发显示其重要性。虽然电子商务亦可通过传统的支付方式进行,但是电子支付方式比传统的支付方式更加方便、快捷,在一定程度上满足了电子商务用户对支付的需求。

5.1.1 电子支付的概念及特征

1. 电子支付的概念

人们将支付方式大体上分为传统支付方式和电子支付方式两种。传统支付方式是指通过现金流转、票据转让以及银行转账等物理实体的流转来实现款项支付。电子支付是指单位或个人通过电子终端,直接或间接向银行业金融机构发出支付指令,实现货币支付与资金转移的行为。

这里的电子终端是指客户可用于发起支付指令的计算机、电话、销售点终端、自动柜员机、移动通信工具或其他电子设备。

2. 电子支付的特征

与传统的支付方式相比较,电子支付具有以下特征:

(1) 从两种支付业务所采用的支付方式来看,电子支付方式是采用数字化的方式进行款项支付的,而传统的支付方式则是通过现金的流转、票据的转让及银行的汇兑等物理实体来完成款项支付的。

(2) 从两种支付业务运作环境来看,电子支付的工作环境是基于一个开放的系统平台(即互联网)之中,而传统支付则是在较为封闭的系统中运作。

(3) 从两种支付业务所使用的通信媒介来看,电子支付使用的是最先进的通信手段,如互联网、外联网,而传统支付使用的则是传统的通信媒介。电子支付对软、硬件设施的要求很高,一般要求有联网的微机、相关的软件及其他一些配套设施,而传统支付则没有这么高的要求。

（4）从两种支付业务运作的时效性来看，电子支付具有方便、快捷、高效、经济的优势。方便主要表现为易充值、不用找兑、不用清点，用户只要拥有电子终端，便可足不出户，在很短的时间内完成整个支付过程。快捷、高效主要表现为能即时到账。经济主要表现为支付费用相对于传统支付方式来说非常低，曾有过统计，电子支付费用仅为传统方式的几十分之一，甚至几百分之一。此外，传统支付方式所需要的时间也比电子支付方式时间长。

当然，电子支付仍然存在一些问题，如安全一直是困扰电子支付发展的关键性问题。在大规模地推广电子支付之前，必须解决黑客入侵、内部作案、密码泄露等涉及资金安全的一系列问题。此外还有一个支付的条件问题，用户所选用的电子支付工具必须满足多个条件，要由用户账户所在的银行提供，有相应的支付系统和商户所在银行的支持，被接收单位所认可等。

5.1.2 电子支付系统

电子支付系统是电子商务系统的重要组成部分，它是指消费者、商家、银行之间使用安全电子支付手段交换商品或服务，应用银行卡、电子现金、电子支票等支付工具通过网络安全传送到银行或相应金融机构来实现电子商务结算，融购物流程、支付工具、安全技术、认证体系及金融体系为一体的综合系统。

1. 电子支付系统的构成

一般来说，电子支付系统包括如图 5-1-1 所示的几个部分。

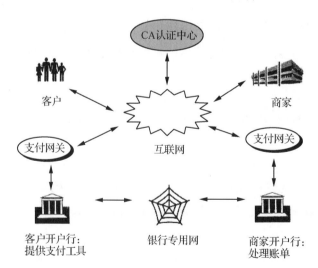

图 5-1-1　电子支付系统的基本组成

（1）客户：客户向商家购买商品或服务，使用支付工具来进行支付，这是电子支付系统运作的原因及起点。

（2）客户开户行：指客户使用的支付工具所对应的银行。

(3) 商家：指拥有债权的，与客户交易的另一方。

(4) 商家开户行：指商家开设账户的银行，其资金账户是支付过程中资金流向的目的地。

(5) 支付网关：它是互联网和银行专用网之间的接口，其主要作用是完成两者之间的通信、协议转换和进行数据加密、解密，以保护银行内部网络的安全。支付信息必须通过支付网关才能进入银行支付系统，进而完成支付的授权和获取。

(6) 银行专用网：指银行内部及银行间进行通信的专用网络。

(7) CA 认证中心：为参与交易的各方进行身份验证。

2. 电子支付系统的功能

各种支付方式追求的共同目标是安全、有效、便捷。对于一个电子支付系统而言，还应具备以下功能：

(1) 使用数字签名和数字证书实现对各方的认证。

(2) 使用加密技术对业务进行加密。

(3) 使用消息摘要算法以确认业务的完整性。

(4) 当交易双方出现纠纷时，保证对业务的不可否认性。

(5) 能够处理贸易业务的多边支付问题。

5.1.3 电子支付系统的类型

1. 按服务对象的不同分类

根据各种支付系统服务的对象不同、处理的支付类型不同、涉及的中介机构不同、支付业务处理和资金结算方式不同以及自动化程度的不同等，电子支付系统可以划分为以下四类：

(1) 大额资金转账系统（High-Value Payment System）。

大额资金转账系统主要用于大金额交易的资金支付清算，主要适用于批发金融业务，是一个国家支付系统的主动脉，能把各个地方的经济和金融中心连接起来，形成全国统一的市场。

(2) 批量电子支付系统（Bulk Electronic Payment System）。

批量电子支付系统是满足个人消费者和商业（包括企业）部门在经济交往中一般性支付需要的支付服务系统，也称小额零售支付系统。跟大额转账系统相比，小额支付系统处理的支付交易金额比较小，但支付业务量很大（占总支付业务的80%～90%），所以这类系统必须具有极大的处理能力，才能支持经济社会中发生的大量支付交易。

(3) 联机（On-line）小额支付系统。

信用卡、ATM 和 POS 网络对小额零售支付提供通信、交易授权及跨行资金清算和结算。从概念上看，这类支付系统应划为电子小额支付范畴，但由于这类系统具有的特点，一般都单列为一类，即联机的小额支付系统。这类支付系统的客户一般使用各种类型的支付卡作为访问系统服务的工具,所以又可称为银行卡支付系统。这类系统,其电子授信要实时进行,因而相比于批量电子支付系统,它要求较高的处理速度(联机授信处理),但不要求大额支付系统中那种成本昂贵的控制和安全措施。

(4)电子货币(Electronic Money)。

电子货币作为一种新型的支付工具,是一种与纸币具有间接的依附关系的电子支付工具。这种间接依附关系表现在他与纸币保持固定的等额兑换关系上,这种兑换关系,是由发行机构自行决定的。

2. 按运营主体的不同分类

根据运营主体的不同,电子支付系统可以被分为两类:

(1)银行电子支付。

银行电子支付是指在银行账户与银行卡的基础上,利用电子技术建立银行平台,完成在线银行支付。

(2)第三方支付系统。

第三方支付是指在电子商务企业和银行之间建立一个中立的支付平台,为网上购物提供资金划拨渠道和服务的企业。同时,有的支付平台又充当信用中介,为客户提供账号,进行交易资金代管,由其完成客户与商家的支付后,定期统一与银行结算。

3. 按支付指令发起方式的不同分类

电子支付的业务类型按电子支付指令发起方式分为网上支付、电话支付、移动支付、销售点终端交易、自动柜员机交易及其他电子支付等。

(1)网上支付。

网上支付是指以计算机为主要终端发起指令,通过网络(Internet、WAP)进行支付和转账指令传输的一种电子支付形式。网上支付往往采用第三方平台结算支付模式或银行网关支付模式,为基于互联网的交易双方提供电子支付服务,从而实现交易双方、银行业金融机构,有时还包括第三方支付平台提供商之间在线货币支付、现金流转、资金清算结算以及交易的查询统计功能。

(2)电话支付。

电话支付是电子支付的一种线下支付形式,是指消费者使用电话(固定电话、手机)或其他类似电话的终端设备,通过银行系统从个人银行账户里直接完成付款的方式。

(3)移动支付。

移动支付是使用移动设备通过无线方式完成支付行为的一种新型的支付方式。移动支付所使用的移动终端可以是智能手机、PDA、移动PC等。

(4)销售点终端交易。

销售点终端交易通常是指销售点通过POS终端读取客户借记卡、贷记卡信息,通过专用线路将支付指令传输给银行业金融机构以完成即时的支付行为。交易类型有POS机刷卡、智能卡终端读取智能卡数据。POS终端可以是有线传输数据,也可以是无线传输数据。读取终端可以是即时结算,也可以是非即时结算。

(5) 自动柜员机交易。

自动柜员机交易是指用户通过银行类金融机构设置的 ATM 机进行支付和转账。实际上,我们许多大中城市见到的地铁自动充值机、公交自动充值机、智能卡自动贩售机等都属于自动柜员机交易范畴。

5.2 电子货币

5.2.1 电子货币概述

1. 电子货币的概念

经历了实物货币、金属货币、纸币等阶段,人类的货币现在发展到电子货币阶段。所谓电子货币,是指以电子信息网络为基础,以商用电子化装置和各类交易卡为媒介,以计算机技术和通信技术为手段,以电子数据(二进制数据)形式存储在银行的计算机系统中,并通过计算机网络系统以电子信息传递形式实现流通和支付功能的货币。电子货币是采用电子技术和通信手段的信用货币,简单地说,就是以加密数据或电子形式存在的货币。广义的电子货币可以是由某一经济组织(如商业银行、电话公司等)发行的。在一定范围内,电子货币具有存款、取款、消费、支付、转账、汇兑、授信等多种功能或单一功能,它的主账户在发行的经济组织。狭义的电子货币是指商业银行发行的,在一定范围内以电子技术、计算机技术和通信技术为手段,具有存款、取款、消费、支付、转账、汇兑等多种功能的流动的辅助资金结算账户,它的主账户在发行的商业银行。

电子货币是银行业务电子化、网络化的产物,它代表了现代信用货币形式的发展方向,体现了现代支付手段的不断进化。各国推行和研制的电子货币千差万别,但其基本形态趋于一致,使用者以一定的现金或存款从发行者处兑换并获得代表相同金额的数据,然后以可读写的电子信息方式存储起来,当使用者需要偿还债务时,可以通过某些电子化媒介或方法将该电子数据直接转移给支付对象。电子货币的运作仍然以货币或纸币为基础,只是其形态和支付手段发生了变化。

2. 电子货币的种类

(1) 根据使用方式和条件的不同进行划分。

根据电子货币使用方式和条件的不同,可将其分为"认证"或"匿名""在线"或"离线"系统,组合形成以下四类:在线认证系统、在线匿名系统、离线认证系统、离线匿名系统。

"认证"是指电子货币的持有者使用电子货币时,需要对其身份进行确认,其个人资料被保存在发行者的数据库中,以电子货币进行的交易可以被追踪;"匿名"是指电子货币的持有者使用电子货币时无须进行身份认证,其交易不能被追踪;"在线"是指顾客在使用电子货币时，需要利用电信设备连接商家以获得第三方的确认，这种确认不一定是身份的确认，也可以是对电子货币合法性、金额等的确认；"离线"电子货币在使用时不需要发行者或第三方进行确认，可以直接进行用户对用户、用户对商家的资金转移支付。

（2）根据信息载体的不同进行划分。

根据信息载体的不同，电子货币可以分为智能卡、电子现金、电子钱包和电子支票。

智能卡于20世纪70年代中期在法国问世，是一种内部嵌入了集成电路的信用卡大小的电子卡，分接触式和非接触式两种。它们又分别有存储式和带CPU式两种。

电子现金是一种以数据形式流通的货币。它把现金数值转化为一系列的加密序列数，通过这些序列数来表示现实中各种金额的市值，用户在开展电子现金业务的银行开设账户并存钱后，就可以在接受电子现金的商店购物。

电子钱包是一种具有存取款和转账消费功能的智能卡。Visa Cash 和 Mondex 是目前世界上两大电子钱包服务系统，其他电子钱包服务系统还有 MasterCardCash、EuroPay 的 Clip 和比利时的 Proton 等。使用电子钱包购物，通常需要在电子钱包服务系统中进行。

电子支票是借鉴纸张支票转移支付的优点，利用数字化网络将钱款从一个账户转移到另一个账户的电子付款方式。

5.2.2 银行卡

1. 银行卡的概念

银行卡（Bank Card）是由银行发行、供客户办理存取款业务的新型服务工具的总称。因为各种银行卡都是由塑料制成的，用于存取款和转账支付，所以又称为"塑料货币"。20世纪70年代以来，由于科学技术的飞速发展，特别是计算机的运用，银行卡的使用范围不断扩大，不仅减少了现金和支票的流通，而且使银行业务由于突破时间和空间的限制而发生了根本性变化。银行卡自动结算系统的运用，使无支票、无现金社会的到来不久将成为现实。银行卡的大小一般为85.60毫米×53.98毫米（3.370英寸×2.125英寸），但是也有比普通卡小43%的迷你卡和形状不规则的异形卡。

2. 银行卡的种类

银行卡分为借记卡（Debit Card）和贷记卡（Credit Card）两种。前者是储蓄卡，后者是信用卡。借记卡可以在网络或者POS机上消费或者通过ATM转账和提款，但不能透支，卡内的金额按活期存款计息，消费者提款时资金直接从储蓄账户划出。借记卡在使用时一般需要密码（PIN）。借记卡按等级可以分为普通卡、金卡和白金卡；按使用范围不同可分为国内卡和国际卡。

贷记卡是指发卡银行给予持卡人一定的信用额度，持卡人可以在信用额度内先消费后还款的信用卡。它的特点是：先消费后还款，享有免息缴款期（一般为一个月），并设有最低还款额，客户出现透支时可自主分期付款。客户需要向申请的银行交付一定数量的年费,各银行标准不同。信用卡按使用范围亦可分为国内卡和国际卡。

信用卡和借记卡都是比较成熟的支付方式,在世界范围内也得到了广泛的应用。银行卡最大的优点就是持卡人不用带现金,可以凭卡购买商品和享受服务,其支付款项由发卡银行支付。银行卡支付通常涉及三方,即持卡人、商家和银行。支付过程包括清算和结算,前者指支付指令的传递,后者指与支付相关的资金转移。

5.2.3 电子支票

在电子商务中,大额的 B2B 网上交易对电子支票这种新颖的支付模式产生了需求,从而推动了电子支票的发展。当然,对于普通消费者的日常网络支付而言,电子支票也相当方便实用。

电子支票以纸质支票为模型,其中包含与纸质支票完全相同的支付信息,如收款方账户信息、付款方账户信息、金额和日期等。将这些信息电子化,根据支付指令将资金从一个账户转移到另一个账户,即可实现银行客户间的资金结算。电子支票的运作流程和由第三方提供安全性支持的银行卡支付方式十分相似,银行卡支付方式要求消费者拥有银行卡,而电子支票只要求消费者拥有支票账户即可。电子支票保持了传统支票的风格,便于使用和推广,降低了支票的处理成本,提高了传输速率,同时减少了在途资金,提高了银行客户的资金利用率。

电子支票支付遵循金融服务技术联盟(Financial Services Technology Consortium,简称 FSTO)提交的银行支付网络(BIP)标准。国际上常用的电子支票系统有 NetCheque、NetBill、E-Check 等。

5.2.4 电子现金

电子现金(E-Cash)也称为数字现金,是一种以数据形式流通的货币,它把现金数值转换成为一系列的加密序列数,通过这些序列数来表示现实中各种金额的币值。它是一种以数据形式流通的,在网络支付时使用的现金,比现实货币更加方便。要使用电子现金进行网上购物,消费者只要先在开设电子现金业务的银行开设账号并存入一定金额的钱,就可以在接受电子现金的商家购物了。电子现金带来了纸币在安全和隐私性方面所没有的计算机化的便利,电子现金的应用开辟了一个全新的市场,在西方发达国家,电子现金正尝试取代纸币作为网上支付的主要手段之一。

1. 电子现金的属性

电子现金是纸币现金的电子化,它具有以下四个属性:

(1)货币价值。

电子现金必须有一定的现金、银行授权的信用或银行证明的现金支票进行支持。

(2)可交换性。

电子现金可以与纸币、商品或服务、网上银行卡、银行账户存储金额、支票或负债等进行互换。

（3）可存储性。

可存储性是指持有者可对存储在一个计算机的外存、IC卡或者其他更易于传输的标准或特殊用途的设备中的电子现金进行存储和检索。

（4）重复性。

必须防止电子现金的复制和重复使用。因为买方可能用同一个电子现金在不同国家、地区的网上商店同时购物，这就造成电子现金的重复使用。一般的电子现金系统会建立事后检测和惩罚机制。

2. 电子现金的优点

电子现金是纸币现金的电子化，具有与纸币现金一样的很多优点，正在成为电子商务网络支付的重要工具，而且特别适合个体、小额网络支付的电子商务活动。电子现金具备如下优点：

（1）成本低廉。

只需在买方、卖方、银行安装电子现金软件，利用现有的技术设施、互联网等就可完成电子现金的存取、转账，尤其适合小额交易。

（2）方便有效。

无论是对消费者还是对商家，电子现金都比传统的现金、支票、信用卡结算方式更为有效、方便，最终能降低消费者的购物费用。

（3）人人可用。

无论是企业还是消费者，都可使用电子现金来结算。

（4）匿名性。

与流通货币一样，电子现金也具有匿名性。买卖双方在使用电子现金时都能避免暴露自己的身份。匿名性可防止销售者收集有关个人或组织的消费习惯信息。

（5）无须特殊认证。

与使用信用卡必须进行特殊认证不同，使用电子现金不需要进行特殊认证，可用于各种类型的交易。

（6）交易成本与交易距离无关。

传统贸易所跨越的距离和其成本成正比，距离越远，交易成本就越高。而距离对电子现金而言并不是问题。

3. 电子现金支付方式存在的问题

（1）要求较高。

电子现金对于硬件和软件的技术要求都较高，需要一个大型的数据库存储用户完成的交易和电子现金序列号以防止重复交易。

（2）易丢失。

如果买方的硬盘出现故障且未作备份，电子现金就会和普通钞票一样丢失，无法恢复。

(3) 兑换问题。

由于电子现金仍以传统的货币体系为基础,如美国银行只能以美元的形式发行电子现金,中国银行则发行以人民币为基础的电子现金,因此从事跨国贸易就必须使用特殊的兑换软件。

(4) 使用范围有限。

迄今为止,接受电子现金的商家不多,且只有少数几家银行提供电子现金开户服务,因而使用范围较为有限。

尽管电子现金还存在很多问题,但是它的使用仍呈现增长势头。随着未来电子现金解决方案的出台,电子现金一定会像商家和银行界预言的那样,成为网上贸易便利的交易手段之一。

5.2.5 智能卡

1. 智能卡的概念

智能卡(Smart Card)或称集成电路卡(IC卡),是一种将具有微处理器及大容量存储器的集成电路芯片嵌装于塑料基片上而制成的卡片。芯片里存储了大量关于使用者的信息,如财务数据、私有加密密钥、账户信息、结算卡号码及健康保险信息等,因此IC卡又广泛应用于社会保障领域(社会保障卡)。

智能卡出现已经有十多年了。在欧洲和日本,智能卡已经可以用于交电话费和有线电视费。智能卡在澳大利亚也非常普及,几乎所有商店和饭店的结账台都有智能卡刷卡器。目前我国的IC卡应用领域也很广泛,如表5-2-1所示。

表5-2-1　IC卡的应用领域

应用领域	应用形态
金融与商业	购物积分卡、会员卡、VIP卡、优惠卡
交通	公交卡、高速公路收费卡、停车场收费卡
通信	电话卡
旅游	贵宾卡、娱乐卡
医疗	医保卡、病历卡、免疫卡、健康卡
教育	校园卡、借书卡
其他	身份证、门禁卡、考勤卡、仓储管理卡

2. 圈存

圈存即消费者将银行卡中的资金直接存入智能卡上,这样消费者就可免除携带现金找零、遗失、伪钞等风险。这种交易必须在金融终端上联机进行,进行圈存交易以前需要验证持卡人个人密码。圈存的资金大多是个人在特定的消费环境下进行刷卡消费的。

3. 使用智能卡进行网上购物的过程

使用智能卡进行网上购物需要配置一个硬件——能安装在计算机上的可携式智能卡读写设备，智能卡的交易必须通过卡片进行。运用智能卡进行网上购物的过程如下：

（1）申请智能卡。

用户向智能卡发卡银行申请智能卡，申请时需要在银行开设账号，提供输入智能卡的个人信息。

（2）下载电子现金。

用户登录到发行智能卡银行的 Web 站点，按照提示将智能卡插入智能卡读写设备，智能卡会自动告知银行有关用户的账号、密码及其他加密信息。用户通过个人账户购买电子现金，下载电子现金存入智能卡中。

（3）智能卡支付。

在网上交易中，用户可选择采用智能卡支付。将智能卡插入智能卡读写设备，通过计算机输入密码和网上银行的账号、支付金额，从而完成支付过程，实现智能卡刷卡消费。

4. 智能卡的优点

（1）智能卡具有匿名性。使用智能卡支付与使用现金支付十分相似。商店在接到某个智能卡传来的金额时，不会知道消费者是谁，除了余额增加外也不会留下任何记录。

（2）消费者使用智能卡时不必在银行留有账户。

（3）通过使用智能卡，商店可以在交易结束的同时得到款项，与一般银行卡需要经过与银行的结算后才得到款项相比，减少了商店面临的信用风险。

（4）智能卡存储信息量较大，存储信息的范围较广，安全性也较好。

5. 智能卡的缺点

（1）不论是消费者还是商店，都需要安装特殊的硬件设备，这阻碍了智能卡在近期的普及。

（2）一旦智能卡损坏或丢失，如果没有物理上的 PIN 验证，那么，丢失了智能卡，也就丢失了财产。

5.2.6 电子钱包

1. 电子钱包的概念

电子钱包（Electronic Purse）是电子商务活动中购物顾客常用的一种支付工具，是在小额购物或购买小商品时常用的新式"钱包"。

电子钱包的发展经历了两个阶段，即 Mondex 电子钱包和虚拟电子钱包。

英国威斯敏斯特银行开发的电子钱包 Mondex 是世界上最早的电子钱包系统，于 1995 年 7 月首先在英国的斯温顿市试用。Mondex 电子钱包从形式上看与智能卡十分相似，使用起来十分简单。只要把 Mondex 卡插入终端，三五秒钟之后，读取器将从 Mondex 卡中将所要支付的钱款扣除掉,并且收据能从终端中送出,一笔交易即告结束。卡上有持卡人的姓名和密码锁定功能,只有持卡人才能使用,比现金安全。Mondex 卡损坏时,持卡人向发卡机关申报卡内的余额,由发卡机关确认后重新制作新卡发还。

目前电子商务中应用的电子钱包则已完全摆脱了实物形态,成为虚拟的电子钱包。电子钱包内只能装电子货币,即电子现金、银行卡等,这些电子支付工具都可以支持单击式支付方式。电子钱包本身并不能用于支付,而用存放在电子钱包里面自己的各种电子货币(如数字现金)或电子金融卡(信用卡、IC 卡)等来进行支付结算。

2. 电子钱包的特点

随着消费者网上购物次数的增多,他们开始厌倦每次采购都要输入送货地址、信用卡信息、个人身份信息等,在网页上点击个人的"钱包图标",就能把这些每次重复的个人商务信息都安全发送给商家网站,加快购物过程,提高购物效率,这就是电子钱包的作用。与实际钱包、智能卡类似,电子钱包把有关方便网上购物的信息,如信用卡信息、电子现金、钱包所有者身份证、所有者地址及其他信息等集成在一个数据结构里,供以后整体调用。电子钱包网络支付一般采用 SET 协议安全机制,安全可靠。使用电子钱包购物,通常需要在电子钱包服务系统中进行(商家支持)。顾客需使用电子钱包客户端软件(免费)才可以使用电子钱包进行网络支付。

3. 电子钱包的功能

(1) 数字证书的管理,包括电子证书的申请、存储、删除等。

(2) 安全网络支付,进行 SET 交易时辨认商户的身份并发送支付信息。

(3) 交易记录的保存,保存每一笔交易记录以备日后查询。

值得注意的是,顾客开始使用电子钱包时一般要先注册,以后每次使用钱包时都要"登录",进行电子钱包的身份确认。所以,电子钱包持有者对自己的用户名及口令应该严格保密,以防电子钱包被他人窃取,否则就会像生活中钱包丢失一样,有可能会带来一定的经济损失。

可以说,电子钱包是平常生活中钱包的电子化模拟,具有与现实钱包类似的很多优点,特别在涉及个体的、小额网上交易的电子商务活动中,应用起来既方便又能提高效率。

电子钱包就像钱包一样,具有集中管理现金、个人信用卡、个人名片等个人物品的功能,使用时只需打开钱包,想用什么就拿出什么,十分方便,也比较安全,避免现金与信用卡等的意外丢失。

5.3 网络银行

网络银行最早起源于美国。1995 年,世界上第一家网上银行 Security First Network Bank(简称 SFNB),即第一安全网上银行在亚特兰大成立。这是在互联网上提供大范围和多种银行服务的第一家银行,具有业务处理速度快、服务质量高、服务范围广的特点。网络银行代表了银行未来的发展方向,成为银行业务的主流。目前我国传统银行都相继开设了自己的网上银行。

5.3.1 网络银行概述

1. 网络银行的概念

网络银行也称为网上银行、在线银行,是指利用 Internet、Intranet 及相关技术处理传统的银行业务及支持电子商务网上支付的新型银行。它实现了银行与客户之间安全、方便、友好、实时的连接,可向客户提供开户、销户、查询、对账、行内转账、跨行转账、信贷、网上证券、投资理财以及其他贸易或非贸易的银行业务服务。可以说,网络银行是在 Internet 上的虚拟银行柜台。

网络银行按照经营组织方式可分为传统银行自办网络银行和纯网络银行。

以传统银行拓展网络业务为基础的网络银行,是在原有银行的基础上再发展网络业务,互联网起到辅助发展银行业务的作用,我国大多数银行属于这种。

纯网络银行起源于 1995 年开业的美国安全第一网络银行,这类银行除了后台处理中心外,一般只有一个具体的办公场所,没有具体的分支机构、营业柜台、营业人员。

我国的纯网络银行的成长与发展离不开电子商务平台的成熟与推广。2014 年 9 月 29 日,中国银监会正式批复建立浙江网商银行。深圳前海微众银行、上海华瑞银行、浙江网商银行、天津金城银行、温州民商银行这 5 家是首批试点的纯网络银行。此后获批的有重庆富民银行、四川新网银行、湖南三湘银行、安徽新安银行、福建华通银行、武汉众邦银行、北京中关村银行、江苏苏宁、威海蓝海银行、辽宁振兴银行、吉林亿联银行等 16 家民营网络银行。这些仅含线上业务的互联网银行各有特点和定位,但总体都是以小微企业和个人为客户,以借贷为主要运营模式。

2. 网络银行的特点

利用计算机和通信技术实现资金划拨的电子银行业务已经有几十年的历史了,传统的电子银行业务主要包括资金清算业务和用 POS 网络及 ATM 网络提供服务的银行卡业务。网络银行是随着 Internet 的普及和电子商务的发展在近年逐步成熟起来的新一代电子银行,它依托于传统银行业务,并为其带来了根本性的变革,同时也拓展了传统的电子银行业务功能。与传统银行和传统电子银行相比,网络银行在运行机制和服务功能方面都具有不同的特点。

(1) 无分支机构。

传统银行是通过开设分支机构来发展金融业务和开拓国际市场的，客户往往只限于固定的地域，而网络银行是利用 Internet 来开展银行业务的，因此可以将金融业务和市场延伸到全球每个角落。打破了传统银行业务地域范围局限的网络银行，不仅可吸纳本地区和本国的客户，也可直接吸纳国外客户，为其提供服务。

(2) 开放性与虚拟化。

传统银行所提供的业务都是在银行的封闭系统中运作的，而网络银行的 Web 服务器代替了传统银行的建筑物，网址取代了地址，其分行是终端机和 Internet 这个虚拟化的电子空间。因此，有人称网络银行为"虚拟银行"，但它又是实实在在的银行，利用网络技术把自己与客户连接起来，在有关安全设施的保护下，通过不同的计算机终端随时为客户办理所需的一切金融业务。

(3) 智能化。

传统银行主要借助于物质资本，通过众多员工的辛勤劳动为客户提供服务。而网络银行主要借助于智能资本，靠少数脑力劳动者（如 SFNB 一度只有 15 名员工）的劳动提供比传统银行更多、更快、更好、更方便的业务，如提供多元且交互的信息，其功能和优势远远超过电话银行和传统的自助银行。客户除转账、查询账户余额外，还可享受网上支付、贷款申请、国内外金融信息查询、投资理财咨询等服务。网络银行是一种能在任何时间（Anytime）、任何地方（Anywhere），以任何方式（Anyhow）为客户提供超越时空智能化服务的银行，因此可称为"三 A 银行"。

(4) 创新化。

网络银行是创新化银行。在个性化消费需求日趋凸显及技术日新月异的信息时代，网络银行提供的金融产品和拥有的技术的生命周期越来越短，淘汰率越来越高。在这种情况下，只有不断采用新技术，推出新产品，实现持续创新，才不至于被淘汰。以 SFNB 为例，它对基本支票账户不收取手续费，没有最低余额限制，这在美国银行界开了先河，而且客户每个月可免费使用 20 次电子付款服务，免费使用自动柜员机或借记卡。与此同时，SFNB 还不断开拓新业务，1998 年，它与著名的因特网服务提供商美国在线（AOL）达成协议，允许客户通过 AOL 访问 SFNB，此举使 SFNB 的客户数迅速增长，其存款额很快突破 1 亿美元。

(5) 运营成本低。

与传统银行相比，网络银行的运营成本最低。据介绍，在美国开办一个传统的分行需要 150 万~200 万美元，每年的运营成本为 35 万~50 万美元，而建立一个网络银行所需的成本为 100 万美元。1998 年美国一家网络服务与咨询公司的一次调查发现，普通的全业务支行平均每笔交易成本约为 1.07 美元，而网络银行相应成本仅为 0.01~0.04 美元。

(6) 以已有的业务处理系统为基础。

网络银行服务系统不是一个单独的业务处理系统,它本身不能独立地处理某项银行业务,必须以已经存在的业务处理系统为基础,所有的业务处理最终都要由现有的业务处理系统来实现。

(7) 将现有的业务系统有机地联系起来。

国内银行现有的业务系统总的来说都是分散形式的,通过建立网络银行服务系统与传统业务处理系统之间的接口,分散的不同的业务系统得以有机地联系起来。可以看出,网络银行服务系统的作用和意义已经远远超出了任何一个传统的业务系统。如果能够成功地建立网络银行服务系统,把客户终端、电话银行等手段结合起来,将在整个银行范围内形成整个统一的面向客户的综合服务体系。这将为解决银行业务系统分散、业务做法不统一、系统平台不统一等问题提供一条较好的途径。

(8) 采用 Internet/Intranet 技术。

Internet/Intranet 技术具有网络分布计算和与系统平台无关的特点,这两个特点特别适合解决银行业务系统分散和系统平台种类多的问题。另外,采用这种技术会给系统的开发和维护带来巨大的好处。

目前网络银行的运行机制有两种模式:一种是完全依赖于 Internet 发展起来的全新的电子银行,特点是银行的所有业务都是通过互联网进行的,如美国的 SFNB;另一种是传统银行在 Internet 上建立网站,利用 Internet 提供传统的银行业务服务,通过其发展家庭银行、企业银行等服务。

◆ 5.3.2 网络银行的业务

网络银行基本业务主要包括家庭银行(储蓄业务)、企业银行(对公业务)、信用卡业务、各种支付、特色服务、商务服务、信息发布。

1. 家庭银行

家庭银行为用户提供方便的个人理财渠道,包括网上开户、账户余额与利息查询、交易历史查询、个人账户挂失、电子转账、票据汇兑等。

以美国的美洲银行为例,其网上业务主要集中在家庭银行方面。通过其 Home Banking 网页,用户可以在一天中的任何时间里办理银行业务,包括储蓄、外汇及货币交易、当前账户余额查询、资金划拨、下载所需的理财软件等,还可以使用"paybill"来支付如每月 5.95 美元的小笔开支。HomeBank 的理财软件可帮助用户规划各种金融事务,跟踪和分析花费情况。

2. 企业银行

企业银行为企业或团体提供综合账户业务,如查阅本企业或下属企业账户余额和历史业务情况,在企业内部各单位之间划转资金,核对调节账户,进行账户管理,以电子支付方式支付职工工资,了解支票利用情况,支票挂失,将账户信息输出到空白表格软件，或打印每日资产负债报告、详细业务记录表、银行明细表之类的各种金融报告或报表，通过互联网实现支付和转账等。目前中国银行推出的"企业在线理财"就属于这类业务。

3. 信用卡业务

信用卡业务包括网上信用卡的申办、信用卡账户查询、收付清算等功能。与传统的信用卡系统相比，网上信用卡更便捷。用户可通过 Internet 在线办理信用卡申请手续；持卡人可通过网络查询用卡明细；银行可通过电子邮件定期向用户发送账单，进行信用卡业务授权、清算，传送黑名单及紧急止付名单等。

4. 各种支付

网络银行提供数字现金、电子支票、智能卡、代付或代收费等网上支付方式，以及各种企业间的转账或个人转账，如同一客户不同账号间的转账，包括活期转定期、活期转信用卡、信用卡转定期、银行账户与证券资金账户之间的资金互转等。

5. 特色服务

特色服务主要是指通过 Internet 向客户提供各种特色金融服务，如网上证券、期货、外汇交易、电子现金、电子钱包以及各种金融管理软件的下载等。目前国外银行从存贷差中获取的利润已不足总利润额的 50%，其余的利润都来自各种在线服务。从整个银行业的发展趋势来看，在线服务将成为未来银行利润的主要来源。以汇丰银行为例，其在香港地区有 4 000 多家企业用户，目前以每月最低 2 000 元港币的租金向这些企业提供银行在线服务，仅此一项，每月的收入就有近千万元。

6. 商务服务

商务服务主要指提供资本市场、投资理财和网上购物等子功能。在资本市场方面，除人员直接参与的现金交易之外的任何交易均可通过网络银行进行。在投资理财方面，客户可主动进入银行的网站进行金融账户等信息的查询以及处理自己的财务账目；也可由网络银行系统对客户实施全程跟踪服务，即根据客户的储蓄、信贷情况进行理财分析，适时地向客户提供符合其经济状况的理财建议或计划。在网上购物方面，网络银行可以网上商店的形式向供求双方提供交易平台。商户在此可建立自己的订购系统，向网上客户展示商品并接受订单，在收到来自银行的客户已付费的通知后向客户发货；客户可进入银行的网上商店，选购自己所需的商品，并通过银行直接进行网上支付。这种供求双方通过网络银行这一中介机构建立联系和实现收支的方式，降低了交易的风险度。

7. 信息发布

目前网络银行所发布的信息主要有国际市场外汇行情、对公利率、储蓄利率、汇率、证券行情等金融信息，以及行史、业务范围、服务项目、经营理念等银行信息，客户可随时通过 Web 网站了解这些信息。

5.3.3 网络银行的竞争优势

网络银行与传统的商业银行相比，有许多竞争方面的优势，突出体现在两个方面，即对成本的替代效应和对服务品种的互补效应。网络银行不需要具体的营业场所，因而其成本替代效应主要表现在对商业银行设立分支机构和营业网点的成本替代上。另外，网络银行运作的基本策略是将传统的前台服务与虚拟的网上前台服务有效结合起来，将传统的后台数据处理与虚拟的网上后台数据处理有效地结合起来，这样台前台后业务和数据处理的一体化，弥补了传统银行金融服务的不足，起到了互补的作用，从而大大增强了商业银行的业务竞争能力。网络银行的竞争优势可以划分为三类，即成本竞争优势、差异性竞争优势、知识优势或无边界竞争优势。

1. 成本竞争优势

即网络银行可以降低银行的经营和服务成本，从而降低客户的交易成本。据美国一家金融机构统计，办理一笔银行业务的费用，通过分行方式是 1.25 美元，使用 ATM 是 80 美分，使用电话银行是 40 美分，使用自动拨号方式是 10 美分，而使用互联网只需要 1 美分。可见，与传统银行相比，网络银行具有明显的成本竞争优势。

2. 差异性竞争优势

即网络银行可以突破地域和时间的限制，向客户提供个性化的金融服务产品。传统商业银行的营销目标只能细分到某一类客户群，很难提供一对一客户服务，即使能提供，成本也比较高，而网络银行能在低成本的条件下实现一对一服务，从而形成差异性服务。

3. 知识优势或无边界竞争优势

在现代信息技术条件下，特别是在网络经济环境下，银行竞争的优先选择因素是知识因素。经济全球化和信息化使银行之间的竞争从有形资本竞争转为无形资本竞争，从土地、资金和人才竞争转为人力资本、资金、思想观念和知识的竞争。而网络银行利用它的信息技术和信息资源可以为商业银行提供竞争所需要的知识要素和竞争手段。

总之，网络银行利用成本竞争优势、差异性竞争优势及知识优势，向客户提供了低成本、高质量的金融服务，改善了商业银行的形象，也扩大了主要客户的来源，提高了商业银行的综合经济效益。

5.3.4 网上银行的安全防范措施

网上银行交易由于成本低、资金周转方便、不受时间和地域的约束、覆盖面广等一系列相对于传统银行的优势，使得各国网银业务一直保持着快速发展的趋势。然而网上银行系统是一个涉及不同应用系统、用户对象、数据敏感程度和主管部门的复杂网络，随着业务的不断增多，网上银行所面临的安全威胁也越来越严重。网络病毒和木马程序偷窃网银用户的账号和密码事件给网上银行和网银用户带来了非常不利的影响。银行方面为了自身网上银行的安全，同时也为了更大限度地保护用户的合法利益，采取了严密的安全保护措施。用于保护网上银行账户安全的措施主要有以下几方面：

1. 静态密码+验证码

验证码是为了防范非法者使用暴力程序不断尝试获取用户密码而采用的一种技术，

它是在图片中加入使用者可以识别而计算机不能自动识别的随机数字或符号，从而达到防范黑客攻击的目的。

2. 电子银行口令卡

电子银行口令卡相当于一种动态的电子银行密码。口令卡上以矩阵的形式印有若干字符串，如图 5-3-1 所示，客户在使用电子银行（包括网上银行或电话银行）进行对外转账、B2C 购物、缴费等支付交易时，电子银行系统就会随机给出一组口令卡坐标，客户根据坐标从卡片中找到口令组合并输入电子银行系统。只有当口令组合输入正确时，客户才能完成相关交易。这种口令组合是动态变化的，使用者每次使用时输入的密码都不一样，交易结束后即失效，从而杜绝不法分子通过窃取客户密码盗窃资金，保障电子银行安全。

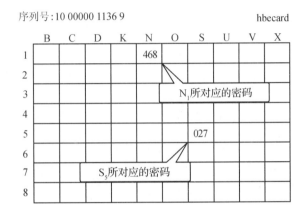

图 5-3-1 电子银行口令卡

3. 手机动态密码

是指使用网上银行系统发送到签约注册手机上的一次性短信密码来保证网银用户的重要交易的安全。

4. 数字证书

数字证书是交易双方的"网上数字身份证"，能够保证用户网上传送信息的安全，防止其他人对信息的窃取和篡改；它还能对网上的交易进行电子签名，实现用户的"网络亲笔签名"。数字证书分为文件数字证书和移动数字证书两种，文件数字证书可保存在计算机的 IE 浏览器中。

图 5-3-2 USB Key

并可进行复制；移动数字证书通常被存储在带有智能芯片的 USB Key 的介质中。USB Key 是一种 USB 接口的硬件设备，可以存储用户的私钥或数字证书以及密码算法，并确保存储的内容无法拷贝出来。USB Key 的外形如图 5-3-2 所示。

除了在技术上采取一定的安全防范措施外，在对银行的业务人员的管理以及提高用户安全防范的意识上也要加大力度，以保证网上银行的安全。

5.4 第三方支付

5.4.1 第三方支付概述

1. 第三方支付的概念

第三方支付平台是指具备一定实力和信誉保障的非银行机构，借助通信、计算机和信息安全技术，采用与各大银行签约的方式，在用户与银行支付结算系统间建立连接的电子支付模式，从而实现从消费者到金融机构、商家的货币支付、现金流转、资金清算、查询统计等，为商家开展 B2B、B2C 交易等电子商务服务和其他增值服务提供完善的支持。

从发展路径与用户积累途径来看，目前市场上第三方支付公司的运营模式可以归为两大类。

（1）独立第三方支付模式，即第三方支付平台完全独立于电子商务网站，不负有担保功能，仅仅为用户提供支付产品和支付系统解决方案，以快钱、易宝支付、汇付天下、拉卡拉等为典型代表。以易宝支付为例，其最初凭借网关模式立足，针对行业做垂直支付，而后以传统行业的信息化转型为契机，凭借自身对具体行业的深刻理解，量身定制全程电子支付解决方案。

（2）以支付宝、财付通为首的依托于自有 B2C、C2C 电子商务网站提供担保功能的第三方支付模式。货款暂由平台托管并由平台通知卖家货款到达、进行发货。在此类支付模式中，买方在电商网站选购商品后，使用第三方平台提供的账户进行货款支付，待买方检验物品并进行确认后，就可以通知平台付款给卖家，这时第三方支付平台再将款项转至卖方账户。

第三方支付平台的收入来源主要有交易手续费、行业用户资金信贷利息及服务费收入和沉淀资金利息收入等。

比较而言，独立第三方支付立身于 B（企业）端，担保模式的第三方支付平台则立身于 C（个人消费者）端，前者通过服务于企业客户间接覆盖客户的用户群，后者则凭借用户资源的优势渗入行业。

第三方支付是一种交易平台，它的前端联系着广大的消费者和商户，后端联系着国内或者国外的各大商业银行，具有一定的资金实力和信誉保障。

第三方是一种资金支付的中间平台，为买卖双方提供信用保障和法律支持，买方不是将货款直接支付给卖方，而是支付给不与买卖双方有直接联系的第三方，等买家收到货并验收满意之后，再由第三方将货款转付卖家，避免卖家拿钱不给货和买家拿货不给钱的风险。

第三方支付实现了资金托管的功能，它本身并不承担实质性的风险，这样就可以使支付得到保证。

2. 第三方支付的特点

第三方网上支付平台在与各家银行密切合作的前提下，为商户提供整合型网上支付服务。第三方网上支付平台有如下特点：

（1）第三方网上支付平台可以支持国内各大银行发行的银行卡和国际信用卡组织发行的信用卡。商户只需一次性接入打包好的支付接口，即可使用该支付平台支持的所有银行卡种进行网上收付款，并且可以随着平台升级自动免费升级，而不必单独和多家银行接洽合作，很大程度上降低了企业运营成本。

（2）第三方支付平台手续费标准统一，且结算周期可根据商户需求设定，服务更加人性化。如网银在线提供的按天结算货款服务，实现了资金在支付平台的"零停留"，确保了商户资金的流畅运转。而传统银行的手续费、结算周期各家不一，商户要与多家银行分别结算，加大了财务管理方面的难度。

（3）专业的第三方网上支付平台能够提供增值服务，帮助商家网站解决实时交易查询和交易系统分析，提供方便及时的退款和支付服务。

（4）第三方网上支付平台作为中立的一方，具有公信度。第三方支付平台可以对交易双方的交易进行详细的记录，从而防止交易双方对交易行为可能的抵赖，以及为在后续交易中可能出现的纠纷问题提供相应的证据，对商家和消费者采取双向保护政策，在交易双方之间进行公平、公正的协调处理，确保双方合法利益得到最大限度的维护。

总之，第三方支付平台是当前所有可能突破支付安全和交易信用双重问题中较理想的解决方案。

3. 我国第三方支付的发展现状

我国在推进第三方支付不断规范发展的道路上也做出了很多努力。国务院于2005年2月公布了《关于加快电子商务发展的若干意见》，明确表示要加快建设与第三方支付有关的法律法规，并且要大力推广传统商业银行使用在线支付服务的功能，引导传统的金融机构实现电子化并构建在线平台。中国人民银行也于2005年6月和2006年3月发布了《支付清算组织管理办法》，从人民银行监管的角度使第三方支付的各个方面得以规范，并且还有可能对第三方支付的运营条件发放相应的牌照。到了2009年4月，随着第三方支付机构发展的进程不断加快，人民银行适时地推出了《中国人民银行公告》（〔2009〕第7号）文件，规定要求在公告发布之前一直行使第三方支付等支付清算功能的非金融机构在人民银行登记备案。中国人民银行于2011年5月26日进行了第三方支付牌照的第一次发放，到2015年7月10日，中国人民银行已发放全部第三方支付牌照公司共271张支付牌照。自2016年国务院开展互联网金融风险专项整治工作以来，人民银行持续加强支付服务行业监管，按照第五次全国金融工作会议"主动防范化解系统性金融风险"的要求，重拳整治支付服务行业乱象，推动行业出清，通过注销牌照、支付业务许可不予续展、重大违法违规情况摘牌、机构自行申请注销牌照等方式依法对38家支付机构实行"摘牌"（总数已由最高271家减至233家）。在2020年中央经济工作会议提出的"金融创新必须在审慎监管的前提下进行"的大方向和大前提下，从严监管和行业出清仍是未来支付服务市场监管的主基调，支付机构必须适应监管的新常态。2021年1月20日，中国人民银行正式发布了《非银行支付机构条例（征求意见稿）》，强调第三方支付反垄断。这一系列信号的背后意味着第三方支付行业开始走向成熟，行业发展也将步入新的阶段。

随着智能手机的普及，人们使用手机的时间超过使用电脑的时间，移动购物、移动支付成为主流。从我国第三方移动支付市场的发展历程来看，根据不同时期的主要增长点的不同，大致可以分为三个阶段。第一个阶段是2013—2017年的线上场景驱动阶段。电商、互金、转账的先后爆发持续推动了移动支付的快速增长。第二个阶段是2017—2019年的线下场景驱动阶段。2017年开始线下扫码支付规模全面爆发增长，线下场景的支付增速远高于线上场景支付的增速，引领移动支付经历了由线上驱动阶段到线下驱动阶段的转变。第三个阶段是从2019年开始的产业支付驱动阶段。以C端驱动的线上线下支付因C端流量见顶都进入了平稳增长期，而产业支付伴随产业互联网的快速崛起正逐渐成为我国移动支付新的增长点。

根据起家背景、支付业务发展路径以及产业支付业务模式的不同，可将第三方产业支付的参与者分为2C和2B两类参与者，其中2B又可细分为2B2C和2B2B两类。

（1）2C类型参与者的产业支付发展情况。

"码商"逻辑下的服务升级与细化，C端支付巨头的入局将加剧B端商户数字化升级服务市场的竞争。但B端服务市场的客观复杂性使其很难像C端支付市场一样快速进入垄断阶段，未来很长一段时间其他头部支付公司如平安壹钱包、翼支付、苏宁支付、随行付、快钱、宝付、和包支付、拉卡拉等企业将与支付宝、财付通共同形成"两超多强"的产业支付竞争格局。

（2）2B类型参与者的产业支付发展情况。

① 跨境电商支付。支付规模随跨境零售电商的发展而壮大，增速趋于稳定；跨境电商支付的核心竞争力不止于支付，付款、收单、跨境收款、金融服务、营销等将构建综合解决方案；"持证经营、外资竞争"是2019年跨境支付发展的关键点。

第三方支付机构为跨境零售电商提供贯穿交易全流程、涵盖账户侧与受理侧两端的支付服务。在跨境出口零售电商的交易过程中，第三方支付机构提供海外本地支付聚合、外卡收单、跨境收款与收结汇等服务；在跨境进口零售电商的交易过程中，第三方支付机构提供国内账户侧支付、聚合支付、国内收单、购付汇等服务。

② 物流支付。物流行业的运作方式较为传统，早期多以现金的方式支付结算，随着第四方物流对信息流的整合，信息流逐渐线上化，从而催生了支付方式的线上化扭转，因而相比电商等其他的产业支付场景，物流产业与第三方支付结合的时间较晚。2016年及以前，仅有少数几家头部收单机构从事物流支付；2017年，不少第三方支付机构涌入物流支付赛道，物流产业企业也纷纷通过收购支付牌照的形式入局物流支付，物流支付

的交易规模走向高速增长；2018年，企业端第三方支付机构物流支付交易规模达到2 172.9亿元。

③ 零售支付。零售支付是支付与产业融合的"排头兵"；零售支付走在去媒介化支付体验一线；零售支付推动支付的低陷下沉，攻坚农村金融普惠；零售支付是从支付革新到场景赋能的价值延伸。

进入2019年以来，随着蜻蜓、青蛙、蓝鲸等刷脸设备的推广，刷脸支付的序幕拉开。作为继二维码支付后的再一次支付体验升级，刷脸支付这一创新型智能硬件渐渐出现在各类线下零售实体门店的收银台上，改变着零售业的经营与消费形态。刷脸支付的普及开启了零售行业以无感支付为触点的"体验经济"，集支付、会员管理、广告营销、SaaS服务为一体的智能硬件连接起零售门店与支付机构背后的强大生态，通过场景改造与服务创新为零售商户的智慧经营带来更多的想象空间。

在过去，支付是交易的终结，而现在支付则是商家与消费者发生联系的开始。支付打破了线上线下界限，实现了多维度、多层次、广覆盖的行为数据积累，对行为数据的挖掘分析改变了商户认知消费者的视角与商户自身的运营方式，数据为零售产业消费前中后期不同阶段提供了优化支持，从支付革新到场景赋能，支付与零售产业的深度结合不仅满足着商户与消费者两端的需求，同时也在创造着新的愿景。

总之，第三方支付市场呈现出运营主体企业多元化、支付形式多样化、支付领域纵深化发展的趋势，促进了行业的大融合。大融合主要体现为：支付方式的融合、支付账户的融合、服务方式的融合、线上线下的融合、支付与营销等行业的融合。大融合将为整个第三方支付产业带来更为广阔的发展空间和更加丰富的创新机会，也将促进支付行业差异化竞争格局的形成。

5.4.2 第三方支付的交易流程——以支付宝为例

支付宝（中国）网络技术有限公司，后更名为浙江支付宝网络技术有限公司，在中国的第三方支付市场上占据着龙头的地位，于2004年12月创立。支付宝的口号是为中国的电子商务提供"简单、安全、快捷"的在线支付解决方案。

支付宝公司从2004年建立开始，始终以"信任"作为产品和服务的核心。其运作的实质是以支付宝为信用中介，在买家确认收到商品前，由支付宝替买卖双方暂时保管货款。支付宝不仅从产品上确保用户在线支付的安全，而且让用户通过支付宝在网络间建立起互相的信任，为建立纯净的互联网环境迈出了非常有意义的一步。

支付宝在行业内口碑很好，具有较好的社会责任感，且技术位于同行业内的先进水平，得到了很多传统金融机构的认同，如我国的工行、农行、建行、招商银行、交通银行、中国银行都与支付宝建立了较为深入的战略合作关系，并且不断地与时俱进地更新自己的产品和服务。支付宝的支付方式有支付宝账户余额支付、网上银行支付、银行卡快捷支付、余额宝支付、蚂蚁花呗支付、指纹支付、手表支付、刷脸支付等。图5-4-1

可以看出支付宝交易的详细流程。

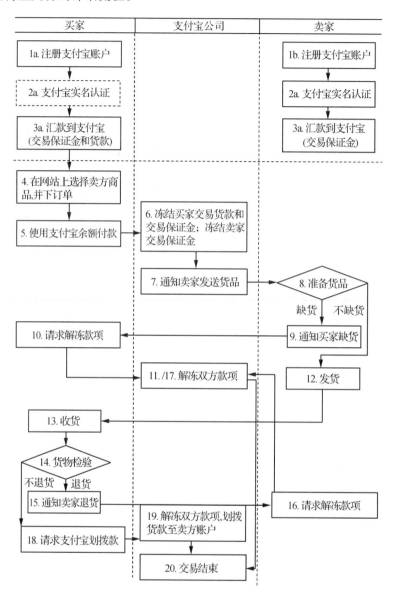

图 5-4-1　支付宝的交易流程

消费者和商家都需要在支付宝注册账号，注册的支付宝账号捆绑银行账号之后就可开展买卖活动。其主要环节如下：

（1）消费者在电子商务网站选购商品，决定购买，买卖双方在网上达成交易意向。

（2）消费者选择利用第三方支付平台作为交易中介，用借记卡或信用卡将货款划到第三方账户，并设定发货期限。

（3）第三方支付平台通知商家消费者的货款已到账，要求商家在规定时间内发货。

（4）商家收到消费者已付款的通知后按订单发货，并在网上做相应记录，消费者可在网站上查看自己所购买商品的状态；如果商家没有发货，则第三方支付平台会通知顾客交易失败，并询问是将货款划回其账户还是暂存支付平台。

（5）消费者收到货物并确认满意后通知第三方支付平台。如果消费者对商品不满意，或认为与商家承诺有出入，可通知第三方支付平台拒付货款并将货物退回商家。

（6）消费者满意，第三方支付平台将货款划入商家账户，交易完成；顾客对货物不满，第三方支付平台确认商家收到退货后，将该商品货款划回消费者账户或暂存在第三方账户中等待消费者下次交易支付。

5.4.3 第三方支付的业务模式

第三方支付机构设计的领域涵盖方方面面，其业务模式也不尽相同，可以将第三方支付机构的运营模式归纳为以下四类：

1. 支付网关模式

支付网关模式也称为独立的第三方支付模式，这种模式独立运行，系统的前端连接着广大的客户，系统的后端连接着不同的银行的接口。之所以称之为"支付网关"，是因为这种模式下的第三方支付位于互联网和网上银行之间，对银行的专用网络起到了保护和隔离的作用。整体来看，支付网关模式就是搭建了一个虚拟的平台，将银行和客户联系了起来，这个平台为客户接入了多家银行，买家将货款支付给卖家。交易流程如下：

（1）买家挑选好商品并下订单。

（2）选择一家合适的第三方支付机构并且进入银行的支付界面。

（3）第三方支付机构把支付请求传递给银行，银行再根据买家的账户余额执行支付行为。

（4）第三方支付机构把支付结果传递回卖家那里，卖家得知付款后提供相应的服务和货物。

这种模式下的第三方支付机构需要对自己的经营情况负责，有一些问题如支付网关模式下的第三方机构由于自身是独立的，会产生服务收费的问题，还有一些别的问题，如机构不可避免地会对银行产生依附，这些问题都会限制机构的发展。

2. 信用中介模式

信用中介模式也叫非独立第三方支付模式。在这种模式下，买卖双方不信任的信用缺失问题能够得到解决。第三方支付机构在交易双方之间承担起担保的责任，为交易的诚信做保证。这种模式要求第三方机构要依托于有实力、有信誉的大型的母公司。

具体的运营过程是：首先，在第三方支付机构注册，在买家和卖家达成订单后，买家不是直接支付货款给卖家，而是将货款先支付给第三方支付机构，由其暂时保管，当买家收到货物并确认付款后，第三方支付机构将货款打给卖家，如果买家不确认而是退货的话，则货款重新返还给买家。这种模式下，最典型的就是支付宝。

这种模式下，第三方机构积累了大量的客户资源，系统也更加完善，通过行使信用中介的职能能够保障交易的顺利进行，解决了买卖双方互相不信任的问题。但是在这种模式下，交易过程中会有大量的资金沉淀下来，这部分资金的使用以及鉴定和监管不当会造成很大的风险。

3. 以贝宝为典型的邮件模式

邮件模式下，用户只需要通过电子邮件就可以实现在线的收款和付款。最具有代表性的是贝宝——世界上最大的在线支付机构。主要的操作步骤是：

（1）买家通过电子邮件的形式在贝宝上注册成功后，从自己的银行账户或者是信用卡账户中选择一个，将里面的资金划转到贝宝的账户中用以付款。

（2）当买卖双方交易确定后，买家输入卖家的电子邮箱地址和需要支付的金额，之后选择一个账户，可以是信用卡账户或者银行卡账户，将货款付到卖家的贝宝账户中。

（3）卖家收到邮件后即可确认收到货款，之后将货物发出。

这种模式的第三方支付机构交易简单，只需要通过电子邮件就可以实现支付，降低银行卡信息在网上传递带来的风险。

4. 移动支付模式

移动支付模式是一种以移动的电子设备为载体的支付模式，是一种全新的支付服务。伴随着智能手机的不断普及和移动运营商3G、4G、5G的推广，通过智能手机等移动设备进行支付变得越来越流行和普遍。近年来我国移动支付发展迅速，移动支付的形式更加多样化，出现了短信支付、NFC（近距离通信）支付、语音支付、二维码扫描支付、手机银行支付、刷脸支付等移动支付方式。

整个移动支付价值链包括移动运营商、支付服务商（银行、银联等）、应用提供商（公交、校园、公共事业等）、设备提供商（终端厂商、卡供应商、芯片提供商等）、系统集成商、商家和终端用户。伴随着5G时代的到来，移动通信与互联网技术融合发展，推动着移动终端的应用市场呈现快速增长态势，从而也带动移动支付产业发展的全面提速。

我国的移动支付模式如果由银行推出，则需要开通手机银行，同时为了配合近场支付，可能还需要手机具有NFC功能。如果是三大运营商推出的移动支付，一般是通过在SIM卡（如翼支付的RFID-UIM卡等）植入芯片来完成支付。如果由纯粹的第三方支付公司推出，可以不用开通手机银行就直接支付，如支付宝、微信支付等，其特点是方便快捷，最大限度地满足客户对速度的要求。

5.5 数字货币

5.5.1 数字货币的概述

数字货币是应用数字技术的一种新的货币形态，使用的技术包括 P2P 网络、密码学、共识算法等。它的一个显著特征是可以不依赖特定中介，实现点对点的直接交易。从物理形态上，数字货币属于广义的电子货币；从发行机制上，数字货币属于广义的虚拟货币，但其基于区块链技术带来的去中心化，使之有别于网络世界中其他各种虚拟货币。第一，在发行方面，数字货币没有一个中心化的发行主体来控制和管理虚拟货币发行，数字货币也不是任何主体的负债，属于去中心化的虚拟货币；而腾讯的 Q 币这类虚拟货币，是由某一私营机构进行集中发行和管理的，属于中心化的虚拟货币。第二，在信用方面，数字货币采用以加密算法为核心的区块链技术，使素不相识的人们在网络上可以建立信任，使点对点直接交易成为可能；而 Q 币这类虚拟货币被限定在特定的虚拟社区或平台中使用，一般只能用于兑换发行者提供的虚拟商品和服务，其价值完全取决于发行者的意愿，依赖于传统的信用机制（用户对发行者的信任）。第三，在兑换方面，数字货币可以和法定货币双向兑换，可以用于购买某些商品和服务；其他虚拟货币只能单向地通过用法定货币购买或花费时间赚取等方式获得，但不能兑换成法定货币。

5.5.2 数字货币的分类

数字货币可分为非主权数字货币和主权数字货币两类。其中非主权数字货币由非主权个体发行或者不存在特定的发行主体，如比特币、以太币、瑞波币和莱特币等。主权数字货币是由中央银行发行和控制的数字货币，如英格兰银行、中国人民银行等都在研究中央银行数字货币。除此之外，存在以主权货币为记账单元的数字化金融产品，如数字化债券、股票、基金等。这些金融产品应用数字技术，以主权货币为单位，一定条件下可以具有类似货币的交易媒介功能。

1. 比特币

比特币是世界上最早诞生的数字货币，其概念最早是中本聪于 2008 年发表的《比特币：一种点对点的电子现金系统》一文中提出的。与之前的虚拟货币不同，比特币不依靠特定机构发行，它依据特定算法，通过大量的计算产生，并由整个点对点网络（Peer to Peer，简称 P2P）中众多节点构成的分布数据库来确认并记录所有的交易行为，使用密码学的设计来确保货币流通各个环节的安全性。比特币的去中心化特性与算法本身可以确保无法通过大量制造比特币来人为操控币值，基于密码学的设计可以保证比特币只能被真实的拥有者转移或支付。这样可以解决虚拟货币的两大难题，即虚拟货币伪造和双重支付，同时确保数字货币所有权与流通交易的匿名性。2009年1月，自第一个创世区块产生起，比特币已发展为全球市值最高、影响最大的数字货币，在数字货币中占据重要地位。比特币的发行并不依靠特定的发行机构，而是以奖励矿工的形式产生并发行，其总量被控制在2 100万个，这是通过提前写入程序实现的，后期无法人为控制和修改，这也保证了它的稀缺性。

2. 以太币

和比特币一样，以太币也是建立在区块链的基础之上的，底层技术十分相似，但两者应用的领域有所区别。以太币的总量不设上限，在最初众筹发行了7 200万以太币后，每年发行量不超过初始的0.3倍。以太币主要用于支撑应用在以太坊上运行，用户激活"程序"的每一步都需要用以太币付款。以太坊是区块链基础设施平台，能够提供各种模块让用户搭建下一代分布式应用。虽然比特币和以太坊都是基于去中心化的区块链技术，但在深层次的技术领域，特别是在去中心化的具体表现上两者存在很大区别。比特币是完整节点去中心化，算力去中心化以及开发去中心化，而以太坊则是开发过程去中心化，虽然这样能够大幅度提高效率，但也使其无法保证规则的安全性，容易遭受攻击。

3. 央行数字货币

央行数字货币（CBDC）是由中央银行主导并发行的主权数字货币。其发行和回笼基于"中央银行—商业银行"的二元体系来完成，具有法定加密性、稳定性、无限法偿性。央行数字货币具有货币的基本职能，即承担价值尺度、流通手段、支付手段和价值贮藏等职能。与比特币等虚拟货币相比，央行的数字货币以国家信用为支撑，而虚拟货币是私人货币，没有国家信用支撑，价格也极不稳定，无法满足货币政策的需求以及公众的需求。央行的数字化货币的发行成本低于传统纸币，数字货币的流通速度快，也会提高办事效率。同时，央行数字化货币的发行量取决于发行者与市场状况，与私人货币相比更加便于控制。数字货币的安全性、稳定性也极高，有法定加密算法，交易记录也有极强的可追踪性。

5.5.3 数字人民币

我国的央行数字货币——数字人民币（Digital Currency Electronic Payment，简称DC-EP）是由中国人民银行发行的数字形式的法定货币，它由人民银行提供兑换，由指定运营机构参与运营，支持账户松耦合功能，旨在替代流通中的纸币。从定义来看，数字人民币有三个特征。一是主要取代现有纸币。即将推出的数字货币是实现"纸钞的数字化替代"，主要取代M0（流通中现金），不涉及M1（狭义货币）和M2（广义货币），行使价值尺度、流通手段、贮藏手段、支付手段等货币职能，以国家信用为基础，具有现钞无限法偿性和法律强制性的特点。二是采用双层运营机制。数字人民币遵循传统的"中央银行—商业银行"运营模式，中央银行向商业银行发行数字人民币，商业银行按照100%比例缴纳准备金，并受央行委托向公众提供数字人民币存取等服务。三是基于账户松耦合。与传统电子支付与银行账户之间紧耦合的模式不同,数字人民币具有价值特征,不需要账户就可以实现价值转移,像现金一样流通,支持"双离线"支付,实现可控匿名。

我国从 2014 年起成立人民银行专门研究团队正式启动法定数字货币研究工作,对数字货币发行和运行框架、关键技术、发行流通环境、面临的法律问题等进行深入研究。2017 年,央行数字货币研究所成立。2018 年,人民银行正式开启数字人民币项目的开发进程。2019 年,顶层设计、标准制定、功能研发、联调测试等工作已基本完成。如今,数字人民币已经进入试点测试和场景选择的全新阶段。根据公开信息,多家国有大行开始内测数字钱包,央行数字货币研究所先后与多家互联网机构达成合作,共同促进数字人民币移动应用的功能创新及场景的落地应用。2020 年,数字人民币已先行在深圳、苏州、雄安新区、成都及未来的冬奥场景进行试点测试。2021 年,第二批数字人民币面向公众的试点包括上海、海南、长沙、青岛、大连、西安 6 个城市,"稳妥开展数字人民币试点测试"成为中国人民银行十大重点工作之一。数字人民币试点范围有序扩大,应用场景逐步丰富。数字人民币试点测试的参与人数、笔数、兑换金额总体较小,使用场景覆盖生活缴费、餐饮服务、交通出行、购物消费等多个领域。目前数字人民币总体处于试点测试阶段,正式推出时间还未确认。

数字人民币不会取代第三方支付。推出数字货币,代表的只是基础货币形式的变化,即从有形法定现币进入无形数字货币,从有现金社会进入无现金社会,但原有货币管理系统不会发生太大变动,同时货币的支付渠道和场景也不会出现变异,由此决定了第三方支付与商业银行之间还是合作关系,DCEP 作为支付手段依旧多元化且相互兼容,其流通载体也同样不会全面脱离第三方支付渠道。做出这样的设计,既可以减少货币数字化升级中的切换成本,同时也维系了中央银行与商业银行的法定地位,而更重要的是,第三方支付已经成为我国金融市场的一支劲旅,超过 230 家的支付机构不仅是各种消费场景创造的核心动力,还是中小微企业与居民投资理财的重要服务商,如果让 DCEP 作为支付工具实现对第三方支付的完全替代,等于就是传统支付体制的回归,这是监管者无论如何不愿看到的结果。还有一点必须强调的是,包括支付宝、财付通等不少第三方支付机构已经在非洲、东南亚与南美洲等海外市场拓展出了不小的消费场景,它们继续充当支付服务角色,显然有利于加速人民币的国际化进程。

本 章 小 结

随着互联网的迅速普及与电子商务的蓬勃发展,网上的电子交易行为日益增加,在交易过程中必然涉及支付的问题。本章在讨论电子支付与传统支付异同的基础上,介绍了电子货币中的银行卡、电子支票、电子现金、智能卡等不同电子支付工具;同时,重点介绍目前常用的两种电子支付方式,即网络银行和第三方支付平台的应用;最后介绍了数字货币的概念和分类、数字人民币的特征及与第三方支付的关系。

1. 与传统的支付方式比较,电子支付具有哪些特征?
2. 电子支付系统的组成要素有哪些?
3. 简述第三方支付模式的优缺点。
4. 互联网上常见的支付方式有哪些?比较不同支付方式的优缺点。
5. 我国的纯网络银行有哪些?其业务与传统银行自办网络银行是否有差异?
6. 我国推广数字人民币的现实意义是什么?

1. 访问招商银行网站,了解个人业务的"一卡通"业务;了解"一卡通"金卡、银联"一卡通"金卡、"金葵花卡"、联名卡、网上支付卡、"一卡通靓号""QQ一卡通""百度一卡通"的服务特色、申请方法、使用方法等。

2. 请在当地工商银行申请用于个人网上银行的牡丹灵通卡·e时代(有口令卡和U盾两种),存入少量现金,试用该卡进行网上支付。

3. 试分析支付宝(www.alipay.com)、贝宝(www.paypal.com.cn)在为用户提供服务方面有什么异同。

4. 了解支付宝付款的具体操作过程及支付宝的其他功能。

第 6 章 网络营销

6.1 网络营销概述

营销自古就有，并随着历史的发展而不断发展，但市场营销作为一门学科，则是于20世纪初在美国诞生的。在经历了以生产为导向的营销、以产品为导向的营销、以市场为导向的营销、社会营销等不同的阶段后，20世纪90年代，随着计算机、通信技术的日益发展和融合，以及Internet的普及应用和发展，信息处理和传递突破了时间和地域的局限，世界经济向全球化和信息化的方向发展，人类社会开始跨入一个全新的网络经济时代。

网络经济时代的到来，标志着一个依托Internet为基础的网上虚拟市场已经开始形成。网络营销是基于网络经济市场环境下新的营销理论，它针对新兴的网络虚拟市场，以新的思维方式使传统市场营销理论得到进一步发展。

6.1.1 网络营销的含义

网络营销，英文为Cyber marketing或Online marketing，是在计算机网络，特别是Internet技术和电子商务系统出现后所产生的新型营销方式。与许多新兴学科一样，网络营销目前还没有一个公认的、完善的定义。

从营销的角度出发，网络营销指的是以现代营销理论为基础，借助网络、通信和数字媒体技术等实现营销目标的商务活动。为用户创造价值是网络营销的核心思想，基于互联网工具的各种方法是开展网络营销的基本手段。据此定义，可以得出以下认识：

1. 网络营销是企业整体营销战略的重要组成部分

网络营销理论是传统营销理论在虚拟的互联网环境中的应用和发展，借助信息技术，主要是网站、E-mail、搜索引擎和网络广告等手段实现营销组合"4P"功能，网络营销活动不可能脱离一般营销环境而独立存在。对于不同的企业，网络营销所处的地位有所不同，以经营网络服务为主的网络公司，更加注重网络营销策略，而在传统的工商企业中，网络营销通常只处于辅助地位。由此也可以看出，网络营销与传统市场营销之间并没有冲突，但网络营销依赖互联网应用环境而具有自身的特点，因而其有相对独立的理论和方法体系。

2. 网络营销不只是网上销售

网上销售是网络营销发展到一定阶段产生的结果，网络营销是为实现网上销售目的而进行的一项基本活动，但网络营销本身并不等于网上销售。这可以从两个方面来说明：一方面，网络营销的效果可能表现在多个方面，如企业品牌价值的提升、拓展对外信息发布的渠道、加强与客户之间的沟通。作为一种对外发布信息的工具，网络营销活动并不一定能实现网上直接销售的目的，但是，很可能有利于增加总的销售，加强与客户之间的沟通。另一方面，网上销售的推广手段也不仅仅靠网络营销，许多企业网站根本不具备网上销售产品的条件，只是把网站作为企业发布产品信息渠道，通过网站推广手段宣传产品的同时，往往还要采取许多传统的方式，如传统媒体广告、发布新闻、印发宣传册等。

3. 网络营销不等于电子商务

网络营销和电子商务既紧密相关又有明显区别。网络营销与电子商务面对的都是互联网环境，都要运用以信息技术为主的各种先进科技手段。两者的区别主要体现在研究范围方面，电子商务指的是商务活动电子化，而商务活动则涵盖企业各种经营活动，涵盖生产、财务、营销等交易过程的各个环节。网络营销的定义已经表明，网络营销是企业整体营销战略的一个组成部分。可见，无论传统企业还是基于互联网开展业务的企业，也无论是否具有电子化交易的发生，都需要网络营销。但网络营销本身并不是一个完整的商业交易过程，它为促成交易提供支持，是电子商务中的一个重要环节。尤其在交易发生之前，网络营销发挥着主要的信息传递作用。网络营销和电子商务的这种关系也表明，发生在电子交易过程中的网上支付和交易之后的商品配送等问题并不是网络营销所能包含的内容，同样，电子商务体系中所涉及的安全、法律等问题也不适合全部包括在网络营销中。

4. 网络营销是对网上经营环境的营造

企业网上经营环境由网络服务环境、上网用户数量、合作伙伴、供应商、销售商、相关行业的网络环境等因素构成。网络环境为企业开展网络营销活动提供了潜在用户，以及向用户传递营销信息、建立顾客关系、进行网上市场调研等各种营销活动的手段和渠道。企业的网络营销活动也是整个网络环境的组成部分，开展网络营销的过程就是与这些环境因素建立关系的过程，这些关系发展好了，网络营销才能取得成效。例如，网站推广常用的搜索引擎策略和网站链接策略的实施，也就是和搜索引擎服务商以及合作伙伴之间建立良好关系的过程，网站访问量的增长以及网上销售得以实现都是对网上经营环境营造的结果。因此，网络营销是对企业网上经营环境的营造过程，也就是综合利用各种网络营销手段、方法和条件并协调其间的相互关系，从而更加有效地实现企业的营销目标。

5. 网络营销由传统营销的 4P 策略转向 4C 策略

4C 策略是由美国营销专家劳特朋教授在 1993 年提出的,与传统营销的 4P 策略(产品 Product、价格 Price、渠道 Place、推广 Promotion)策略相对应。4C 策略以消费者需求为导向,重新设定了市场营销组合的四个基本要素:消费者(Consumer)、成本(Cost)、便利(Convenience)和沟通(Communication)。它强调企业首先应该把追求顾客满意放在第一位,其次是努力降低顾客的购买成本,然后要充分注意到顾客购买过程中的便利性,而不是从企业的角度来决定销售渠道策略,最后还应以消费者为中心实施有效的营销沟通。

6.1.2 网络营销的特点和优势

1. 网络营销的特点

随着互联网技术发展的成熟以及联网成本的低廉,互联网好似一种"万能胶",将企业、团体、组织以及个人跨时空联结在一起,使得他们之间信息的交换变得"唾手可得"。市场营销中最重要也最本质的是组织和个人之间进行信息传播和交换。如果没有信息交换,那么交易就是无本之源。正因如此,互联网具有营销所要求的某些特性,使得网络营销呈现出以下一些特点:

(1)跨时空。

营销的最终目的是占有市场份额,由于互联网能够超越时间约束和空间限制进行信息交换,使得营销脱离时空限制进行交易变成可能,企业有了更多的时间和更大的空间进行营销,可每周 7 天,每天 24 小时随时随地地提供全球性营销服务。

(2)多媒体。

互联网被设计成可以传输多种媒体的信息,如文字、声音、图像等信息,使得为达成交易进行的信息交换能以多种形式存在和交换,可以充分发挥营销人员的创造性和能动性。

(3)交互式。

互联网通过展示商品图像、商品信息资料库提供有关的查询功能,来实现供需互动与双向沟通,还可以进行产品测试与消费者满意调查等活动。互联网为产品联合设计、商品信息发布以及各项技术服务提供最佳工具。

(4)个性化。

互联网上的促销是一对一的、理性的、消费者主导的、非强迫性的、循序渐进式的,且是一种低成本与人性化的促销,避免推销员强势推销的干扰,并通过信息提供和交互式交谈与消费者建立长期良好的关系。

(5)成长性。

互联网使用者数量快速成长并遍及全球,使用者大多具有年轻、中产阶级、高教育水准的特点,由于这部分群体购买力强而且具有很强的市场影响力,因此网络营销是一条极具开发潜力的市场渠道。

（6）整合性。

一方面，互联网上的营销可由发布商品信息至收款、提供售后服务一气呵成，因此是一种全程的营销渠道。另一方面，企业可以借助互联网将不同的传播营销活动进行统一设计规划和协调实施，以统一的传播资讯向消费者传达，避免不同传播中不一致性产生的消极影响。

（7）超前性。

互联网是一种功能最强大的营销工具，它同时兼具渠道、促销、电子交易、互动、顾客服务以及市场信息分析与提供等多种功能。它所具备的一对一营销能力，正符合定制营销与直复营销的未来趋势。

（8）高效性。

计算机可储存大量的信息供消费者查询，可传送的信息数量与精确度远超过其他媒体，并能适应市场需求，及时更新产品或调整价格，因此网络营销能及时有效地了解并满足顾客的需求。

（9）经济性。

通过互联网进行信息交换，代替以前的实物交换，一方面可以减少印刷与邮递成本，可以无店面销售，免交租金，节约水电与人工成本，另一方面可以减少因多次交换而带来的损耗。

（10）技术性。

网络营销是建立在以高技术作为支撑的互联网基础上的，企业实施网络营销必须有一定的技术投入和技术支持，改变传统的组织形态，提升信息管理部门的功能，引进懂营销与计算机技术的复合型人才，才能具备市场的竞争优势。

2. 网络营销的优势

网络营销是一种新的营销技术，更是一种意识，对传统营销产生巨大的冲击。这种基于互联网的新型营销方式已经引起广泛关注，对企业的经营管理产生越来越大的影响。相比传统营销，网络营销的优势体现在以下几方面：

（1）大面积、无地域限制的全方位推广。网络营销相对于线下推广来说，不受地域限制，可以大面积宣传公司。尤其是中小企业，由于经营资源的限制，发布新闻、投放广告、开展大规模促销活动等的宣传机会比较少，因此通过互联网手段进行营销推广的意义显得更为重要。

（2）降低成本，企业获得竞争优势。通过网络发布信息，将产品直接面向消费者，缩短分销环节，企业实现了产品直销，减少了库存，降低了综合成本，无形中减小了生存压力。前来访问的大多是对此类产品感兴趣的顾客，受众准确，避免了许多无用的信息传递，也可节省费用。

（3）沟通方便快捷，提供更优质客户服务。可以通过在线方式收集顾客意见，让顾客参与产品的设计、开发和生产，真正做到以顾客为中心，满足顾客各方面需求，避免不必要的浪费。销售过程中，让顾客既有极强的自主选择余地又能方便地获得回应，从而获得方便轻松的购物体验。

（4）形式新颖别致，具备吸引力。网络营销的传送媒介是多媒体设备，不仅传播内容全面、生动，而且互动性强、反馈及时，大大提高了企业信息的传播效率，树立了企业形象，增强了企业实力。网络媒体的真正价值，在于它不仅提供了一个全新的市场营销渠道，而且这个渠道细分后，又可以形成更多不同的营销途径，让今天已经难以有所突破的传统市场营销格局有了崭新的组合方式。

（5）营销手段多样化。网络营销具有沟通效率高、覆盖范围广、互动性强、成本低等优势，凭借这些优势，发展出了丰富多样的网络营销手段。这些手段既包括门户广告、搜索引擎营销、电子商务网站推广、网络联盟等，也包括电子邮件推广、社区推广、视频推广，甚至包括在网上写文章、跟帖，宣传公司和产品等。

6.1.3 网络营销的职能

网络营销的职能不仅表明了网络营销的作用和网络营销工作的主要内容，同时也说明了网络营销应该可以实现的效果，对网络营销职能的认识有助于全面理解网络营销的价值和网络营销的内容体系。网络营销的职能具体表现为八个方面：网站推广、网络品牌、信息发布、在线调研、顾客关系、顾客服务、销售渠道、销售促进。

1. 网站推广

这是网络营销最基本的职能之一，在几年前，人们甚至认为网络营销就是网站推广。相对于其他功能来说，网站推广显得更为迫切和重要，网站所有功能的发挥都要求以一定的访问量为基础，所以，网站推广是网络营销的核心工作。

2. 网络品牌

网络营销的重要任务之一就是在互联网上建立并推广企业的品牌。知名企业的网下品牌可以在网上得以延伸，一般企业则可以通过互联网快速树立品牌形象，并提升企业整体形象。网络品牌建设是以企业网站建设为基础，通过一系列的推广措施，达到顾客和公众对企业的认知和认可。从一定程度上说，网络品牌的价值甚至高于通过网络获得的直接收益。

3. 信息发布

网站是一种信息载体，通过网站发布信息是网络营销的主要方法之一，同时，信息发布也是网络营销的基本职能，所以也可以这样理解，无论哪种网络营销方式，结果都是将一定的信息传递给目标人群，包括顾客、潜在顾客、媒体、合作伙伴、竞争者等。

4. 在线调研

通过在线调查表或者电子邮件等方式，可以完成网上市场调研。相对传统市场调研，网上调研具有高效率、低成本的特点，因此，网上调研成为网络营销的主要职能之一。

5. 顾客关系

良好的顾客关系是网络营销取得成效的必要条件，通过网站的交互性、顾客参与等方式，在开展顾客服务的同时，也增进了顾客关系。

6. 顾客服务

互联网提供了更加方便的在线顾客服务手段，从形式最简单的常见问题解答（FAQ），到邮件列表，以及 BBS、MSN、聊天室等各种即时信息服务。顾客服务质量对于网络营销效果具有重要影响。

7. 销售渠道

具备网上交易功能的企业网站本身就是一个网上交易场所，网上销售是企业销售渠道在网上的延伸，网上销售渠道建设也不限于网站本身，还包括建立在综合电子商务平台上的网上商店及与其他电子商务网站不同形式的合作等。

8. 销售促进

营销的基本目的是为增加销售提供帮助，网络营销也不例外，大部分网络营销方法都与直接或间接促进销售有关，但促进销售并不限于促进网上销售，事实上，网络营销在很多情况下对于促进网下销售同样十分有价值。

6.1.4 网络营销与电子商务

电子商务与网络营销是一对紧密相关又具有明显区别的概念，初次涉足网络营销领域者很容易混淆这两个概念。关于网络营销定义的说明中，认为"网络营销不等于电子商务"，这主要是基于下列两个方面的考虑：

一是网络营销与电子商务研究的范围不同。电子商务的内涵很广，其核心是电子化交易，强调的是交易方式和交易过程的各个环节，而网络营销注重的是以互联网为主要手段的营销活动。网络营销和电子商务的这种关系也表明，发生在电子交易过程中的网上支付和交易之后的商品配送等问题并不是网络营销所能包含的内容，同样，电子商务体系中所涉及的安全、法律等问题也不适合全部包括在网络营销中。

二是网络营销与电子商务的关注重点不同。网络营销的重点在交易前阶段的宣传和推广，电子商务的标志之一则是实现了电子化交易。网络营销的定义已经表明，网络营销是企业整体营销战略的一个组成部分，可见无论是传统企业还是基于互联网开展业务的企业，也无论是否具有电子化交易的发生，都需要网络营销，但网络营销本身并不是一个完整的商业交易过程，而是为了促成交易提供支持，因此是电子商务中的一个重要环节，尤其在交易发生之前，网络营销发挥着主要的信息传递作用。从这种意义上说，电子商务可以被看作网络营销的高级阶段，一个企业在没有完全开展电子商务之前，同样可以开展不同层次的网络营销活动。

所以说，电子商务与网络营销实际上又是密切联系的，网络营销是电子商务的组成部分，开展网络营销并不等于一定实现了电子商务（指实现网上交易），但实现电子商务一定是以开展网络营销为前提的，因为网上销售是网络营销的职能之一。

6.2 网络市场调研

6.2.1 网络市场调研的含义

网络市场调研又称网上调研或在线调研。网络市场调研是指企业利用互联网作为沟通和了解信息的工具,对消费者、竞争者以及整体市场环境等与营销有关的数据系统进行调查分析研究。这些相关的数据包括顾客需要、市场机会、竞争对手、行业潮流、分销渠道以及战略合作伙伴方面的情况。网络市场调研与传统的市场调研相比有着无可比拟的优势,如调研费用低、效率高、调查数据处理方便、不受时间地点的限制。因此,网络市场调研成为网络时代企业进行市场调研的主要手段。

与传统的市场调研相比,利用互联网进行市场调研与预测有很多优点,主要表现在缩短调研周期、节约费用、不受地理区域限制等方面,如表 6-2-1 所示。

表 6-2-1 网络调研与传统调研的比较

比较项目	网络市场调研	传统市场调研
调研费用	较低。主要是设计费和数据处理费,每份问卷所要支付的费用几乎为 0	昂贵。包括问卷设计、印刷、发放、回收、聘请和培训访问员、录入调查结果、由专业公司对问卷进行统计分析等多方面的费用
调研范围	全国乃至全世界,样本数量庞大	受成本限制,调查地区和样本的数量均有限
运作速度	很快。只需搭建平台,数据库可自动生成,几天就可能得出有意义的结论	慢。至少需要 2~6 个月才能得出结论
调研的时效性	全天候进行	对不同的被访问者进行访问的时间不同
被访问者的便利性	非常便利,被访问者可自由决定时间、地点回答问卷	不太方便,一般要跨越空间障碍,到达访问地点
调研结果的可信性	相对真实可信	一般有督导对问卷进行审核,措施严格,可信性高
适用性	适合长期的大样本调查,适合要迅速得出结论的情况	适合面对面的深度访谈,食品类等需要对受访者进行感官测试

6.2.2 网络市场调研的步骤

网络市场调研应遵循一定的程序,一般而言,应经过五个步骤:

1. 确定目标

虽然网络市场调研的每一步都很重要,但是调研问题的界定和调研目标的确定是最重要的一步。只有清楚地定义了网络市场调研的问题，确立了调研目标，方能正确地设计和实施调研。在确定调研目标的同时还要确定调研对象，网络调研对象主要包括：企业产品的消费者，企业的竞争者，上网公众，企业所在行业的管理者和行业研究机构。

2. 设计调研方案

具体内容包括确定资料来源、调查方法、调查手段和接触方式。

3. 收集信息

在确定调研方案后，市场调研人员即可通过电子邮箱向互联网上的个人主页、新闻组或者邮箱发出相关查询清单，之后就进入收集信息阶段。与传统的调研方法相比，网络调研收集和录入信息更方便、快捷。

4. 信息整理和分析

收集得来的信息本身并没有太大意义，只有进行整理和分析后信息才会变得有用。整理和分析信息这一步非常关键，需要使用一些数据分析技术，如交叉列表分析技术、概况技术、综合指标分析和动态分析等。目前国际上较为通用的分析软件有 SPSS、SAS、BMDP、MINITAB 和电子表格软件。

5. 撰写调研报告

这是整个调研活动的最后一个重要阶段。报告不能是数据和资料的简单堆积，调研人员不能把大量的数字和复杂的统计技术扔到管理人员面前。正确的做法是得出与市场营销决策有关的主要调查结果，并用正确的格式文笔流畅地写出来。

6.2.3 网络市场调研的方法

利用网络进行市场调研有两种方法：一种方法是直接进行的一手资料调研，即网上直接调研；另一种方法是利用互联网的媒体功能，在互联网上收集二手资料，即网上间接调研。

1. 网络市场直接调研

网络市场直接调研指的是为当前特定的目的在互联网上收集一手资料或原始信息的过程。直接调研的方法有四种：网上观察法、专题讨论法、在线问卷法和网上实验法。使用最多的是专题讨论法和在线问卷法。

（1）网上观察法。

网上观察主要是利用相关软件和人员记录登录网络浏览者的活动。相关软件能够记录登录网络浏览者浏览企业网页时所点击的内容、浏览的时间；在网上喜欢看什么商品网页；看商品时，先点击的是商品的价格、服务、外形还是其他人对商品的评价；是否有就相关商品和企业进行沟通的愿望；等等。

（2）专题讨论法。

专题讨论法可通过 Usenet 新闻组、电子公告牌（BBS）或邮件列表讨论组进行。其步骤如下：

① 确定要调研的目标市场。
② 识别目标市场中要加以调研的讨论组。
③ 确定可以讨论或准备讨论的具体话题。
④ 登录相应的讨论组，通过过滤系统发现有用的信息，或创建新话题，让大家讨论，从而获得有用的信息。

（3）在线问卷法。

在线问卷法即请求浏览其网站的每个人参与企业的各种调研。在线问卷法可以委托专业公司进行。调研问卷的基本结构一般包括三个部分，即标题及标题说明、调研内容（问题）和结束语。

① 标题及标题说明是调研者向被调研者写的简短信，主要说明调研的目的、意义、选择方法以及填答说明等，一般放在问卷的开头。

② 问卷的调研内容主要包括各类问题、问题的回答方式及其指导语，这是调研问卷的主体，也是问卷设计的主要内容。问卷中的问答题，从形式上看，可分为开放式、封闭式和混合型三大类。封闭式问答题是既提问题，又给若干答案，被调研中只需在选中的答案中打"√"即可。开放式问答题只提问题，不给具体答案，要求被调研者根据自己的实际情况自由作答。混合型问答题，又称半封闭型问答题，是在采用封闭型问答题的同时，再附上一项开放式问题。至于指导语，也就是填答说明，用来指导被调研者填答问题的各种解释和说明。

③ 结束语一般放在问卷的最后面，对被调研者表示感谢，也可征询一下被调研者对问卷设计和问卷调研本身的看法和感受，要诚恳亲切。

在线问卷发布的主要途径有三种：

第一种是将问卷放置在自己网站上，等待访问者访问时填写问卷。

第二种是通过 E-mail 方式将问卷发送给被调研者，被调研者完成后将结果再通过 E-mail 将问卷返回。

第三种是在相应的讨论组中发布问卷信息或者调研题目。

（4）网上实验法。

网上实验法可以通过在网络中所投放的广告内容与形式进行实验。设计几种不同的广告内容和形式在网页或者新闻组上发布，也可以利用 E-mail 传递广告。广告的效果可以通过服务器端的访问统计软件随时监测，也可以利用查看客户的反馈信息量的大小来判断，还可借助专门的广告评估机构来评定。

2. 网络市场间接调研

网络市场间接调研指的是网上二手资料的收集。二手资料的来源有很多，如公共图书馆、大学图书馆、贸易协会、市场调研公司、广告代理公司、专业团体、企业情报室等。再加上众多综合型 ICP（互联网内容提供商）、专业型 ICP，以及成千上万个搜索引擎网站，这使得互联网上二手资料的收集非常方便。

互联网上虽有海量的二手资料，但要找到自己需要的信息，并非易事，首先必须熟悉搜索引擎的使用，其次要掌握专题型网络信息资源的分布。网上查找资料主要通过三种方法：利用搜索引擎；访问相关的网站，如各种专题性或综合性网站；利用相关的网上数据库。

（1）利用搜索引擎查找资料。提供一个搜索入口，根据搜索者提供的关键词，反馈出的搜索结果是与关键词相关的信息，如供求信息、产品信息、企业信息以及行业动态信息，并且给予搜索者一定的信息分拣引导，以满足搜索者的实际需求。

（2）访问相关网站收集资料。如果知道某一专题的信息主要集中在某些网站，可直接访问这些网站，获得所需的资料。

（3）利用网上数据库查找资料。网上数据库有付费和免费两种。在国外，市场调研用的数据库一般都是付费的。

6.3 网络营销策略

网络营销策略是指企业根据自身特点进行的一些网络营销组合，它与基本的营销手段有一些差异，良好的网络营销策略会给企业或网站带来巨大的回报。简单地说，网络营销就是在互联网营造一种在线营销环境，它注重经验的总结和执行的技巧，不用太高深的理论，方式也越来越多。

◆ 6.3.1 品牌策略

企业首先要确定自己的品牌，然后去推广自己的品牌。如果是知名的企业，其品牌可以得到很快宣传，通过互联网快速建立自己的品牌形象，通过网站提升企业整体形象。网站的建设是以企业产品品牌建设为基础的，所以网络品牌的价值可能高于网络获得的直接利益。建立品牌后，企业就要通过一系列的推广措施，加强顾客对企业的认知和认可。

◆ 6.3.2 产品策略

企业使用网络营销方法要先明确自己所卖产品或者所提供的服务项目，明确哪些群体是消费者，有目的地寻找消费群体。产品的选择是很重要的，产品的选择决定了要进行网络营销的消费群体。选择好产品可以通过网络营销获得更大的利润。

◆ 6.3.3 价格策略

价格是每个消费者更关注的，以更低价格购买到更好质量的产品或服务是每个消费者的更大希望。网络营销价格策略是成本和价格的直接对话，由于互联网上信息公开化，消费者很容易摸清所要购买产品的价格，一个企业要想在价格上取胜，就要注重强调自己产品的性能、价格以及与同行业竞争者产品的特点,及时调整不同时期的不同价格。

在品牌推广阶段,完全可以用低价来吸引消费者,在满足自己成本的基础上以更好的质量回馈消费者,通过这样的方式来占领市场。当品牌推广累积到一定阶段后,可制定自动价格调整系统,降低成本,根据变动成本市场需求状况以及竞争对手报价及时适时调整价格。

6.3.4 促销策略

网络促销不同于传统营销模式,它没有人员促销或直接促销,它是利用大量的网络广告这种软营销模式来达到促销效果的。这样的做法的优点就是可以节省大量人力和财力支出。可以通过网络广告效应在互联网不同的角落里挖掘潜在的客户;也可以通过与非竞争对手达成合作联盟,拓宽产品消费者层面。在多数情况下,网络营销对于促进线下销售十分有价值,又避免了现实中促销的千篇一律。

6.3.5 渠道策略

网络营销的渠道要从消费者的角度考虑,为吸引消费者购买,应该及时在公司网站发布促销信息、新产品信息、公司动态;为方便消费者购买,建议开通多种支付模式,让消费者有选择的余地;有能力的可以在网站上设置人工客服;等等。为了在网络中吸引消费者关注产品,可以为公司产品做外延,如在网站建设的同时可以建立网络店铺,扩大销售途径。

6.4 网络营销工具与方法

6.4.1 搜索引擎营销

搜索引擎营销(Search Engine Marketing,简称SEM)是指企业或个人根据目标用户使用搜索引擎的可能方式,将营销信息尽可能地传递给目标客户的活动。用户搜索时使用的关键词可以反映用户对该关键词所代表的产品或问题的关注,关键词所反映的用户关注使搜索引擎得以被应用于网络营销。

搜索引擎营销的应用归纳起来有三种基本形式:搜索引擎登录和排名、搜索引擎优化、关键词广告。另外,一些更高级的搜索引擎服务形式是在这些基本形式的基础上演变而成的,对这些基本形式的了解和研究是应用搜索引擎营销方法的基础。

1. 搜索引擎登录和排名

登录搜索引擎的方法很简单,根据搜索引擎的提示一步步填写相关信息即可。一般来说,进行搜索引擎登录时要提供的内容有网站的名称、网址(URL)、关键词、网站描述、联系人信息等。目前，大部分搜索引擎是需要人工审核登录信息的。搜索引擎的管理人员收到用户提交的信息后会访问相应网站，从而判断用户提交的内容是否属实、用户所选择的类别是否合理等。通过审核几天到几周后，搜索引擎数据库更新时新收录网站的信息才可显示。一些中小企业网站往往因为网站提交搜索引擎时未建设完成或网站本身质量不高等被拒绝登录，甚至多次提交都没有结果，这些企业的网站要成功登录搜索引擎，除了提高网站建设水平外别无他法。

如果要在多个搜索引擎登录注册，就需要向不同的搜索引擎重复输入相应的资料。理论上讲，即使只是提交网站的首页，网络机械手（或称蜘蛛，spider）也会爬行到其他页面。但最好把网站一些重要的、有特色的网页注册并提交给搜索引擎，以增加网站曝光率。比如，一个企业有多个领域的产品，就可将不同的产品页面分别登记。

2. 搜索引擎优化

搜索引擎优化（Search Engine Optimization，简称 SEO），是指针对各种搜索引擎的检索特点，让网页设计符合搜索引擎的搜索原则及搜索算法，从而获得搜索引擎的收录并在排名中靠前的各种方法。要在以网络机械手搜索为标志的技术型搜索引擎（如 Google、Baidu）中获得好的排名，并不像提交到分类目录型搜索引擎那样简单，网站是否被收录以及排列的位置是否靠前都与网站的质量密切相关，因此进行搜索引擎优化非常重要。

3. 关键词广告

关键词广告是充分利用搜索引擎资源开展网络营销的一种手段，它是付费搜索引擎营销的主要形式，近年来已成为搜索引擎营销中发展最快的一种方式。关键词广告具有以下几方面的特点：

（1）关键词广告的形式比较简单。

通常它是文字广告，主要包含广告标题、简介、网址等要素，一般在搜索结果页面与自然搜索结果分开显示。Google、Baidu 等搜索引擎都采用这种模式，因为投放形式比较简单，不需要复杂的广告设计过程，大大增加了广告投放的效率，较低的广告成本和门槛使得个人店铺、小企业也可以利用关键词广告进行推广。

（2）关键词广告显示方式比较合理。

与付费排名不同，关键词广告在显示上一般与搜索结果分离，用户可以清楚地知道哪些是自己的搜索结果、哪些是广告内容。有些搜索引擎根据是否收费以及费用的高低来决定搜索结果的排序，会给用户判断信息带来误导。

（3）关键词广告一般采用 CPC（Cost-Per-Click，点击付费）计价模式，采用此种计价模式费用可以控制费用。

与按年度收取登录费用相比，关键词广告的定价模式实质上是广告主只为被点击的广告付费，而不必为广告的显示付费。当然，关键词广告还有一种竞价排名（Auto-Bidding）的方式，将出价高的关键词广告排在前面，这为有经济实力并希望排名靠前的网站提供了方便。

(4) 购买关键词广告可以随时查询流量统计。

当购买了关键词广告之后,服务商通常会为用户提供一个管理入口,用以实时查询广告的点击情况及费用。可查询的指标一般包括:每个关键词已经显示的次数和被点击的次数、点击率,关键词的当前价格、每天的点击次数和费用、累计费用等。经常对广告效果进行记录和分析,可逐步积累使用关键词广告的经验。

(5) 关键词广告可以方便地进行管理。

在传统搜索引擎优化中,不是所有的网站流量统计工具都可以准确地记录访问者来自哪个搜索引擎,以及他使用的关键词是什么,网站的关键词确定之后一般很少更换。而对于付费的关键词广告,搜索引擎提供了详尽的流量统计资料以及方便的关键词管理功能,企业可以视营销策略的转变对关键词广告进行更换。

6.4.2 网络社群营销

1. 社群营销的概念

网络社群的概念是由于 WeB2.0 的发展以及社交网络的应用才逐步流行起来的。从 SNS 发展的时间上推测,网络社群的概念出现在 2006 年前后,社群经济、分享经济等概念也是在同样的背景下逐渐被认识的,可见,社群是以社交化为基础的。

社群营销是在网络社区营销及社会化媒体营销基础上发展起来的用户连接及交流更为紧密的网络营销方式。网络社群营销主要通过连接、沟通等方式实现用户价值,营销方式人性化,不仅受用户欢迎,还可能成为继续传播者。

社群营销渠道包括微博、微信、客户端、公众号等,传播方式则是依靠产品信息的推送、留言、购买。应该注意的是,这里的营销不仅仅是指"销售",市场营销的概念在这里已经改变了。在社群营销传播的概念中,重点是发送者和接收者之间的沟通。如人际传播一般,通过在线的联系与沟通,能够为个人或企业累积更多顾客资本,进而为个人或企业产生未来的潜在效益。现如今,利用互联网的优势进行传播并最终达到营销的目的,已经成为现实环境下个人和社会进行营销的最为普遍的方式。

2. 社群营销的特点

(1) 以用户为中心,以口碑为媒介。

网络社群营销以目标人群的多向互动、沟通为核心,社群成员既是信息的发起者,也是传播者和分享者,用户的使用体验、看法、态度会直接影响营销效果。社群成员对产品的点评会转化为持久的口碑效应,当越来越多的群成员在社群里表达自己对产品的看法、态度并分享给志同道合的人时,强烈的认同感就会在圈里产生,同时引起非社群成员的关注与传播。

(2) 品牌传递的信息更具体,目标人群更加可控。

维系社群的纽带是对价值观的高度认同,这种归属感首先建立在对品牌认可的基础之上。社群成员通过与企业的互动,参与产品的设计、加工、制造过程,建立对产品或服务质量的动态评估,进一步增强了对品牌的忠诚度。同时,由于与社群成员的关系更加紧密,企业对目标消费人群的信息掌握得更加准确,数据分析更加精准,客户人群更加可控。

(3) 企业和消费者在互动中实现共赢。

在网络社群营销中,社群成员可以通过其他成员的推荐或者企业提供的产品体验机会来判断产品是否符合自己的需求,实现理性消费,甚至可以参与产品生产流程并获得成就感;企业通过经营社群,既可以推广产品,又可以了解消费者的爱好、需求、兴趣,了解目标消费人群对产品及服务的看法和意见,为下一步的产品设计、营销方式提供参考。

(4) 网络社群营销具有多样性。

网络社群传播信息的方式呈现多样化,包括图片、文字、音频和视频等多种形式;所传播信息的内容包括理性信息和感性信息、正面信息和负面信息、真实信息和虚假信息、共识性信息和个性化信息、专业性信息和业余性信息。

3. 社群营销的策略

(1) 界定共同价值观,提升成员认同感。

对于一个社群来讲,它所倡导的价值观是社群的灵魂,共同的价值观是凝聚社群成员最根本的保障。因此,运营社群首先一点就是要界定好社群的价值观,价值观是一种很抽象的东西,但是在社群中需要通过不同的形式把社群组织的价值观体现出来,无论是通过语言、口号还是通过各类活动,要充分彰显社群所倡导的价值观,不能因为价值观的界定引起成员的流失,一个价值观鲜明的社群组织,它的社群成员认同感会得到很大的提升。

(2) 建立社群组织机构,实现成员自治。

社群成立初期,成员数量较少时还能通过社群本身进行管理,但随着社群的壮大,如果仅仅通过推送信息引起成员的关注,社群就会变得像一盘散沙,缺乏组织性,更不能形成长期良性的发展。因此,运营社群就要实现社群成员的自我运营,建立起社群机制,这种机制可以是多种多样的甚至可以是成员自己提出来的,但重要的是实现社群内部成员的组织化。如吴晓波频道社群,如今社群人数已经接近百万,为了实现社群的组织化,社群成员在社群内建立了班委组织,指派班长,并且依据城市、兴趣等再实现组织的细分。建立社群组织机构这种方式可以加强对社群的管理,并且提升社群成员对组织的认同感。

(3) 设计社群活动,注重成员参与感。

提升成员参与感是社群运营的一个基本宗旨,参与感是互联网经济中必不可少的提升用户黏性的方式,小米公司副总裁黎万强写的《参与感》一书总结了参与感的"三三法则"。对于运营社群来说,同样要注重社群成员的参与感,因此在社群运营中要设计出各种各样的社群活动,无论是线上活动还是线下活动,让社群中的成员加入进来,激发他们表达自我的欲望以及对社群的认同感。例如,互联网餐饮伏牛堂运营自己的社群霸蛮社就通过线上以及线下的活动让社群中的成员参与到他们中，连伏牛堂的服务员（内部称为御林军）也是从霸蛮社社群中招聘的。

(4) 打造成员人人可参与的众筹商业。

众筹商业很适合运用到社群运营当中，因为社群中会出现很多成员自己发动的各类项目。社群成员的众筹不仅能够解决项目的资金问题，更重要的是能够通过项目实现成员之间的资源互换、资源共享，让成员通过社群的力量实现自己的追求。例如，罗辑思维在其微信公众平台专门设置了社群众筹项目，社群成员自己有优秀的项目都可以通过微信公众平台进行众筹。

社群经济虽然才崭露头角，但它已经成为一种"小而精"的经济形式，越来越多的企业、个人都开始尝试这种经济形式，运营自己的社群。在社群的运营中，应该大胆尝试，推陈出新，找到适合自己社群的运营模式，从而实现社群的长远发展。

6.4.3 微博营销

微博是一种非正式的迷你型博客，是近来兴起的一种 Web2.0 表现形式，是一种可以即时发布消息的系统。其首要特点就是集成化和 API（应用程序接口）开放化，用户可通过移动设备、IM 软件（如 MSN、QQ、Skype）和外部 API 等途径向微博发布消息，即时通信功能非常强大；其次是便捷性，只需三言两语就可记录下自己某刻的心情、某一瞬的感悟，或者某条可供分享和收藏的信息，更加迎合现代快节奏的生活。一般来说，微博每次最多只能发送 140 个字符，但这一点足以导致大量原创内容被爆发性地创造出来。

1. 微博的优势

(1) 简单易用。

首先，微博的内容由简单的只言片语组成，从这个角度来说，微博对用户的技术要求很低，而且在语言的编排组织上没有博客那么高；其次，微博开通的多种 API 使得大量用户可以通过手机、网络等方式来即时更新自己的个人信息。

(2) 人际范围的影响力较大。

相对博客而言，微博的关注力显得更为主动，只要轻点"关注"，即表示愿意接受某位用户的即时更新信息。同时，对普通人来讲，微博的关注人群大多来自现实的人际圈，用户的言行起到了维护人际关系的作用。

2. 微博营销的技巧

(1) 传递价值。

企业微博经营者首先要改变观念——企业微博不是一个"索取"的工具，而是一个"给予"的平台。只有对浏览者有创造价值的微博，自身才有价值，此时企业微博才可能达到期望的商业目的。欲塑造一个大家喜欢浏览并反复光顾的微博，需要微博经营者持续提供目标浏览者感兴趣、有价值的信息。也可以以自己的微博为媒介平台，链接众多目标客户，如俱乐部、同城会等，同时，将线上与线下打通，让微博有更多的功能与实际作用，这样才能构建出一个拥有高忠诚度与活跃度的企业微博。你的微博对目标群体越有价值，对其掌控力也就越强。其实，微博的经营真谛就是一种价值的相互交换，在这个过程中大家各取所需，互利双赢，只有这样的模式才能长久。

（2）微博个性化。

微博具有发生关系、产生互动的特点，要给人感觉像一个人，有烦恼、有思考、有回应，甚至有感情的特点与个性，不可以取代。这和品牌与商品的定位一样，从功能层面就要做到差异化，在感性层面也要塑造个性，这样的微博才具有不可替代性与独特的魅力。

（3）准确定位。

从企业微博的角度看，粉丝更重要。要想拥有有价值的粉丝，就要发布一些产品目标顾客关注的相关信息，吸引目标顾客的关注。

（4）强化互动性。

微博可以进行互动，这是它的魅力所在。应该注意的问题是企业宣传和更新信息的速度越来越快，互动性是发展的关键，因此要将更多的信息融入粉丝感兴趣的内容之中，以产生共鸣。

6.4.4 微信营销

1. 微信营销的定义

微信营销是网络经济时代企业或个人营销模式的一种，是伴随着微信的火热而兴起的一种网络营销方式。微信不存在距离的限制，用户注册微信后，可与周围同样注册的"朋友"形成一种联系，用户订阅自己所需的信息，商家通过提供用户需要的信息，推广自己的产品，从而实现点对点的营销。

微信营销主要是在以安卓系统、苹果系统的手机或者平板电脑中的移动客户端进行的区域定位营销，商家通过微信公众平台，结合转介率微信会员管理系统展示商家微官网、微会员、微推送、微支付、微活动，已经形成了一种主流的线上线下互动营销方式。

2. 微信营销的优势

（1）微信拥有庞大的用户基数。据可靠的数据资料显示，在微信营销后的一年多时间内，微信的用户数量就达到了庞大的 7 亿，截至 2021 年 1 月，每天有 1.9 亿人打开微信，3.3 亿人进行视频通话，7.8 亿人进入朋友圈，1.2 亿人发朋友圈，朋友圈每天有 1 亿条视频内容，每天有 4 亿用户使用小程序。微信月活跃用户突破 12 亿（合并 WeChat），成为中国互联网历史上第一款月活用户突破 10 亿的产品。毫无疑问，微信已经成了当下最火热的互联网聊天工具，我们相信微信的用户量并不仅仅限于 7 亿这个数量，发展空间仍然很广阔。

（2）信息交流的互动性更加突出。虽然前些年火热的博客营销也有和粉丝的互动，但是并不及时，除非你能天天守在电脑面前。而微信就不一样了，微信具有很强的互动即时性，无论你在哪里，只要你带着手机，就能够很轻松地同你的未来客户进行很好的互动。

（3）很多企业把微信当作移动微博，总是一味地在向客户传达信息，而没有认真地关注客户的反馈。有互动功能的公众号，也只是在微信后台设置好一些快捷回复的方案，但这种缺乏人性化的沟通方式，极大地损害了用户体验，当客户的咨询无法得到满意回复后，他们的选择就是取消关注。而人工微信客服的核心优势是实现了人与人的实时沟通，此时客户所面对的是一个个专业、服务质量优秀的客服人员，对于客户的咨询可以给出满意的回复。

3. 微信营销的特征

（1）点对点精确营销。

微信拥有庞大的用户群，借助移动终端、天然的社交和位置定位等优势，每个信息都是可以推送的，能够让每个用户都有机会接收到这个信息，继而帮助商家实现点对点的精确化营销。

（2）形式灵活多样。

第一种形式是小程序。小程序是一种不需要下载安装即可使用的应用，它实现了应用"触手可及"的梦想，用户扫一扫或者搜一下即可打开应用。也体现了"用完即走"的理念，用户不用关心是否安装太多应用的问题。

第二种形式是位置签名。商家利用"用户签名档"这个免费的广告位为自己做宣传，附近的微信用户就能看到商家的信息。

第三种形式是二维码。用户可以通过扫描识别二维码身份来添加朋友、关注企业账号。企业则可以设定自己品牌的二维码，用折扣和优惠来吸引用户关注，开拓O2O的营销模式。

第四种形式是开放平台。通过微信开放平台，应用开发者可以接入第三方应用，还可以将应用的标志放入微信附件栏，使用户可以方便地在对话中调用第三方应用进行内容选择与分享。

第五种形式是公众平台。在微信公众平台上，每个人都可以用一个QQ号码打造自己的微信公众账号，并在微信平台上实现和特定群体的文字、图片、语音的全方位沟通和互动。

（3）强关系的机遇。

微信的点对点产品形态注定了其能够通过互动的形式将普通关系发展成强关系，从而产生更大的价值。通过互动的形式与用户建立联系，互动就是聊天，可以解答疑惑，可以讲故事甚至可以"卖萌"，用一切形式让企业与消费者形成朋友的关系。

4. 微信公众号

微信公众号主要是面向名人、政府、媒体、企业等机构推出的合作推广业务。公众号可以通过微信渠道将品牌推广给上亿的微信用户，减少宣传成本，提高品牌知名度，打造更具影响力的品牌形象。微信公众号的口号是"再小的个体，也有自己品牌"，足以见其作用。

微信公众号的用途非常广泛，政府、媒体、企业、明星等都开始纷纷建立独立的微信公众号平台，在上面进行个人或企业等的文化活动宣传营销。可以在设置里面绑定一个私人微信号，利用微信公众号助手群发消息，随时查看消息群发状态。利用公众号平台进行自媒体活动，简单地说就是进行一对多的媒体行为活动，如商家通过基于微信公众平台对接的微信会员云营销系统展示商家微官网、微会员、微推送、微支付、微活动，已经形成了一种主流的线上线下微信互动营销方式。

微信公众号分为订阅号和服务号。订阅号，任何组织和个人都可以申请，每天群发一条信息，认证后有自定义菜单。没有高级接口，不能用开发模式。服务号，只面向企业或组织机构，申请注册后自带自定义菜单。认证后可以有高级接口，每周群发一条信息。两者均不可主动添加微信好友。

6.4.5 直播和短视频营销

1. 直播营销

直播营销是指在现场随着事件的发生、发展进程同时制作和播出节目的营销方式。营销活动以直播平台为载体，达到提升企业品牌或增长销量的目的。

（1）直播营销的优势。

直播营销是一种营销形式上的重要创新，也是非常能体现出互联网视频特色的板块。对于广告主而言，直播营销有着极大的优势：

① 从某种意义上来说，在当下的语境中直播营销就是一场事件营销。除了本身的广告效应外，直播内容的新闻效应往往更明显，引爆性也更强。一个事件或者一个话题，相对而言，可以更轻松地进行传播和引起关注。

② 能体现出用户群的精准性。在观看直播视频时，用户需要在一个特定的时间内共同进入播放页面，但这其实是与互联网视频所倡扬的"随时随地性"背道而驰的。但是，这种播出时间上的限制，能够真正识别出并抓住具有忠诚度的精准目标人群。

③ 能够实现与用户的实时互动。相较传统电视，互联网视频的一大优势就是能够满足用户更为多元的需求。直播不仅仅是单向的观看，用户还能一起发弹幕吐槽，喜欢谁就直接献花打赏，甚至还能动用民意的力量改变节目进程。这种互动的真实性和立体性，也只有在直播的时候能够完全展现。

④ 深入沟通，情感共鸣。在这个碎片化的时代里，在这个去中心化的语境下，人们在日常生活中的交集越来越少，尤其是情感层面的交流越来越浅。直播，这种带有仪式感的内容播出形式，能让一批具有相同志趣的人聚集在一起，聚焦在共同的爱好上，情绪相互感染，达成情感气氛上的高位时刻。如果品牌能在这种氛围下恰到好处地推波助澜，其营销效果一定是四两拨千斤的。

（2）直播营销的流程。

无论是大品牌还是个人，在利用直播进行营销时往往离不开以下几个流程：

① 精确的市场调研。

直播是向大众推销产品或者个人，推销的前提是我们深刻地了解到用户需要什么，我们能够提供什么，同时还要避免同质化的竞争。因此，只有精确地做好市场调研，才能做出真正让大众喜欢的营销方案。

② 项目自身优缺点分析。

精确分析自身的优缺点。做直播，若营销经费充足，人脉资源丰富，可以有效地实施任何想法。但对大多数公司和企业来说，没有足够充足的资金和人脉储备，这时就需要充分发挥自身的优点来弥补。一个好的项目也不仅仅是人脉、财力的堆积就可以达到预期的效果，只有充分发挥自身的优点，才能取得意想不到的效果。

③ 市场受众定位。

营销能够产生结果才是有价值的营销。我们的受众是谁，他们能够接受什么等，都需要做恰当的市场调研，找到合适的受众是做好整个营销的关键。

④ 直播平台的选择。

直播平台种类多样，根据属性可以划分为不同的几个领域。选择合适的直播平台也很关键。

⑤ 良好的直播方案设计。

做完上述工作之后，成功的关键就在于最后呈现给受众的方案。在整个方案设计中，需要销售策划及广告策划的共同参与，让产品在营销和视觉效果之间恰到好处。在直播过程中，过分的营销往往会引起用户的反感，所以在设计直播方案时，如何把握视觉效果和营销方式，需要不断地斟酌和商量。

⑥ 后期的有效反馈。

营销最终要落实在转化率上，实时的后期反馈要跟上，以不断地修整方案，不断提高营销方案的可实施性。

2. 短视频营销

随着移动终端的普及和网络的提速，短平快的大流量传播内容逐渐获得各大平台、粉丝和资本的青睐。人们的生活节奏加快，娱乐和学习的时间越来越碎片化，人们形成了"看文字不如看图片，看图片不如看动图，看动图不如看视频"的心态。短视频即短片视频，最新的定义为在互联网新媒体上传播的时长在 4 分钟以内的视频。自 2017 年以来，"短视频"成为新媒体营销最火爆的三个字。截至目前，我国的移动终端短视频用户已经突破了 6.8 个亿，且用户的规模仍然处于一个不断扩大的阶段。

（1）短视频的特点。

① 性价比更高。短视频具有推广价格低廉和受众群体精准等优势。传统媒体推广价格高，短视频门槛低，制作价格便宜。原本只能靠专业摄像机才能录制视频，伴随着科技的进步、智能手机的普及与发展，人们可以轻松地制作属于自己的画质清晰的小视频。

短视频的传播方式也简单到直接发送到网上就可以和其他人分享。新媒体利用大数据并根据用户的浏览记录和兴趣推荐短视频，受众人群更加精准，这是电视广告、户外广告、电梯广告都无法比拟的优势。

② 更具真实性。与文字和图片相比，短视频的真实性更高，再加上都是连续的片段，不会造成视觉上的太大偏差。对于消费者来说，短视频交代的信息量更大、更连贯，真实性也更强。

③ 社交媒体属性更强。一方面，用户通过参与短视频话题，突破了时间、空间、人群的限制，参与线上活动变得简单有趣，也更有参与感；另一方面，社交媒体为用户的创造及分享欲提供了一条便捷的传播渠道。

④ 更能形成品牌特色。在这个信息爆炸的时代，"千店一面"的形象已经不再适合消费者。不论一个企业销售什么产品，最重要的就是在消费者心中形成自己产品的与众不同的标签。短视频可以为产品加上个性标签，进而形成自己的品牌营销力。

（2）短视频的营销模式。

① 矩阵营销。

新媒体时代短视频的初期营销模式主要依托于大规模网络环境，通过大数据筛选，进行关键意见领袖（KOL）式话题的矩阵搭建，进而开展阶段式、持续性、大范围信息触达需求的营销活动，如在短视频的平台中进行新产品的发布及品牌形象的传播与塑造等。传统的矩阵营销主要可以分为活动预热、中期曝光、后期导流三个环节。在活动预热环节，需要经过短视频平台，开启挑战赛活动；在中期曝光环节，需要通过头部短视频媒体引发关注，搭建矩阵，向整个互联网扩散；在活动持续扩张时期，可以选择垂直短视频平台，实现二次传播、导流，通过更加细致化的引流实现产品的营销与推广，同时达到宣传的目的。

② 内容营销。

内容营销是当前新媒体时代中最为常见的短视频营销模式，如抖音短视频中常常会出现涉及具体情境的产品，让受众可以通过内容的观看自然地了解品牌与产品，一改以往生搬硬套的宣传模式，为产品与受众搭建了一个良好的平台，推动了产品与品牌的营销，实现了碎片化、一站式的服务。尤其是在这个快节奏的时代中，一些短视频平台边看边卖的方式已经被受众欣然接受。基于此，在短视频内容营销编排阶段，就可以选择集中呈现的方式体现产品或者重复申诉产品要点，给予受众突出的感知效果。

③ "电商＋营销"。

"电商＋营销"的营销模式是主要依托短视频自媒体与产品的引流而进行营销的一种宣传营销模式。该模式主要依靠与对象高度相关的定制内容、人群细分及自媒体粉丝红利，促使受众在点赞短视频的过程中，逐渐产生和积累购买欲望。在实际商业营销活动中，通过经销商与KOL合作或头部KOL与第三方营销平台合作来实现销售行为，该种营销模式以营销时尚类、美妆类产品居多。

6.4.6 软文营销

1. 软文营销的概念

软文是相对于硬性广告而言,由企业的市场策划人员或专业网络营销公司的文案人员来负责撰写的"文字广告"。软文是通过在报纸、杂志或网络等宣传载体上刊登的一种宣传性、阐释性文章,包括特定的新闻报道、案例分析等。与硬广告相比,软文的精妙之处就在于一个"软"字,好似绵里藏针,收而不露,通过文中带有"嵌入式广告"的文字,让读者受到感染,从而树立产品品牌,提高产品知名度。

软文营销是企业利用互联网技术,整合国内众多家网站优势资源,把企业的相关信息以软文的方式,及时、全面、有效地向社会公众广泛传播的一种网络营销方式。软文营销采用的营销方式主要有企业、产品的新闻发布、论坛营销、QQ/MSN 等聊天工具营销、IM 及邮件营销、博客营销、SNS 社区营销等。

2. 软文营销的特点

(1) 软文具有隐蔽性。

软文不同于网络广告,没有明显的广告目的,而是将要宣传的信息嵌入文字,从侧面进行描述,属于渗透性传播。其本质是商业广告,但以新闻资讯、评论、管理思想、企业文化等形式出现,让受众在潜移默化中受到感染。

(2) 内容丰富、形式多样、受众面广。

软文由于文字资料的丰富性,传递的信息极其完整,并且不拘泥于文体,表现形式多样,从论坛发帖到博客文章、网络新闻,从娱乐专栏到人物专访,从电影到游戏⋯⋯几乎遍布网络的每个角落,因此,大部分的网络用户都是其潜在消费者。

(3) 吸引力强,可接受度高。

软文的宗旨是制造信任,它弱化或者规避了广告行为本来的强制性和灌输性,一般由专业的软文写作人员在分析目标消费群的消费心理、生活情趣的基础上,投其所好,用极具吸引力的标题来吸引网络用户,然后用具有亲和力或者诙谐、幽默的文字以讲故事等方式打动消费者,而且文章内容以用户感受为中心,处处为消费者着想,使读者易于接受,尤其是新闻类软文,从第三者的角度报道,消费者从关注新闻的角度去阅读,信任度高。

(4) 低成本,高效益。

传统的硬广告受到版面限制,传播信息有限,投入风险大,成本较高。相比之下,软文营销具有高性价比的优势,信息量大,而且不受时间限制,可以在网站上永久存在。国外一份权威调查显示:企业在获得同等收益的情况下,对软营销的投入是传统营销工具投入的 1/10,而信息到达速度却是传统营销工具的 5~8 倍。此外,软文有非常好的搜索引擎效果,通过软文营销公司的网络整合营销服务,可以进行二次传播。

(5) 以消费者为中心。

作为网络营销的一种新方法,软文的写作和发布理论离开了在传统营销理论中占主导地位 4P 理论,以 4C 理论为基础和前提,其主张的观点是:企业软文营销部门或专业的软文营销组织先不急于制定产品策略,而是先将重点放在研究消费者的需求和欲望上,以消费者为中心,按照消费者的需求去写作软文。暂时不考虑定价策略,而是研究消费者为满足其需求愿意支付的成本,然后进行双向沟通,直到达成双方都满意的价格。不考虑渠道策略,着重考虑给消费者提供方便,使其以最省事省时的方式获取信息。抛开促销策略,用"拉"的营销方式让消费者主动参与,并着重加强与消费者的沟通和交流。

3. 软文营销的形式

软文虽然千变万化,但是万变不离其宗,主要有以下几种形式:

(1) 悬念式。

也可以叫设问式。核心是提出一个问题,然后围绕这个问题自问自答。例如,"人类可以长生不老?""什么使她重获新生?""牛皮癣,真的可以治愈吗?"等,通过设问引起话题和关注是这种方式的优势。但是必须掌握火候,提出的问题要有吸引力,并且答案要符合常识,不能作茧自缚或漏洞百出。

(2) 故事式。

以讲一个完整的故事的形式带出产品,通过产品的"光环效应"和"神秘性"给消费者心理造成强暗示,使销售成为必然。例如,"1.2 亿买不走的秘方""神奇的植物胰岛素""印第安人的秘密"等。讲故事不是目的,故事背后的产品线索是文章的关键。听故事是人类最古老的知识接受方式,所以故事的知识性、趣味性、合理性是软文成功的关键。

(3) 情感式。

情感一直是广告的一个重要媒介,软文的情感表达由于信息传达量大、针对性强,当然更可以叫人心灵相通。例如,"老公,烟戒不了,洗洗肺吧""女人,你的名字是天使""写给那些战'痘'的青春"等,情感最大的特色就是容易打动人,容易走进消费者的内心,所以"情感营销"一直是营销百试不爽的灵丹妙药。

(4) 恐吓式。

恐吓式软文属于反情感式诉求,情感诉说美好,恐吓直击软肋,如"高血脂,瘫痪的前兆!""天啊,骨质增生害死人!""洗血洗出一桶油"。实际上,恐吓形成的效果要比赞美和爱更具备记忆力,但是也往往会遭人诟病,所以一定要把握度,不要过火。

(5) 促销式。

促销式软文常常跟进在上述几种软文见效时,"北京人抢购×××""×××,在香港卖疯了""一天断货三次,西单某厂家告急""中麒推广免费制作网站了"这样的软文或者是直接配合促销使用,或者就是"买托"造成产品的供不应求,通过"攀比心理""影响力效应"多种因素来促使读者产生购买欲。

（6）新闻式。

所谓事件新闻体，就是为宣传寻找一个由头，以报道新闻事件的手法去写，让读者认为仿佛是昨天刚刚发生的事件。这样的文体有对企业本身技术力量的体现，但是文案要结合企业的自身条件，多与策划沟通，不要天马行空地写，否则，极易造成负面影响。

上述六类软文绝对不是孤立使用的，是企业根据战略整体推进过程的重要战役，如何使用就是布局的问题了。

6.4.7 病毒营销

1. 病毒营销的概念

病毒营销（Viral Marketing），又称病毒式营销、病毒性营销、基因营销或核爆式营销，是利用公众的积极性和人际网络，让营销信息被快速复制，传向数以万计、数以百万计的观众，它能够像病毒一样深入人脑，快速复制，迅速传播，将信息短时间内传向更多的受众。病毒营销是一种常见的网络营销方法，常用于进行网站推广、品牌推广等。也就是说，病毒营销是通过提供有价值的产品或服务，"让大家告诉大家"，通过别人为你宣传，实现"营销杠杆"的作用。

病毒式营销也可以是口碑营销的一种，它是利用群体之间的传播，让人们建立起对服务和产品的了解，达到宣传的目的。由于这种传播是用户之间自发进行的，因此是几乎不需要费用的网络营销手段。病毒式营销已经成为网络营销最为独特的手段，被越来越多的商家和网站成功利用。

2. 病毒营销的特点

病毒营销存在一些区别于其他营销方式的特点。

（1）有吸引力的病原体。

之所以说病毒营销是无成本的，主要指它利用了目标消费者的参与热情，但渠道使用的推广成本是依然存在的，只不过目标消费者受商家的信息刺激自愿参与到后续的传播过程中，原本应由商家承担的广告成本转嫁到了目标消费者身上，因此对于商家而言，病毒营销是无成本的。

（2）几何倍数的传播速度。

大众媒体发布广告的营销方式是"一点对多点"的辐射状传播，实际上无法确定广告信息是否真正到达了目标受众。病毒营销是自发的、扩张性的信息推广，它并非均衡地、同时地、无分别地传给社会上每一个人，而是通过类似于人际传播和群体传播的渠道，产品和品牌信息被消费者传递给那些与他们有着某种联系的个体。例如，目标受众读到一则有趣的网络推文，他的第一反应或许就是将这则推文转发给好友、同事，这样一传十，十传百，无数个参与的"转发大军"就构成了成几何倍数传播的主力。

（3）高效率的接收。

大众媒体投放广告有一些难以克服的缺陷，如信息干扰强烈、接收环境复杂、受众戒备抵触心理严重。以电视广告为例，同一时段的电视有各种各样的广告同时投放，其中不乏同类产品"撞车"现象，大大减少了受众的接受效率。而那些可爱的"病毒"，是受众从熟悉的人那里获得或是主动搜索而来的，在接受过程中自然会有积极的心态；接收渠道也比较私人化，如手机短信、电子邮件、封闭论坛等（存在几个人同时阅读的情况，这样反而扩大了传播效果）。以上方面的优势，使得病毒营销尽可能地克服了信息传播中的噪音影响，增强了传播的效果。

（4）更新速度快。

网络产品有自己独特的生命周期，一般都是来得快去得也快。病毒营销的传播过程通常是呈S形曲线的，即在开始时很慢，当其扩大至受众的一半时速度加快，而接近最大饱和点时又慢下来。针对病毒营销传播力的衰减，一定要在受众对信息产生免疫力之前，将传播力转化为购买力，方可达到最佳的销售效果。

3. 病毒营销的形式

目前病毒式营销主要有以下几种形式：

（1）免费服务。

一些大型的网站或公司会提供免费的二级域名、免费空间、免费程序接口、免费计数器等资源，这些资源中可以直接或间接地加入公司的链接或者其产品的介绍，也可以是广告。这些服务都是免费的，对用户有着很大的吸引力，而当用户自己在使用并对外宣传的时候，就为提供该服务的公司做了免费宣传。

（2）便民服务。

便民服务不像免费服务一样需要一定的财力、物力，比较适合小公司或个人网站。在网站上提供日常生活中常会用到的一些查询，如公交查询、电话查询、手机归属地查询、天气查询等，把这些实用的查询集中到一起，能给用户提供极大的便利，会树立良好的口碑，有可能很快地在网民中推广开来。

（3）节日祝福。

每当到节日时，可以通过QQ、微信、微博、E-mail等工具向朋友发送一些祝福，后面跟上网页地址或精美图片。节日里，大家收到来自朋友的祝福和发祝福给朋友都很高兴，一个"病毒链接"就这样形成了。

（4）精美网页。

娱乐是人们生活中最本质的追求之一，不管定下什么目标，最终都是为了生活、娱乐。做一个精美的网页或编一个精彩的笑话发给朋友，朋友可能会很高兴，并很快发送给他的好朋友。

（5）口头传递。

网络上使用最普遍的"口头传递"方式是"告诉一个朋友"或"推荐给你的朋友"等。这种病毒式营销启动成本低并能快速执行，其效果还可以通过引入竞赛和幸运抽签等形式得以增强。

(6) 人际关系网络。

互联网的网民同样也在发展虚拟社会中的人际关系网络，他们收集电子邮件地址，建立邮件列表与众人沟通，通过聊天室结交新的朋友。网络营销人员需要充分认识实体社会和虚拟社会中这些人际关系网络的重要作用，通过病毒营销把自己的信息置于人们的各种关系网络之中，从而迅速地把促销信息扩散出去。

6.4.8 网络广告

1. 网络广告的概念

网络广告是指利用国际互联网这种载体，通过图文或多媒体方式发布的盈利性商业广告，是在网络上发布的有偿信息。它与传统广告的最大区别就是它是在互联网这个全球最大的信息平台上发布的。

从技术层面考察，网络广告是指以数字代码为载体，采用先进的电子多媒体技术设计制作，具有良好的交互功能的广告形式。它一般是以 GIF、JPG 等格式建立的图像文件，定位在网页中，大多用来表现广告内容，同时还可使用 Java 等语言使其产生交互性，用 Shockwave 等插件工具增强表现力。

2. 网络广告的优点和不足

（1）网络广告的优点。

① 互动性和纵深性。

在网络广告这种形式当中，信息是互动传播的，用户可以主动获取他们认为有用的信息，可以直接填写并提交在线表单信息，广告主也可以随时得到宝贵的用户反馈信息，从而缩短了用户和广告客户之间的距离。与此同时，用户可以通过链接获取更深入详细的广告信息。

② 实时性和快速性。

互联网本身反应就很迅速，依托互联网为媒体的网络广告更是反应迅速。在互联网上做广告，可以及时按照需要更改广告内容，经营决策的变化也能及时得到体现。另外，网络广告制作周期比起传统广告而言更短，这也是它的一大优势。

③ 广告效果的易衡量性。

在网络中，广告商通过监视广告的浏览量、点击率等指标能够精确统计出广告的大致效果。因此较之其他广告形式，网络广告能够使广告主更好地跟踪广告受众的反应，及时了解用户和潜在用户的情况。

④ 广泛传播性，无时空限制。

网络广告的传播不受时间和空间的限制，Internet 将广告信息 24 小时不间断地传播到世界各地。只要具备上网条件，任何人在任何地点都可以看到这些信息，这是其他广告形式无法实现的。

⑤ 可重复性和可检索性。

网络广告可以供用户主动检索，而传统广告则是定时定点定期发布的，受众无法检索。

⑥ 较强的针对性。

由于网络广告都是在特定的网站发布的，而这些网站一般都有特定的用户群，因此，广告主在投放这些广告的时候往往能够做到有的放矢，根据广告目标受众的特点，针对每个用户的不同兴趣和品位投放广告。

⑦ 投放形式灵活多样。

多媒体性也是网络广告的一大特点，它能将文字、图像、声音、三维空间、虚拟视觉等有机地组合在一起，而使广告受众能够对产品有更详细的了解。

⑧ 价格低廉。

网络广告无须印刷、拍摄或录制，在网上发布广告的总价格较其他形式的广告价格便宜很多。与报纸和电视相比，网络广告在价格上极具竞争力。

(2) 网络广告的不足

① 创意的局限性。

Web 页面上的旗帜广告效果很好，但是创意空间却非常小，其常用的最大尺寸只有 15 厘米宽、2 厘米高。要在如此小的空间里创意出有足够吸引力、感染力的广告，是对广告策划者的巨大挑战。

② 可供选择广告位的有限性。

旗帜广告一般都放置在每页的顶部或底部两处（通常位于页面顶部的旗帜广告效果比位于底部的要好），可供选择的位置少。图标广告虽然可以安置在页面的任何位置，但由于尺寸小，不为大多数广告主所看好。另外，由于许多有潜力的网站还没有广告意识，网页上至今不设广告位置，从而使广告越来越向几个有影响的导航网站聚集，这些网站页面上播映旗帜广告的位置也就成为广告主竞争的热点，进一步加剧了广告位置的紧张性。因此，广告商们不得不采用在一个位置上安置几个旗帜广告轮换播映的滚动广告形式。

虽然网络广告还存在着诸多的问题，但凭借上面所列举的种种优势，网络广告深深地吸引着众多的企业和客户。随着网络的发展与普及，网民人数的日益增加，网络广告也将进入一个高速发展的时期，其效益将越来越得以显现。需要指出的是，网络广告的诞生使一些人认为大众传播时代已经结束，然而事实究竟如何？现在还没有令人特别信服的答案。从广告媒体发展的历史来看，新媒体的出现只会为广告业拓展了新天地，电视广告曾是新媒体，但它并没有取代报刊广告。同样，网络广告是对传统广告媒体的补充，盲目从众或是仅仅依靠老经验是难以获得成功的，只有掌握了网络广告的特点，扬长避短，才会给广告主和广告商带来无限的商机。

3. 网络广告的类型

网络广告具有多种形式，常见的有如下几种：

(1) 旗帜广告。

旗帜广告也称标志广告、页眉广告,是横放于页面上的大幅图片广告,一般使用 GIF 格式的图像文件,或使用 JPG 静态图形,也可用多帧图像拼接为动画图像。旗帜广告是 Internet 的基本广告形式之一,允许客户用极简练的语言、图片介绍企业的产品或宣传企业形象。它又分为非链接型和链接型两种。非链接型旗帜广告不与广告主的主页或网站相链接,浏览者可以点选,进而看到广告主想要传递的更详细信息。

旗帜广告的画面可以是静态的也可以是动态的。静态旗帜广告的效果虽然比文字广告和图标广告要好,但还是不很理想。动态旗帜广告是将静态图片换成动画、文字、图片,像放电影似的交替显现,使广告具有强烈的动感,以引起浏览者的注意。目前旗帜广告较多采用动态形式。实践证明,旗帜广告是宣传网址和网络广告发布最有效的方法之一。

(2) 按钮广告。

这种广告是出现在 Web 页面上任何地方的一个图标,这个图标可以是一个企业的标志,也可以是一个象形图标,有的就是一个按钮的形状,故称按钮广告。按钮广告采取与有关信息超链接的互动方式,用鼠标点击它时,可链接到广告主的站点或相关信息页面上。按钮广告比横幅式广告尺寸小,表现手法也较简单。按钮广告的不足在于其被动性和有限性,它要求浏览者主动点选,才能了解到有关企业或产品的更为详细的信息。

(3) 文字广告。

文字广告就是以文字的形式,扩大企业或产品的知名度。这些文字广告可以放在 Web 页上,一般是企业的名称,点击后链接到广告主的主页上。这种文字链接形式的广告通常出现在网页的一些分类栏目中。

文字广告也可以通过电子邮件的形式定期传送给客户,如果是宣传新产品,还可以采取在新闻组或电子公告板上发布的方式。

(4) 弹出窗口广告。

弹出窗口广告又名"弹跳广告"或"蹦出广告"。弹出窗口广告是在页面下载的同时弹出第二个广告窗口,可以是图片,也可以是图文介绍。在你打开一个网站的首页同时,会自动跳出另一个幅面较小的页面,只要你点击就可以出现相应的链接页面。可控制弹出窗口显示几秒后会自动关闭,从而避免引起浏览者反感。

(5) 飞行广告。

这是一种在网页中任意飞行的按钮广告,在页面流动中随时可以看见,可以很好地吸引浏览者,提高广告的曝光率。

(6) 竖边广告。

竖边广告是发布在页面左右两侧竖边的大尺寸图片广告。广告规格较大,置于页左右两侧,不会产生上下段位的广告盲区,广告位置也可以强烈冲击访客视觉;竖边广告的独享和排他性可以降低干扰,同时也可以更好地传达广告信息。

（7）画中画广告。

画中画广告一般出现在产品新闻或者热点内容的页面，紧密与新闻或信息结合，使访客在浏览自己感兴趣的内容的过程中去体会广告的含义，接受广告的信息。其具有下列特点：篇幅较大，信息含量丰富；干扰度低，信息传达面广；记忆度明显，视觉冲击范围较大。将广告安插在新闻页面中，与文字进行合理编排，自成独立小画面。也可在文章内容页面中和文字进行绕排。画中画广告一般采用 Flash 技术播放，有效地保证广告效果，从而加强广告在用户心目中的印象。

（8）全屏广告。

全屏广告在页面下载时开始出现，占据整个浏览器的幅面，是一种广告效果巨大的广告形式。根据广告创意的要求，全屏广告充分利用整个页面的最大空间而形成广告信息的传递，拥有最强大的视觉冲击力。广告图片会逐渐变化，形成广告的标准规格。

（9）分类广告。

分类广告如果严格来说不能称为网络广告的一种新类型，早在传统媒体中，分类广告就已经出现了，只不过今天它也搭上了网络这班快车而已。分类广告就是广告商按照不同的内容划分标准把广告以详细目录的形式进行分类，以供那些有明确目标和方向的浏览者进行查询和阅读。由于分类广告带有明确的目的性，所以受到许多行业的欢迎。

（10）列表分类播发型广告。

这种广告利用电子邮件列表和新闻组（专题讨论组）列表，将客户的广告信息按信息类别发向相应的邮件地址和新闻组。

（11）互动游戏广告。

在一段页面游戏开始、中间、结束的时候，广告都可随时出现，并且可以根据广告主的产品要求为之量身定做一个属于自己产品的互动游戏广告。

4. 网络广告的收费模式

网络广告的价格通常会受到多种因素的影响，包括广告提供商的知名度、访问人数的多少、广告幅面的大小与位置等，网络广告的价格差别很大。同时，由于网络广告在技术上可以精确地统计出访问量，使得网络广告在收费模式上与传统媒体广告有不同的特点。在实践中，常用的收费模式主要有以下几种：

（1）每千人成本（Cost Per Thousand Impressions，简称 CPM）。

这是以广告被浏览 1 000 次为基准的网络广告收费模式。它指的是广告投放过程中，听到或者看到某广告的每千人平均分担到多少广告成本。由于 Internet 上的网站可以精确地统计其广告页面的访问次数，因此按访问人次收费是一种比较科学的方法。

每千人成本的计算公式为：

每千人成本 = 广告购买成本/含有广告页面的访问人次 × 1 000。

例如，广告提供商的每千人成本广告价格为 200 元，站点的访问率是 100 万人，那么广告主就要付出 20 万元购买广告。至于每 CPM 的收费究竟是多少，要根据网站的浏览人数划分等级。国际惯例是每 CPM 收费从 5 美元到 200 美元不等。广告提供商偏爱这种模式，因为可以鼓励网站尽量提高自己网页的浏览人数。

(2) 每千次点击成本（Cost Per Thousand Click-Throughs，简称 CPC）。

这是以网页上的广告被点击并链接到相关网站或详细内容页面 1 000 次为基准的网络广告收费模式。例如，广告主购买了 10 个 CPC，意味着其投放的广告可被点击 10 000 次。虽然 CPC 的费用比 CPM 的费用高得多，但广告主往往更倾向选择 CPC 这种付费方式，因为这种付费真实地反映出受众确实看到了广告，并且进入了广告主的网站或页面。CPC 也是目前国际上流行的广告收费模式。

(3) 每行动成本（Cost Per Action，简称 CPA）。

这是广告主为防范广告费用风险采用的一种模式，即广告主在广告带来产品的销售后按销售数量付给广告网站较一般广告价格更高的费用。

(4) 每回应成本（Cost Per Response，简称 CPR）。

以浏览者的每次回应计费。这种广告计费充分体现了网络广告"及时反应、直接互动、准确记录"的特点，但这显然属于辅助销售的广告模式。

(5) 每购买成本（Cost Per Purchase，简称 CPP）。

广告主为了规避广告费用风险，只有在网络用户点击旗帜广告并进行在线交易后，才按销售笔数付给广告站点费用。

(6) 包月方式。

即按照一月多少费用的固定收费模式来收费。这实际上是传统广告收费的模式，但在实践中，很多网站都采用这种方式。

5. 网络广告的发布

网络广告的发布方式有许多种，广告主应根据自己产品所处的生命周期所应表达的信息、网络营销的整体战略，以及在传统媒体广告与网络广告间的人、财、物分配，合理地选择网络广告的发布方式。

(1) 自设公司网站作广告。

建立企业自己独立的网站是一种常见的网络广告形式，同时企业网站本身就是一种活的广告。但企业的 WWW 网站不能只提供广告信息，而是要建成一种反映企业自身经营的形象网页，提供一些非广告信息，必须能给访问者带来其他利益，如可供下载的免费软件、访问者感兴趣的新闻等。从本质上讲，公司自设网站的广告是属于一种"软性广告"，即需要用户主动上网连接，才能达到发布广告信息的目的，因此这种广告方式更适合理性成熟的消费者。

(2) 在公共网站上发布广告。

企业除了在自设网站上发布广告信息外，为了在更大范围内吸引用户，必须通过各种网络信息服务机构，以付费的方式或部分免费的方式把本企业的广告在公共网站上发布。在公共网站上发布广告，要达到预期的效果，最关键的就是选择和确定投放广告的最佳网站。这可以从以下几个方面来考虑和确定：

① 选择目标受众经常浏览的网站。

选择网站的首要原则是所选网站必须是目标受众经常光顾的地方。比如某个网站的内容是吸引女性的，而自己的产品只有男士才用，显然不能将广告发布在这样的网站。但是很多网站的内容带有一定的综合性，很可能覆盖某个行业或一定年龄段的所有群体，对于这样的网站，就要审看网站的信息内容，看它适合哪个群体。

一般说来，广告内容与其放置的网站内容越是相同或相近，效果会越好。现在网上出现了越来越多的专业营销网站，专门从事某一类商品的营销，在这样的网站上发布广告，可以准确地定位目标顾客，而且因为其较为专业，所以更能博得消费者信赖，是一种较为不错的选择。

② 选择门户网站。

门户网站是网民经常浏览的网站，它不但提供各类丰富的信息，而且提供网上搜索工具，是用户在网上浏览时最直接和最方便的途径。这类网站对于加入网络用户而言就像电话号码簿对于打电话的人一样重要，因而往往能够将成百上千从来没有访问过自己网站的目标受众吸引过来。用户的频繁访问使需要登广告的客户纷至沓来，各门户网站也都提供各种广告展位。

本章小结

网络营销不等同于网上销售，它是企业整体营销战略的重要组成部分，具有独特的优势和职能，和电子商务既紧密相关又有明显区别。网络市场调研的基本内容和方法包括消费者需求分析、竞争对手分析和行业分析。各类企业若想做好网络营销，需要重点掌握网络营销常见的工具和方法，通过网络广告、搜索引擎、各种自媒体平台及网络直播与短视频等方式对公司产品或服务进行网络宣传推广，具体步骤为：首先明确公司的营销对象，了解目标用户需求，然后制定网络营销策略，利用网络营销工具和资源，形成有针对性的网络营销方案，最后实施具体的网络营销方法，并对网络营销效果进行跟踪评价，不断调整优化方案。

思考题

1. 网络营销有什么特点？
2. 网络营销和电子商务的关系是什么？
3. 网络市场调研的步骤是什么？
4. 网络营销有哪些策略？
5. 什么是SEM？什么是SEO？两者有何区别与联系？
6. 社群营销的策略是什么？

7. 简述直播营销流程。
8. 网络广告的收费模式有哪些？

 实 训 题

1. 以一个主要门户网站为例如新浪、搜狐、腾讯等，分析网络广告类型与收费标准。

2. 互联网技术的不断发展与应用，推动着网络营销手段的变革与创新。请以互联网发展的时间为脉络，分析网络营销方法的变革过程。

3. 假定你是某公司的网络营销专员，公司电子商务经理需要你为公司做一份病毒营销创意的设计。请参考如下步骤，完成创意设计。

（1）选择一个你熟悉的企业品牌。
（2）借助网络以调研、访谈等形式来完成创意的设计。
（3）将调研结果填入下表。

××网络调查与病毒性营销创意设计

调查时间：　　　　　　　　　　　　　　　调查人：

产品是什么？	产品的特点	
	与网络的联系	
易感人群有哪些？		
易感人群有哪些兴趣点？		
兴趣的集中地有哪些？		
可以制造哪些热点？		
可以选择哪些平台？		
病毒营销的创意设计		

第 7 章 电子商务物流及供应链管理

7.1 电子商务物流

7.1.1 物流概述

如果从物体的流动来理解，物流是一种既古老又平常的现象。自从人类社会有了商品交换，就有了物流活动（如运输、仓储、装卸搬运等）。但是，将物流作为企业经营的基本职能之一，对物流活动实施系统化的科学管理则是 20 世纪 50 年代前后的事情。

第二次世界大战中，美国军队为了改善战争中的物资供应状况，研究和建立了"后勤（logistics）"理论，并在战争活动中加以实践和应用。"logistics"的核心是将战时物资的生产、采购、运输、配给等活动作为一个整体来进行统一布置，以求战略物资补给变得费用更低、速度更快、服务更好。实践证明，这一理论的应用取得了很好的效果。战后，"logistics"理论被应用到企业界，其内涵得到了进一步的推广，涵盖了整个生产过程和流通过程，包括生产领域的原材料采购、生产过程中的物料搬运与厂内物流到商品流通过程中的物流。PD（physical Distribution，物流）的概念也逐渐被"logistics"取代，"logistics"最终成为物流的代名词。

1956 年，日本派团考察美国的流通技术，引进了物流的概念。到了 20 世纪 70 年代，日本已成为世界上物流最发达的国家之一。20 世纪 80 年代初，我国从日本引入"物流"这一概念。

1. 物流的含义

我国颁布的《中华人民共和国国家标准 物流术语》将物流（logistics）定义为：物品从供应地向接收地的实体流动过程。根据实际需要，将运输、储存、装卸、搬运、包装、流通加工、配送、回收、信息处理等基本功能实施有机结合。

为了准确理解完整的物流定义，应把握以下几点：

第一，物流是一个系统，是物流各种构成要素的集成，运输、装卸、储存、包装、流通加工、物流信息等是物流的基本构成要素，物流应当对这些要素实施"有机结合"。

第二，定义中的"物品"，不只是指最终产品，还包括生产所用的原材料、零部件、半成品和包装容器、包装材料以及生产和消费过程中产生的废弃物。只要符合起点是"供应地"、终点是"接收地"的实体流动过程都可以看成是物流。

第三，物流作为供应链的一个组成部分，在供应链管理与整合中起着重要作用。

2. 物流的功能

物流系统的基本构成要素包括运输、储存、装卸、搬运、包装、流通加工、物流信息等。这些基本要素有效地组合、联结在一起，构成物流系统的功能组成要素，能合理、有效地实现物流系统的总目的。

（1）运输。

运输一般指生产厂到流通据点之间的运输，批量比较大，品种比较单一，运距比较长。运输是物流各环节中最重要的部分，是物流的关键。如果没有运输，生产出来的产品将无法到达消费者手中进行消费，生产也就失去了意义。运输的方式有公路运输、铁路运输、船舶运输、航空运输、管道运输等。

（2）储存。

在物流中，运输承担了改变商品空间状态的重任，储存则承担了改变商品时间状态的重任。而库存是与储存既有密切关系又有区别的一个概念，它是储存的静态形式。产品离开生产线后到最终消费之前，一般都要有一个存放、保养、维护和管理的过程，也是克服季节性、时间性间隔，创造时间效益的活动。库存主要分为经常库存和安全库存。经常库存是在正常的经营环境下，企业为满足日常需要而建立的库存。为了防止不确定因素准备的缓冲库存被称为安全库存。

（3）包装。

包装大体可划分为两类。一类是工业包装，或叫运输包装、大包装；另一类是商业包装，或叫销售包装、小包装。工业包装是为了保持商品的品质、方便运输，商业包装是为了使商品能顺利抵达消费者手中，提高商品价值，传递信息，促进销售等。注重包装是保证整个物流系统流程顺畅的重要环节之一。

（4）装卸、搬运。

装卸、搬运是物流各环节连接成一体的接口，是运输、储存、包装等物流作业得以顺利实现的根本保证。装卸和搬运质量的好坏、效率的高低是影响整个物流过程质量的关键所在。装卸和搬运工具、设施、设备不先进，搬运和装卸效率低，商品流转时间就会延长，商品就会破损，就会增大物流成本，影响整个物流过程的质量。若装卸、搬运环节出了问题，则物流其他环节就会停止。

（5）流通加工。

流通加工就是产品从生产者向消费者流动的过程中，为了增加附加价值、满足客户需求、促进销售而进行简单的组装、剪切、套裁、贴标签、刷标志、分类、检量、弯管、打孔等加工作业。流通加工是物流过程中"质"的升华，使流通向更深层次发展。

（6）配送。

配送是根据用户的要求，将各类商品按不同类别、不同方向和不同用户进行分类、拣选、组配、装箱，按用户要求的品种、数量配齐后送给用户，其实质在于"配齐"和"送达"。配送几乎包括了所有的物流功能要素，是物流的一个缩影或在某个范围中物流全部活动的体现。一般的配送集装卸、包装、保管、运输于一身，通过这一系列活动完成将货物送达的目的。

（7）回收。

回收指退货、返修物品和周转使用的包装容器等从需方返回供方所引发的物流活动。即企业在生产、供应、销售的活动中总会产生各种边角余料和废料，如果回收物品处理不当，往往会影响整个生产环境，甚至影响产品的质量，或者造成浪费。

（8）信息。

物流信息是连接物流各环节的纽带，没有各物流环节信息的通畅和及时供给，就没有物流活动的时间效率和管理效率，也就失去了物流的整体效率。物流信息对物流的整体效率有着十分重要的意义。

信息包括与商品数量、质量、作业管理相关的物流信息，以及与订货、发货和货款支付相关的商流信息。与物流信息密切相关的是物流信息系统，即管理人员利用一定的设备，根据一定的程序对信息进行收集、分类、分析、评估，并把精确信息及时地提供给决策人员，以便他们做出高质量的决策。

7.1.2 物流的分类

物流的分类方法很多，从空间上来分，可以分为国际物流、区域物流、国内物流和地区物流；从性质来分，可以分为社会物流、行业物流和企业物流；从物流在社会再生产中的作用来分，可以分为宏观物流和微观物流；从物流过程来分，可以分为供应物流、生产物流、销售物流、回收物流和废弃物物流。

按物流过程分类主要是对企业物流进行分类，企业物流是以购进生产所需要的原材料、设备为始点，经过劳动加工，形成新的产品，然后供应给社会需要部门的全过程。其具体过程如图7-1-1所示。

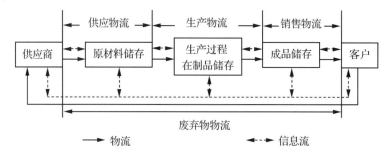

图 7-1-1　企业物流过程

1. 供应物流

供应物流是提供原材料、零部件和其他物品时所发生的物流活动,包括原材料等一切生产资料的采购、进货、运输、仓储、库存管理和用料管理,如烟草烘烤、采购、入库、储存。

2. 生产物流

生产物流是企业生产过程中原材料、在制品、半成品、产成品等的物流活动,包括生产计划与控制、厂内运输(搬运)、在制品仓储与管理等活动,如原料烟丝准备、搬运、烟在制品储存、搬运。

3. 销售物流

销售物流是企业出售商品过程中所发生的物流活动,包括产成品的库存管理、发货、运输、订货处理与客户服务等活动,如成品烟包装、搬运、储存、装车、发货、运输、卸车、交货。

4. 废弃物物流

废弃物物流是将经济活动中失去原有使用价值的物品,根据实际需要进行收集、分类、加工、包装、搬运、储存等,并分送到专门处理场所的物流活动。

7.1.3 电子商务物流概述

1. 电子商务物流的含义

随着网络技术和电子技术的发展,电子中介作为一种工具被引入了生产、交换和消费中,人类进入了电子商务时代。在这个时代,人们做贸易的顺序并没有改变,还是要有交易前、交易中和交易后几个阶段,但进行交流和联系的工具变了,如从以前的纸面单证变为现在的电子单证。电子工具和网络通信技术的应用,使交易各方的时空距离几乎为零,有效地促进了信息流、商流、资金流、物流这"四流"的有机结合。对于某些可以通过网络传输的商品和服务,甚至可以做到"四流"的同步处理,如通过上网浏览、查询、挑选、点击,用户可以完成对某一电子软件的整个购物过程。

电子商务物流是在传统物流概念的基础上,结合电子商务中信息流、商流、资金流的特点而提出的,是电子商务环境下物流的新的表现方式。因此,电子商务物流就是基于信息流、商流、资金流网络化的物资或服务的物流活动,包括软体商品(或服务)的网络传送和实体商品(或服务)的物理传送。电子商务物流是利用电子商务技术(主要是指计算机技术、互联网技术等信息技术)对传统物流管理进行改造,实现企业内和企业间物流资源共享和优化配置的物流方式。电子商务物流可以理解为以下两方面:

(1)物流的电子商务化。电子商务物流是指利用计算机技术、互联网技术、电子商务技术等信息技术所进行的物流活动。

(2)面向电子商务的物流。电子商务物流就是为电子商务服务的物流,即与电子商务这一新兴行业相配套的物流。

2. 电子商务物流的业务流程

电子商务物流系统的基本业务流程因电子商务企业性质不同而有所差异,如制造型企业的电子商务系统,其主要业务流程起始于客户订单,中间包括与生产准备和生产过程相关的物流环节,同时还包括从产品入库直至产品送达客户的全部物流过程;而对销售型的电子商务企业(如销售网站)而言,其物流过程就不包括生产物流,但其商品组织与供应物流和销售物流的功能极为完善;对于单纯的物流企业而言,它们充当着为电子商务企业(或系统)提供第三方物流服务的角色,因此,它们的功能和业务流程更接近于传统意义上的物流或配送中心。

虽然不同类型企业的物流组织过程存在着差异,但从电子商务物流的流程看还是具有许多相同之处。电子商务物流业务流程同普通商务一样,目的都是要将客户所订货物送到客户手中,其主要作业环节和一般物流的作业环节一样,包括进货、进货验收、分拣、存放、拣选、包装、分类、组配、装车及送货等。图7-1-2为电子商务物流的一般业务流程。

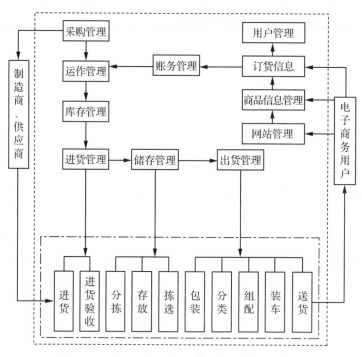

图7-1-2 电子商务物流业务流程

与传统物流模式不同的是,电子商务的每个订单都要送货上门,而有形店铺销售则不同。因此,电子商务的物流成本更高,配送路线的规划、配送日程的安排以及配送车辆的合理利用难度更大。与此同时,电子商务物流的流程会受到更多因素的制约。

◆ 7.1.4 电子商务物流的特点

电子商务带来了对物流的巨大需求,同时也给全球物流带来了新的发展,使物流具备了一系列新特点。

1. 信息化

电子商务时代，物流信息化是电子商务的必然要求。信息化是一切的基础，没有物流的信息化，任何先进的技术设备都不可能应用于物流领域。物流信息化表现为物流信息的商品化、物流信息收集的数据库化和代码化、物流信息处理的电子化和计算机化、物流信息传递的标准化和实时化、物流信息存储的数字化等。因此，条码技术（Bar Code）、数据库技术（Database）、电子订货系统（Electronic Ordering System，简称EOS）、电子数据交换（Electronic Data Interchange，简称EDI）、快速反应（Quick Response，简称QR）及有效的客户反应（Effective Customer Response，简称ECR）、企业资源计划（Enterprise Resource Planning，简称ERP）等技术与观念得到了广泛的应用。

2. 自动化

自动化的基础是信息化，自动化的核心是机电一体化，自动化的外在表现是无人化，自动化的效果是省力化，另外，自动化还可以扩大物流作业能力、提高劳动生产率、减少物流作业的差错等。物流自动化的设施非常多，如条码/语音/射频自动识别系统、自动分拣系统、自动存取系统、自动导向车、货物自动跟踪系统等。这些设施在发达国家已普遍用于物流作业流程中，而在我国由于物流业起步晚，发展水平低，自动化技术的普及还需要相当长的时间。

3. 网络化

电子商务物流的网络化特点表现在两个方面：一方面，物流系统物理上的网络化，主要表现为物流活动的各节点——上游供应商、生产企业、仓库、配送中心、销售点等形成一个互相交织的物流网络；另一方面，物流信息的网络化，主要表现为物流信息通过计算机网络，在物流的各个节点上实时传递，充分共享。目前，互联网的全球应用与网络技术的普及为物流的网络化提供了良好的环境。

4. 智能化

电子商务物流的智能化是指在物流活动的进行中，通过对决策支持系统、专家系统、机器人等相关技术的应用，智能化地解决高层次的运筹与决策问题，并对物流活动过程中出现的问题进行合理地解决。

5. 柔性化

柔性化是指电子商务物流能够根据生产、销售与客户需求等因素，随时调整其物流各环节的活动，从而发展成一种适应多品种、小批量、多批次、短周期的具有灵活性和弹性的物流，更好地实现"以顾客为中心"理念。

另外，物流设施、商品包装的标准化，物流的社会化、共同化也都是电子商务下物流模式的新特点。

7.2 电子商务物流模式

物流作为电子商务的重要组成部分，极大地影响着电子商务的发展。通过借鉴发达国家走过的道路和经验，从我国物流发展的具体情况出发，对于开展电子商务的我国企业而言，目前可供选择的物流模式有企业自营物流模式、物流联盟模式、第三方物流模式、物流一体化模式等。

7.2.1 企业自营物流模式

1. 企业自营物流的含义

企业自营物流是指电子商务企业将大量的资金用于物流队伍、运输车队、仓储体系建设，自行组建物流配送系统，经营管理企业的整个物流运作过程。运用这种模式的典型企业有京东商城、苏宁电器等，它改变了传统电子商务企业过于注重平台运营而轻视物流配送的状况，将较多的资金和精力转投物流体系建设，希望以物流方面的优势加大在电商业务上的竞争力。

对于已开展普通商务的公司，可以建立基于 Internet 的电子销售商务系统，同时可以利用原有的物资资源，承担电子商务的物流业务。国内从事普通销售业务的公司主要包括制造商、批发商、零售商等。这些企业可以利用原有的物流网络和设施支持电子商务业务，开展电子商务不需要新增物流、配送投资，对这些企业来讲，比投资更为重要的是物流系统的设计、物流资源的合理规划。

2. 企业自营物流的优点

企业自身组织物流配送，能够掌握交易的最后环节，有利于企业掌握对客户的控制权，有利于控制交易时间。自营物流企业直接支配物流资产，控制物流职能，保证供货的准确与及时，能够保证顾客的服务质量。特别是在本地物流的配送上，电子商务企业自己的配送队伍可以减少向其他配送公司下达的配送手续，在网上接到订单后立即进行配送，减少了配送的环节，保证配送的时间最短，满足消费者"即购即得"的购物心理。

（1）能充分利用现有资源。

自营物流最大的优点就是能充分利用现有企业的物流资源，包括企业的仓库、运输设备等固定资产。有些企业将部分一线员工下放到物流部门作为企业人力资源的一种调节。企业物流资源还包括企业已建立的物流网络资源。

（2）管理方便，沟通渠道畅通。

自营物流模式由于全部由企业自己经营物流，物流管理人员都是本企业人员，管理方便。物流管理人员和其他部门容易沟通，信息渠道畅通，为搞好物流提供了良好的条件。

(3)及时了解客户的需求信息。

在自营物流模式下,企业直接面对客户,既可以尽企业全力为客户服务,又可以在和客户沟通时及时获得客户的需求信息,及时改进服务,增加客户满意度,有时还可能获得客户对产品改进或需求的信息。

3. 企业自营物流的缺点

(1)物流成本难以计算。

目前我国大多数企业计算物流成本时只计算付给运输承运人的运输费用或保管费用。其实真正的物流成本还包括公司内部物流的成本。公司内部的物流成本包括人工费、固定资产折旧费、保险费、水电费、租金等。而计算这些费用在现行的会计制度下比较困难。

(2)企业的核心竞争力下降。

电子商务自营物流需要企业设立专门的机构从事物流工作,需要配备相关的人员,花费大量的精力开拓配送工作,不利于提升企业的核心竞争力。

(3)物流管理难以专业化。

一般企业的物流管理局限于企业的现有资源,难以建立先进的物流信息系统,获取物流信息的能力有限,专业的物流人才比较紧缺,先进的物流设备较少,导致物流管理难以专业化。

(4)物流规模难以扩大。

自营物流模式需要投入大量的资金,需要建立配送中心,建设仓库和信息网络,购买物流设备等专业物流设施和组建自己的物流配送队伍,固定资产投入增多,给企业增加了财务压力。一般电子商务自营物流模式由于受资金限制,物流规模难以扩大。

7.2.2 第三方物流模式

1. 第三方物流的含义

第三方物流(Third Party Logistics,简称3LP)是指由物流劳务的供方、需方之外的第三方去完成物流服务的物流运作方式,又称合同物流、契约物流或外包物流。第三方物流通过与发货人或收货人的合作,为其提供专业化的物流服务,主要包括设计物流系统、报表管理、货物集运、信息管理、仓储、咨询等。

2. 第三方物流模式的优点

(1)有利于企业集中核心业务,培育核心竞争力。

对于绝大部分的企业而言,其核心竞争力并不是物流。生产企业使用第三方物流可以使企业实现资源的优化配置,将有限的人力、财力集中于核心业务,进行重点研究,发展基本技术,努力开发出新产品参与市场竞争,增加企业的核心竞争力。电子商务企业只做自己最擅长的,比如平台、数据,着重于管理好业务数据和物流信息,而把其他业务(比如生产、物流)都外包给第三方专业企业去做,最终是把公司做小,把客户群体做大。北京图书大厦专注于图书的采购和宣传、销售,对电话或网上购书的用户,委托邮政系统作为第三方物流进行配送,企业没有在物流上耗费太大的精力,却取得了很好的效果。

(2)降低成本,减少资本积压。

专业的第三方物流提供者利用规模生产的专业优势和成本优势,通过提高各环节利用率节省费用,使企业能从分离费用结构中获益。根据美国田纳西大学、英国 EXEL 公司和美国 EMST&YOUNG 咨询公司共同组织的一项调查显示,很多企业表示,使用第三方物流使他们的物流成本下降了 1.18%,货物周转期平均从 7.1 天缩短到 3.9 天,库存降低了 8.2%。

(3)减少库存。

企业不能承担原料库存的无限拉长,尤其是高价值的部件要被及时送往装配点以保证库存的最小量。第三方物流提供者借助精心策划的物流计划和适时的运送手段,最大限度地减少库存,改善了企业的现金流量,实现了成本优势。日本丰田的准时化生产方式(Just in Time,简称 JIT)得以实现的基本前提就是优质高效的第三方物流服务。

(4)提高企业经营效率。

第三方物流作为专业的物流行家,具有丰富的专业知识和经验,有利于提高企业的物流水平。建立企业间跨行业的物流系统网络,将原材料生产企业、成品生产企业、批发零售企业等与生产流通全过程上下游相关的物流活动有机地联合起来,形成一个链状的商品供应系统,是现代物流系统的要求。第三方物流系统通过其掌握的物流系统开发设计能力和信息技术能力,成为企业间物流系统网络的组织者,可以完成个别企业特别是中小型企业无法完成的工作。

3. 第三方物流模式的缺点

签订物流服务外包合同后,物流业务交由第三方物流公司打理,双方的力量对比因此发生了变化。就物流公司来说,他们对电子商务物流企业有依赖,但不强烈,充其量这笔交易是其众多交易中的一单;但对电子商务企业而言,服务质量与效率将对企业的正常生产经营活动产生严重影响。尽管我国的第三方物流企业在规模和服务质量上已经取得了巨大的发展,但第三方物流企业还存在着这样或那样的问题,如无法完全满足送货时效要求、运输搬运过程中的操作存在不规范的现象等。电子商务企业对与其合作的第三方物流企业依赖程度很高,如果第三方物流企业的服务出现问题,势必会连累电商企业本身。曾有统计数据表明,第三方物流企业的投诉率是电商企业自建物流的 12 倍。因此,这种合作模式需要具备较高的合作风险管控能力。

◆ 7.2.3 物流联盟模式

1. 物流联盟的含义

物流联盟(Logistics Alliance)是指两个或两个以上的经济组织为实现特定的物流目

标而采取的长期联合与合作。其目的是实现联盟参与方的"共赢"。物流联盟具有相互依赖、核心专业化、强调合作的特点。物流联盟是一种介于自营和外包之间的物流模式，可以降低前两种模式的风险。物流联盟是为了达到比单独从事物流活动更好的效果，企业间形成相互信任、共担风险、共享收益的物流伙伴关系。企业之间不完全采取导致自身利益最大化的行为，也不完全采取导致共同利益最大化的行为，只是在物流方面通过契约形成优势互补、要素双向或多向流动的中间组织。联盟是动态的，只要合同结束，双方就变成追求自身利益最大化的单独个体。

2. **物流联盟模式的优缺点**

电子商务企业与物流企业物流联盟，一方面有助于电子商务企业降低经营风险，提高竞争力，还可使企业从物流伙伴处获得物流技术和管理技巧；另一方面也使物流企业有了稳定的货源。当然，物流联盟的长期性、稳定性会使电子商务企业改变物流服务供应商的行为变得困难，电子商务企业必须对今后过度依赖于物流伙伴的局面做周全考虑。

一般来说，组成物流联盟的企业之间具有很强的依赖性，物流联盟的各个组成企业明确自身在整个物流联盟中的优势及担当的角色，明晰分工，减少内部的对抗和冲突，使供应商把注意力集中在提供客户指定的服务上，最终提高企业的竞争能力和竞争效率，满足企业跨地区、全方位物流服务的要求。

7.2.4 物流一体化模式

20 世纪 80 年代，西方发达国家（如美国、法国和德国）等提出了物流一体化的现代理论，应用和指导其物流发展取得了明显的效果，使它们的生产商、供应商和销售商均获得了显著的经济效益。亚太物流联盟主席指出，物流一体化就是利用物流管理，使产品在有效的供应链内迅速移动，使参与各方的企业都能获益，使整个社会获得明显的经济效益。

物流一体化就是以物流系统为核心，由生产企业，经由物流企业、销售企业，直至消费者供应链的整体化和系统化。物流一体化是在第三方物流的基础上发展起来的新的物流模式。在这种模式下，物流企业通过与生产企业建立广泛的代理或买断关系，与销售企业形成较为稳定的契约关系，从而将生产企业的商品或信息进行统一组合处理后，按部门订单要求配送到店铺。这种模式还表现为用户之间广泛交流供应信息，从而起到调剂余缺、合理利用共享资源的作用。在电子商务时代，这是一种比较完整意义上的物流配送模式，是物流业发展的高级形式和成熟阶段。国内海尔集团的物流配送模式可以说已基本达到物流一体化模式标准。

在电子商务环境下，我国企业必须根据自己的实际情况选择适合自身发展的物流模式，而各种物流模式也各有利弊。国际上流行的做法是电子商务企业将物流全部交给第三方物流企业，我国由于第三方物流还不够成熟，加之其本身具有一定的可替代性，所以针对我国的实际情况，在积极推进第三方物流发展的同时灵活运用自营物流、物流联盟或者多种模式共同发展，使企业获得最佳的经济效益，最终实现物流一体化的目标。

7.3 供应链管理

7.3.1 供应链与供应链管理

1. 供应链的概念

供应链其实不是什么新鲜事物，只不过是用一个新鲜的名词比较准确地概括了在高度发达的商业社会下，一种自古就已存在的特定的业务过程而已。虽然在最初的交换中只有生产和消费两个环节存在，业务模式也很简单，但是那已经是供应链的雏形。在生产和消费直接独立出了单独从事交换的实体后，生产、交换和消费3个环节的相连就形成了供应链的最初原型。再后来，随着生产和商品交换的不断深入发展，原始的供应链在不断进行纵向延伸的同时，也进行了复杂的横向扩展，以至于用简单的商品交换或是交易都无法准确地对这种业务模式进行描述，这就诞生了供应链。所以，供应链从某种意义上说也就是一个围绕生产、交换、消费而形成的商业供应体系。

供应链是指产品在到达消费者手中之前所涉及的原材料供应商、生产商、批发商、零售商以及最终消费者组成的供需网络，即由物料获取到物料加工再到将成品送到用户手中这一过程所涉及的企业和部门组成的网络。它是一个范围更广的企业结构模式，包含所有加盟的节点企业，从原材料的供应开始，经过不同企业的制造加工、组装、分销等过程直到最终用户。它不仅是一条连接供应商到用户的物料链、信息链、资金链，而且是一条增值链，物料在供应链上因加工、包装、运输等过程而增加其价值，给相关企业都带来收益。供应链的结构可以简单地归纳为如图7-3-1所示的模型。

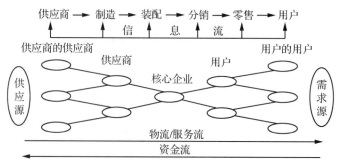

图 7-3-1 供应链网络结构模型

从图7-3-1中可以看出，供应链由所有加盟的节点企业组成，其中一般有一个核心企业（可以是产品制造企业，也可以是大型零售企业，如美国的沃尔玛特），节点企业在需求信息的驱动下，通过供应链的职能分工与合作（生产、分销、零售等），以资金流、物流和服务流为媒介实现整个供应链的不断增值。

2. 供应链管理的概念

现代企业面临着不断急剧变化的市场需求及缩短交货期、提高质量、降低成本和改进服务的压力。经营环境的变化，使得原来各个分散的企业逐渐意识到，要在竞争激烈的市场中生存下来，必须与其他企业建立一种战略伙伴关系，实行优势互补，发挥各自的核心能力，并且在一种跨企业的集成管理模式下，使各个企业能够统一协调起来，这样才能够适应新的环境变化。供应链管理思想就是在这样的背景下产生的。同时，个体企业之间的竞争逐步转变成供应链之间的竞争，企业也逐步意识到它的成功取决于管理供应链网络的能力。

国家标准GB/T18354-2006《物流术语》中"供应链管理"的定义为：利用计算机网络技术全面规划供应链中的商流、物流、信息流、资金流等，并进行计划、组织、协调与控制。

本书采用的定义为：供应链管理是指运用集成的管理思想和方法，以实现供应链整体效率为目标，在整个供应链系统，包括产品从原材料阶段一直到最终交付用户的过程，对与产品相关的商流、物流、信息流及资金流进行计划、协调、组织、执行和控制等的管理活动。

供应链管理是一种从供应商开始，经由制造商、分销商、零售商直到最终用户的全要素、全过程的集成化管理模式。其目标是从整体的观点出发，寻求建立产、供、销企业以及用户间的战略合作伙伴关系，最大限度地减少内耗与浪费，实现供应链整体效率的最优化。

3. 供应链管理的基本内涵

（1）强调核心竞争力。

供应链上的企业应清楚地辨别本企业的核心业务，狠抓核心资源，向专业化方向发展，克服原来的大而全、小而全，努力发展自身的核心竞争能力，与其他企业进行强强联合，建立战略合作伙伴关系，实现横向一体化。

（2）资源外用。

非核心业务都采取外包的方式分散给业务伙伴，与业务伙伴结成战略联盟关系，以实现信息共享、风险共担。通过科学地选择业务伙伴，减少供应商数目，变过去企业与企业之间的敌对关系为紧密合作的业务伙伴关系，通过企业间的协调机制来降低成本、提高质量。

（3）合作性竞争。

合作性竞争可以从两个层面理解：一是过去的竞争对手相互结盟，共同开发新技术，成果共享；二是将过去由本企业生产的非核心零部件外包给供应商，双方合作参与竞争。这实际上也体现出核心竞争力的互补效应。

（4）以顾客满意度为目标的服务化管理。

对下游企业来讲，供应链上游企业的功能不是简单的提供物料，而是要用最低的成本提供最好的服务。

(5) 追求物流、信息流、资金流、工作流和组织流的集成。

这几个流在企业日常经营中都会发生，但过去是间歇性或者是间断性的，因而影响企业间的协调，最终导致整体竞争力下降。供应链管理则强调这几个流必须集成起来，只有跨企业流程实现集成化，才能实现供应链企业协调运作的目标。

(6) 借助信息技术实现管理目标。

这是信息流管理的先决条件。

(7) 更加关注物流企业的参与。

在供应链管理环境下，物流的作用特别重要，因为缩短物流周期比缩短制造周期更关键，取得的效益更大。供应链管理强调的是一种从整体上响应最终用户的协调性，没有物流企业的参与是不可想象的。

7.3.2 供应链管理方法

1. 快速反应

(1) 快速反应产生的背景。

快速反应（Quick Response，简称 QR）是美国纺织与服装行业发展起来的一项供应链管理方法。美国的纺织与服装行业在 20 世纪七八十年代采取了法律保护、加大现代化设备投资、进口配额系统保护等对策，但服装行业进口商品的渗透却在继续增加。

1984 年，美国服装、纺织以及化纤行业的先驱们成立了一个委员会，名为"用国货光荣委员会"（Crafted With Pride in USA Council）。该委员会的任务是为购买美国生产的纺织品和服装的消费者提供更大的利益。该委员会也拿出一部分经费，研究如何长期保持美国的纺织与服装行业的竞争力。1985 年到 1986 年，该委员会委托零售业咨询公司克特·萨尔蒙公司进行了提高竞争力的调查。调查指出，尽管系统的各个部分具有高运作效率，但整个系统的效率却十分低。于是纤维、纺织、服装以及零售业开始寻找那些在供应链上导致高成本的活动。结果发现，供应链的长度过长、对供应链终端的反应缓慢是造成其效率低下的主要根源。

为此，克特·萨尔蒙公司建议零售企业和纺织服装生产厂家合作，共享信息资源，建立一个快速响应系统来实现销售额增长、顾客服务的最大化，以及库存量、商品缺货、商品风险最小化的目标，确立起能对消费者的需求做出迅速响应的 QR 体制。在克特·萨尔蒙公司的倡导下，从 1985 年开始，美国纤维行业开始大规模开展 QR 运动，正式掀起了供应链构筑的高潮。

(2) 快速反应的含义。

快速反应是美国零售商、服装制造商以及纺织品供应商开发的整体业务概念，它是由一定技术支持的供应链上各成员企业之间紧密合作的一种业务方式和管理思想。其目的在于减少产品在整个供应链上完成业务流程的时间，尽可能减少库存，最大限度地提高供应链管理运作效率，即以最快的速度、最好的服务来满足消费者的需求。在供应链中，为了实现共同的目标，零售商和制造商建立战略伙伴关系，利用 EDI 等信息技术，及时交换销售信息和订货信息，用多频度小数量配送方式连续补充商品，以实现缩短交货周期、减少库存、提高客户服务水平和企业竞争力的供应链管理方法。

随着竞争的全球化和企业经营的全球化，QR 方法成为零售商实现竞争优势的工具。同时，随着零售商和供应商结成战略联盟，竞争方式也从企业与企业间的竞争转变为战略联盟与战略联盟之间的竞争。

2. 有效顾客响应

（1）有效顾客响应产生的背景。

是有效顾客响应（Efficient Consumer Response，简称 ECR）首先出现在美国食品杂货行业，是美国食品杂货行业开展供应链体系构造的一种实践。20 世纪 80 年代特别是到了 90 年代以后，美国日杂百货业零售商和生产厂家的交易关系由生产厂家占据支配地位转换为零售商占主导地位，在供应链内部，零售商和生产厂家为取得供应链主导权，为商家品牌（PB）和厂家品牌（NB）占据零售店铺货架空间的份额展开激烈的竞争，使得供应链各个环节间的成本不断转移，供应链整体成本上升。

为此，美国食品市场营销协会（Food Marketing Institute）联合 COCA-COLA、P&G、Safeway 等在内的 16 家企业与流通咨询企业克特·萨尔蒙一起组成研究小组，对食品业的供应链进行调查、总结、分析，于 1993 年 1 月提出了改进供应链管理的详细报告。该报告系统地提出 ECR 的概念和体系，经过美国市场营销协会的大力宣传，ECR 概念被零售商和制造商采用并广泛应用于实践。ECR 是真正实现以消费者为核心，转变制造商与零售商买卖、对立统一的关系，实现供应与需求一整套流程转变方法的有效途径。

（2）有效顾客响应的含义。

有效顾客响应指的是生产厂家、批发商和零售商等供应链组成各方相互协调合作，更好、更快并以更低的成本满足消费者需要的供应链管理系统。国家标准 GB/T18354－2006《物流术语》规定："有效顾客响应（ECR）是以满足顾客要求和最大限度降低物流过程费用为原则，能及时做出准确反应，使提供的物品供应或服务流程最佳化的一种供应链管理策略。"

ECR 的优点在于供应链各方为了提高消费者满意这个共同的目标进行合作，分享信息和诀窍。ECR 是一种把以前处于分离状态的供应链联系在一起来满足消费者需要的工具。ECR 概念的提出者认为，ECR 活动是一个过程，这个过程主要由贯穿供应链各方的四个核心过程组成，如图 7-3-2 所示。

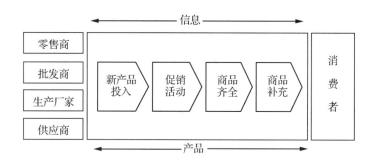

图 7-3-2　ECR 的供应链过程

ECR 的最终目标是建立一个具有高效反应能力和以客户需求为基础的系统，使零售商及供应商以业务伙伴方式合作，提高整个供应链而不是单个环节的效率，从而大大降低整个系统的成本、库存和物资储备，同时为客户提供更好的服务。

7.3.3　电子商务供应链管理

1. 电子商务对供应链管理的影响

电子商务的兴起对供应链发展产生了深远的影响。电子商务环境下的供应链是对中心物流运输商及服务商、零售商以及往来银行进行垂直一体化的整合，构成一个电子商务供应链网络，消除了整个供应链网络上不必要的运作和消耗，促进了供应链向动态的、虚拟的、全球网络化的方向发展。电子商务对供应链管理的影响表现在以下几方面：

（1）对供应链角色的影响。

电子商务的应用加强了各个供应链角色的一体化倾向，特别是加强了生产商的前向一体化倾向。前向一体化是指企业自行对本公司产品做进一步深加工，或者对资源进行综合利用，或公司建立自己的销售组织来销售本公司的产品或服务。如钢铁企业自己轧制各种型材，并将型材制成各种不同的最终产品即属于前向一体化。这种一体化行为能够提高供应链的效率。

（2）消除了供应链上不必要的中间环节。

电子商务是在由计算机、软件和通信系统构成的网络中实现的。通过 Internet，生产商可以不经过分销商或零售商而直接将产品卖给消费者，消除了一些不必要中间环节组织，从而节约了运输和销售等费用。利用 Internet 进行零部件和产品的订货和发货能够合理安排库存，提高信息的及时性和准确性，从而降低了库存和营业费用。

（3）使企业的组织边界趋于模糊化。

随着电子商务的发展，组织之间的信息流和资金流更加频繁，组织之间的相互联系也由单一渠道转变为多渠道进行，如供应商的销售部门不仅要与生产商的采购部门交流，而且还需要与生产商的设计部门甚至销售部门合作，共同设计客户满意的产品和服务。随着供应链中组织间合作程度的日益加深，组织之间不断融合，组织边界越来越模糊，最终使整个价值链重新整合，形成一个虚拟的大企业。

(4) 使企业的销售模式由生产者推动型转变为消费者拉动型。

在电子商务时代，消费者可以对所需要的商品提出个性化、差异化的设计要求，生产商和相应供应商组成的虚拟联合体会依据消费者的要求，共同完善产品的设计，然后组织生产，以最大限度地满足消费者的需求；实时的网上新产品信息发布机制，以更低廉的价格吸引顾客，提高消费效率。此时，销售模式由生产者推动型转变为消费者拉动型。

(5) 实现经营的网络化。

一是交易物流系统的网络化，物流配送中心与供应商、制造商通过网络实现连接，上下游企业之间的业务往来也通过网络来实现。二是组织的网络化，电子商务是组合整个供应链的，大部分专业性业务活动交给外部企业运作，内部管理层次和人员减少，经营趋于柔性化。电子商务借助电子信息网络将各种不同的技术、技能有机地进行集成，提高了业务经营绩效。同一个业务流程由具有不同专长的企业共同实现，信息和计划在这些企业中实现了共享，虚拟化组织的特点开始显现。

(6) 网络企业的大量涌现。

随着信息技术和通信技术的日益完善、成本的逐渐降低，电子商务活动日益频繁，效益也日渐增长，涌现了一大批从事电子商务活动的网络企业。商品不再依赖传统的物流渠道，而是直接在网上实现交易。网络企业的产生为电子商务提供了交易平台、技术支持和物流服务，改善供应链中的信息交流，节省了一些不必要的物流，有效提高了供应链管理的效率。

2. 电子商务供应链管理的特点

电子商务供应链是连接线上与线下的重要纽带，在互联网技术全面渗透的大背景下，电子商务供应链管理具有以下特点：

(1) 智能化。

电商供应链物流战略发展实现"云"协作，通过"数字化赋能"，形成电商供应链上下游相关环节行业融合，推动智能化、数字化的供应链生态体系。互联网的开放性是一把"双刃剑"，在增加电商供应链安全风险的同时，也提供了大量的行业数据，利用大数据技术构建市场模型，并通过互联网对产品原材料、消费者需求、同类型产品等相关信息进行动态监测，从而获取市场风险指数，在进行预警的同时，也能够为电商供应链战略发展决策提供依据。

(2) 体系化。

电商供应链战略发展的体系化体现为建立以产品全寿命周期为主线的产业关系，将产品的市场信息收集、产品设计、原材料采购、产品生产、产品销售、产品仓储、产品运输、产品配送、产品售后进行关联，实现电商供应链体系中的信息共享与风险共担。电商供应链的体系化，实现了真正意义上的"电商命运共同体"，提高了电商供应链的抗风险能力与市场竞争力。然而，现阶段的电商供应链依然存在各自为政的现象，尤其是对于中小型电商企业来说，缺少供应链体系化意识，忽视了供应链体系化在降低管理运营成本、提高市场效益等方面的作用。

（3）规范化。

在缺少相应制度约束的情况下，电商企业的逐利性必然导致供应链层面上的恶性竞争出现，这对电商供应链的发展极为不利。针对该情况，则需要通过完善法律制度体系与相关内控机制来加强电商供应链的规范化管理。首先，基于法律制度约束的电商供应链战略发展的规范化。目前，政府部门已经颁布了相关规章制度，并对电商领域中的部分行为进行了法律解释，这为电商供应链战略发展的规范化提供了支撑。其次，基于内控机制的电商供应链战略发展的规范化。电子商务供应链发展需要完善的内控机制，其中主要包括立项审批机制、项目管理机制、质量管理机制、物流运输管理机制、仓储管理机制、产品寿命管理机制、产品销售管理机制、产品售后管理机制等，只有不断优化供应链各环节的内控机制，才能推动电商供应链战略的可持续发展。

7.4 智慧物流

7.4.1 智慧物流的概念和特点

智慧物流，指的是基于物联网技术应用，实现互联网向物理世界延伸，互联网与物流实体网络融合创新，实现物流系统的状态感知、实时分析、精准执行，进一步达到自主决策和学习提升，拥有一定智慧能力的现代物流体系。智慧物流将物联网、互联网技术、物流大数据、人工智能技术等有机地整合，在物流管理的过程中实现了更加精细、科学、可靠的管理过程，形成了自动化、可视化、智能化、网络化的物流供应与管理体系，能够最大限度地提高物流资源利用率和生产力水平，重塑产业分工，再造产业结构，转变产业发展方式的新生态。智慧物流具有如下三大特点：

一是互联互通，数据驱动。所有物流要素实现互联互通，一切业务数字化，实现物流系统全过程透明可追溯；一切数据业务化，以"数据"驱动决策与执行，为物流生态系统赋能。

二是深度协同，高效执行。跨集团、跨企业、跨组织之间深度协同，基于物流系统全局优化的智能算法，调度整个物流系统中的各参与方高效分工协作。

三是自主决策，学习提升。软件定义物流实现自主决策，推动物流系统程控化和自动化发展；通过大数据、云计算与人工智能构建物流大脑，在感知中决策，在执行中学习，在学习中优化，在物流实际运作中不断升级，学习提升。

7.4.2 智慧物流设备

1. 自动分拣线

自动分拣线是按照预先设定的计算机指令对物品进行分拣，并将分拣出的物品送达指定位置的机械。这一过程都是按照人们的指令靠自动分拣装置来完成的。其分拣过程为：被拣货物经由各种方式，如人工搬运、机械搬运、自动化搬运等送入分拣系统，合流后汇集到一条输送机上。物品接受激光扫描器对其条码的扫描，或通过其他自动识别的方式，如光学文字读取装置、声音识别输入装置等方式，将分拣信息输入计算机中央处理器中。计算机通过将所获得的物品信息与预先设定的信息进行比较，将物品送到特定的分拣道口位置上，完成物品的分拣工作。分拣道口可暂时存放未被取走的物品；当分拣道口满载时，由光电控制，阻止物品进入分拣道口。图7-4-1为自动分拣线。

图7-4-1　自动分拣线

2. 自动导引搬运车

自动导引搬运车也称为自动导引车（Automatic Guided Vehicle，简称AGV），（图7-4-2），是具有自动导引装置，能够沿设定的路径行驶，车体上具有编程和停车选择装置、安全保护装置以及各种物品移载功能的搬运车辆。它能够自动地在一位置进行物品的装载，自动行走到另一位置完成物品的卸载。

图7-4-2　自动导引搬运车

3. 无人叉车

"无人叉车"又称"叉车AGV",作为现代物流自动化和柔性制造的关键设备,被广泛应用在重复性搬运、搬运工作强度大、工作环境恶劣、环境要求高的领域。无人叉车融合了叉车技术和AGV技术,通过加载各种先进导引技术、构图算法、嵌入式车体软件、安全避让技术等,能够实现车辆的自动导引、搬运与堆垛功能,进而实现了叉车的无人化作业。主要特点包括可编程、自动规划、可协调等,满足一系列生产过程中的物流智能操作,是当前柔性化生产的重要组成部分。图7-4-3为无人叉车。

图7-4-3 无人叉车

4. 码垛机器人

码垛机器人,是机械与计算机程序有机结合的产物,有利于货垛堆码时井然有序、分类精准,也方便进行下一步的分拣。应用在物流环节,主要是机械臂及AGV运输车。通过机器人完成堆垛、拆垛环节,将人力从烦琐重复的工作中解放出来。码垛机器人技术成熟,体型小巧,能有效节省占地面积。图7-4-4为码垛机器人。

图7-4-4 码垛机器人

5. 无人机

无人驾驶飞机简称"无人机",是利用无线电遥控设备和自备的程序控制装置操纵的不载人飞机。机上无驾驶舱,但安装有自动驾驶仪、程序控制装置等设备。地面、舰艇上或母机遥控站人员通过雷达等设备,对其进行跟踪、定位、遥控、遥测和数字传输。

物流无人机能够实现全自动化配送，无须人工参与就能完成自动装载、自动起飞、自主巡航、自动着陆、自动卸货、自动返航等一系列智慧化动作，如图 7-4-5 所示。

图 7-4-5　无人机

6. AGV 机器人

AGV 机器人能够迅速定位商品区位，抓取并移动货架和货品，规划最优拣货路径，将货品直接送给拣选员工，大大提高仓库拣选效率，减少理货人员，是实现仓储自动化的有效途径。图 7-4-6 为 AGV 机器人。

图 7-4-6　AGV 机器人

7. 可穿戴设备

可穿戴设备有很多种类，如 AR 智能眼镜、免持扫描设备、外骨骼机器人等。

AR 智能眼镜采用了基于 AR 的视觉技术。在分拣过程中，智能眼镜能显示包括分拣通道、货物位置及数量在内的相关任务信息，读取条形码，定位产品，可允许员工专注于分拣过程，直接通过视场中的数字指引来定位和分类货物，从而减少搜寻时间和操作扫描设备的时间。AR 智能眼镜摆脱了传统人工作业的限制，能大幅提高分拣效率和降低出错率，促进物流行业增加附加值。图 7-4-7（a）为 AR 智能眼镜，佩戴 AR 智能眼镜后显示的内容如图 7-4-7（b）。

（a）AR智能眼镜　　　　　　　　　（b）AR智能眼镜界面

图 7-4-7

免持扫描设备通常由手套和手表构成，使用后，一线员工不需要边查看纸质拣货单边拣选货物，也不需要手持设备对包装箱的条码/标签进行数据扫描。免持扫描设备支持边工作边采集现场数据，尤其适用于物流仓储中的拣货和分拣作业，对比目前其他手持式读取设备，免持扫描设备可以提高每个拣货员工的作业效率达15%～30%。图7-4-8为免持扫描设备。

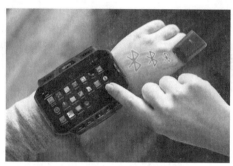

图7-4-8 免持扫描设备

外骨骼机器人，根据不同身材设计不同规格尺寸，用于缓解长期重体力劳动时的关节磨损和繁重压力，起到减轻重量的作用，是机械与人机完美结合的产物。在物流领域，主要应用于拣货、存储、分拣、装卸货等仓储核心环节，从而减轻一线员工的劳作强度，提高仓库整体效率。图7-4-9为外骨骼机器人。

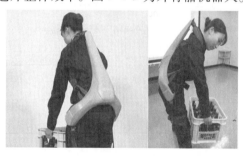 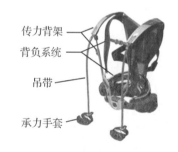

图7-4-9 外骨骼机器人

8. 无人卡车

在车载电脑和传感器的帮助下，无人卡车可以自己在公路上实现高速、平稳地行驶，以及自动转弯、自动避障绕行、紧急制动等功能，可降低卡车司机疲劳驾驶引发的交通事故，大大提高运输效率，节省人力成本、燃料成本，降低运输费用。如图7-4-10所示。

9. 无人配送车

无人配送车具有自主导航行驶、智能避障避堵、红绿灯识别、人脸识别取货能力。相较于传统送件

图7-4-10 无人卡车

模式，无人配送车反应快、运行稳、覆盖范围更广、可送货物品种更多、"在岗"时间更长。无人车能克服恶劣天气因素，可 24 小时全天候运转，解决"最后一千米"的难题。图 7-4-11 为无人配送车。

图 7-4-11　无人配送车

图 7-4-12　智能快递柜

10. 智能快递柜

智能快递柜集成了物联网、智能识别、动态密码、无线通信等技术，能够实现快递的智能化存取、远程监控和信息发布等功能，同时，对于快递数据的收集有很大帮助。图 7-4-12 为智能快递柜。

7.4.3　智慧物流技术

1. 感知技术

感知技术是物联网核心技术，是实现物品自动感知与联网的基础，主要技术有：(1) 编码技术，根据国家商贸物流标准化试点示范要求，推荐采用 GS1 编码体系作为智慧物流编码体系，实现全球自动识别、状态感知、透明管理和追踪追溯。(2) 自动识别技术，包括条码识别技术、无线射频识别（RFID）等。(3) 传感技术，包括位置、距离、温度、湿度等各类传感设备与技术。(4) 追踪定位技术，包括 GPS、北斗导航、室内导航与定位技术等；此外，红外、激光、NFC、M2M、机器视觉等各类感知技术也在智慧物流领域有一定的应用。

2. 数据处理技术

数据处理技术主要有：(1) 大数据存储技术，包括数据记录、数据存储、数据验证、数据共享等。(2) 大数据处理技术，包括数据统计、数据可视化、数据挖掘等。(3) 机器学习技术，包括经验归纳、分析学习、类比学习、遗传算法、增强学习等。区块链技术目前发展很快，是智慧物流数据链技术中不可或缺的一部分。

3. 数据计算技术

数据计算技术主要以云计算为核心，结合实际的应用场景，在智慧物流系统的层级，常常应用雾计算技术，在智慧物流独立硬件应用场景，常采用边缘计算技术。之所以出现新的云计算创新模式，主要是为了更适应实际的智慧物流不同的场景，实现更快速的反应和智能物联实时的操作，达到统筹资源、快速响应的目的。

4. 网络通信技术

网络通信是智慧物流的神经网络，是智慧物流信息传输的关键。网络通信技术在局部应用的场景，如智慧物流仓，常采用现场总线、无线局域网等技术；在实现状态感知，物物联网，实现物与物通信时，常采用物联网技术；在全国或全球智慧物流网络大系统的链接中，主要采用物联网技术。目前，集网络、信息、计算、控制功能为一体的虚实融合网络系统，信息物理系统（CPS）技术架构正在发展之中。2017年，中国正式发布"信息物理系统白皮书"，体现了当下我国对信息物理系统的认识水平。

5. 自动化技术

自动化技术是智慧物流系统的应用层的执行操作技术，主要有：（1）自动分拣技术，包括各类机器人拣选、自动输送分拣、语音拣选、货到人拣选等各类自动的分拣技术。（2）智能搬运技术，主要指通过自主控制技术进行智能搬运及自主导航，使整个物流作业系统具有高度的柔性和扩展性，如搬运机器人、AGV、无人叉车、无人牵引车等物料搬运技术。（3）自动立体库技术，指的是通过货架系统、控制系统、自动分拣系统、自动传输系统等技术装备集成的自动存储系统，实现货物自动存取、拣选、搬运、分拣等环节的机械化与自动化。（4）智能货运与配送技术，包括货运车联网、智能卡车、无人机系统、配送机器人系统等。

◆ 7.4.4 智慧物流的应用领域

智慧物流的应用主要包括生产、仓储、运输、配送等环节。

1. 智能生产物流

生产领域中运用智慧物流技术能够实现对原材料、零部件、半成品和成品的跟踪、识别、查询、信息采集与管理，推进产业升级，优化整个生产流程，提高生产企业市场竞争力。在企业生产过程中，采用现代化智慧物流的具备自动存储、自动拣选功能的物流设备，逐渐实现了由传统的人工作业向自动化的转型，在降低差错率的同时，提高劳动生产率。智能生产最核心的是人工智能创新，物流机器人和制造机器人并肩作战，实现零部件自己找车、找设备、找工人，进行最优化的加工。

2. 智慧仓储

智慧仓储包含入库、包装、拆零、拼箱、码垛、扫描、分拣、流通加工及出库等所有环节的自动化、智能化。运用网络通信技术、RFID技术、物联网技术等智慧物流有关技术，将信息传递至数据库，存储于自动化仓储管理系统，实时显示、监控货物进出情况，提高交货准确率，完成收货入库、盘点调拨、拣货出库以及整个系统的数据查询、备份、统计、报表生成及报表管理等。智慧仓储能及时掌握库存信息，提高货物进出效率，扩大存储的容量，减少人工的劳动力强度以及人工的成本，并与销售、采购、客户及供应商库存管理等系统对接，实现及时、安全调配。

3. 智慧运输与配送

智慧运输和配送通过互联网实现信息化、可视化、可追溯和无缝连接，从而打造一条高效物流通道。通过物流车辆管理系统对运输的货车以及货物进行实时监控，可完成车辆及货物的实时、定位跟踪，监测货物的状态及温湿度情况，同时监测运输车辆的速度、胎温胎压、油量油耗、车速等车辆行驶行为以及刹车次数等驾驶行为，在货物运输过程中，将货物、司机以及车辆驾驶情况等信息高效地结合起来，提高运输效率，降低运输成本，降低货物损耗，清楚地了解运输过程中的一切情况。

在配送过程中，企业可借助智慧物流技术实现下单、领货、运输、送达等全流程监控与管理，解决物流行业在派单、揽收、送货等末梢环节的信息化问题，实现移动信息采集，及时掌握库存情况、商品配送的具体信息，加快配送的速度，缩短挑拣的时间，提高工作准确率，减少成本。

本 章 小 结

迅猛增长的电子商务应用，带来了对物流的巨大需求。本章以物流基础知识为铺垫，在此基础上介绍了电子商务物流的含义和特点，对企业自营物流模式、第三方物流模式、物流联盟模式、物流一体化模式等电子商务物流模式进行了比较，重点介绍了电子商务物流领域中两大热点问题，即供应链管理和智慧物流。

思 考 题

1. 什么是物流？物流具有哪些功能？
2. 电子商务物流模式有哪些？
3. 什么是QR？什么是ECR？
4. 什么是智慧物流？智慧物流的主要应用领域有哪些？

实 训 题

1. 试分析所在学校的校园快递运营现状并形成调研报告。
2. 分析京东、天猫的物流运作模式，比较它们的差异，并形成分析报告。

第 8 章

跨境电子商务

8.1 跨境电子商务概述

8.1.1 跨境电子商务的含义与分类

1. 跨境电子商务的含义

跨境电子商务（Cross border-Commerce）是指分属不同关境的交易主体，通过电子商务平台达成交易、进行支付结算，并通过跨境物流送达商品、完成交易的一种商业活动。

跨境电子商务有狭义和广义两种概念。狭义上，跨境电子商务特指跨境电子商务零售业务。广义上，跨境电子商务是指外贸电商，泛指电子商务在跨境贸易领域的应用。首先，买卖双方可以通过互联网向采购方和消费者展示自己的商品，同时，买卖双方也可以自由地寻找适合自己的合作伙伴，进行贸易洽谈。接着，完成洽谈之后，双方可以再利用网络购物车系统及网络支付系统，完成快捷交易。最后，双方可以通过网络办理海关、银行、税务、保险、运输等流程的相关事宜。

2. 跨境电商的分类

跨境电商企业可以按照不同的维度进行分类，其分类标准包括进出口方向、商业模式、平台服务类型、平台运营方式。

（1）按进出口方向分类。

按照进出口方向的不同，可以将跨境电商企业分为进口跨境电商和出口跨境电商。

在跨境进口贸易中，传统海淘模式是一种典型的 B2C 模式。所谓海淘，是指国内的消费者在外国的 B2C 网站上购物，然后通过直邮或转运的方式将商品运送至国内的购物方式。除了可以直邮的商品品类外，国内消费者只能借助转运物流的方式接收货物。简单来说，海淘就是在海外设有转运仓库的转运公司代替消费者在位于国外的转运仓库地址收货，之后再通过第三方或转运公司自营的跨国物流将商品发送至中国口岸。

除了最为传统的海淘模式，根据不同的业务形态，可将进口零售类电商平台的运营模式分为五大类：海外代购模式、直发/直运平台模式、自营 B2C 模式、导购/返利平台模式、海外商品闪购模式，详见表 8-1-1。

表 8-1-1　进口跨境电商模式分类及其代表企业

平台运营模式	特　点	代表企业
海外代购	身处海外的人或商户为有需求的中国消费者在当地采购商品，然后通过跨国物流将商品送达消费者手中。它可具体分为海外代购平台和朋友圈海外代购。海外代购平台走的是 C2C 平台模式，吸引符合要求的第三方卖家入驻，为消费者提供商品。朋友圈海外代购是依靠社交关系从移动社交平台自然生长出来的原始商业形态，存在灰色贸易嫌疑，难以长期发展	淘宝全球购 京东海外购 美国购物网
直发/直运平台	电商平台将接收到的订单发送给批发商或厂商，然后批发商或厂商按照订单信息以零售的方式向消费者发送货物，是一种 B2C 模式，我们可以将其理解为第三方 B2C 模式	天猫国际 洋码头 跨境通 苏宁全球购
自营 B2C	需平台自己备货，它又分为综合型自营 B2C 平台和垂直型自营 B2C 平台。垂直型是指平台的自营商品品类集中于某个特定的范围，如食品、化妆品、奢侈品、母婴等	亚马逊（综合） 蜜芽宝贝（垂直，母婴） 莎莎网（垂直，化妆品）
导购/返利平台	这类平台通常会与海外 C2C 代购模式配合，可以理解为海淘 B2C 模式 + 代购 C2C 模式的综合体，即平台将自己的页面与海外 B2C 电商的商品销售页面进行对接，产生商品销售后，B2C 电商给导购平台 5%～15% 的返点，导购平台再将所获返点的一部分作为返利回馈给消费者	55 海淘 一淘网（阿里旗下） 极客海淘网 海淘居 悠悠海淘 什么值得买 美国便宜货
海外商品闪购	它是一种相对独特的模式，属于第三方 B2C 模式	聚美海外购 唯品会海外直发专场 天猫国际环球闪购

（2）按照商业模式划分。

按照商业模式的不同，跨境电商可分为 B2B、B2C 和 C2C 三种模式，详见表 8-1-2。

其中，C2C 商业模式作为初期的电子商务模式，本意是指消费者将商品卖给消费者，开始只是作为闲置物品的处理方式，但现在无论是 ebay 还是淘宝，基本都不是由消费者来开店，而是由专业卖家在经营店铺，原有的 C2C 概念网站差不多都消亡了。

表 8-1-2　不同商业模式的跨境电商企业特点及代表企业

商业模式	特　点	代表企业
B2B	商业对商业或者说是企业间的电子商务，即企业与企业之间通过互联网进行产品、服务及信息的交易	敦煌网、中国制造、阿里巴巴国际站、环球资源网等
B2C	分属不同关境的企业直接面向消费者个人在线销售产品和服务。它面对的最终客户为个人消费者，针对最终客户以网上零售的方式，将产品售卖给个人消费者	速卖通、亚马逊、兰亭集势、米兰网、大龙网
C2C	面对的最终客户为个人消费者，商家也是个人卖方。由个人卖家发布售卖的产品和服务的信息、价格等内容，个人买方进行筛选，最终通过电商平台达成交易，进行支付结算，并通过跨境物流送达商品，完成交易	ebay 等

（3）按照平台服务类型分类。

按照跨境电商平台提供的不同服务，可以将其分为信息服务平台和在线交易平台两类，两者的特点及代表企业，详见表 8-1-3。

表 8-1-3　不同服务类型的跨境电商平台及其代表企业

平台类型	特　点	代表企业
信息服务平台	主要是为境内外会员商户服务的网络营销平台，传递供应商或采购商等商家的商品或服务信息，促成双方完成交易	阿里巴巴国际站、环球资源网、中国制造网等
在线交易平台	不仅提供企业、产品、服务等多方面信息，并且可以通过平台在线上完成搜索、咨询、对比、下单、支付、物流、评价等全购物链环节	敦煌网、速卖通、米兰网、大龙网等

（4）按照平台运营方式分类。

根据平台的运营方式不同，可以将跨境电商平台分为第三方开放平台、自营型平台、综合服务商平台，三种平台的特点及代表企业详见 8-1-4。

表 8-1-4　不同运营方式的跨境电商平台及其代表企业

平台类型	特　点	盈利模式	代表企业
第三方开放平台	通过线上搭建商城，并整合物流、支付、运营等服务资源，吸引商家入驻，为其提供跨境电商交易服务	以收取商家佣金以及增值服务佣金作为主要盈利模式	速卖通、敦煌网、环球资源、阿里巴巴国际站等

续表

平台类型	特 点	盈利模式	代表企业
自营型平台	通过线上搭建平台,平台方整合供应商资源,通过较低的进价采购商品,然后以较高的售价出售商品	主要以商品差价作为盈利模式	兰亭集势、米兰网、大龙网、炽昂科技、Focal-Price 等
综合服务商平台	服务提供商能够提供"一站式"电子商务解决方案,并能帮助外贸企业建立定制的个性化电子商务平台	赚取企业支付的服务费用作为盈利模式	四海商舟(BizArk)、锐意企创(Enterprising & Creative)、一达通

8.1.2 跨境电子商务的特点与优势

1. 跨境电子商务的特点

跨境电子商务是基于互联网发展起来的新型国际贸易形态,它不同于传统的贸易方式,呈现出自己的特点。

(1)全球性(Global)。

互联网是一个没有边界的媒介。依附于互联网产生的跨境电子商务,能够帮助消费者购买全球各地的商品和服务,企业也可以把商品和服务卖遍全球。

(2)无形性(Intangible)。

传统交易以实物交易为主,而在跨境电子商务中,消费者整个交易过程都是在网络上完成的,交易的数据都是数字化传输的无形信息。

(3)匿名性(Anonymous)。

在虚拟的跨境电子商务中,在线交易的消费者往往不显示自己的真实身份和地理位置,因此平台和卖家很难识别电子商务用户的身份和其所处的地理位置。网络的匿名性允许消费者匿名交易,保护了消费者的隐私,但也导致了自由与责任的不对称。

(4)即时性(Instantaneous)。

在跨境电子商务环境中,人们不再像过去一样局限于地域、时间。通过互联网,企业能够快速实现商品和服务信息的发布,消费者能够 24 小时随时随地购买商品和服务。

(5)无纸化(Paperless)。

跨境电子商务中的所有商务活动主要采取无纸化的操作方式。电商平台用数据电文取代了一系列的纸面交易文件,买卖双方通过邮件或即时聊天工具实现信息无纸化发送与接收。

(6)快速演进(Rapidly Evolving)。

互联网是一个新生事物,它以前所未有的速度和无法预知的方式不断演进。短短的几十年中,电子交易经历了从电子数据交换到电子商务零售业兴起的过程,数字化商品和服务更是花样出新,不断地改变着人类的生活,而基于互联网的跨境电子商务活动也处在瞬息万变的过程之中。

2. 跨境电子商务的优势

跨境电子商务与传统国际贸易模式相比，受到地理范围的限制较少，受各国或各地贸易保护措施影响较小，交易环节涉及中间商少，因而跨境电子商务有着价格低廉、利润率高的特点。但是，跨境电子商务同时也存在明显的劣势，如跨境电子商务在通关、结汇和退税环节存在障碍，其贸易争端处理机制也不尽完善。对传统国际贸易与跨境电子商务进行对比，两种贸易形态的差异和优劣势如表 8-1-5 所示。

表 8-1-5 传统国际贸易与跨境电子商务对比

	传统国际贸易	跨境电子商务
交易主体交流方式	面对面，直接接触	通过互联网平台，间接接触
运作模式	基于商务合同运作	借助互联网电子商务平台运作
订单类型	批量大，批次少，订单集中，周期长	批量少，批次多，订单分散，周期较短
利润率	利润率相对低	利润率高
产品类目	产品类目少，更新速度慢	产品类目多，更新速度快
规模、增速	市场规模大但受地域限制，增长速度相对缓慢	面向全球市场，规模大，增长速度快
交易环节	涉及中间商多，交易环节多且复杂	涉及中间商较少，交易环节简单
通关时间	线下报关，通关慢	电子报关，通关快速便捷
支付	正常贸易支付	借助第三方支付工具支付结算
物流	以集装箱海运、空运为主，物流因素对交易主体影响不明显	多以商业快递发货，物流因素对交易主体影响明显

归纳来看，跨境电子商务呈现出传统国际贸易所不具备的五大新特点。

（1）多边化。

"多边化"是指跨境电子商务贸易过程相关的信息流、商流、物流、资金流已由传统的双边逐步向多边的网状结构演进。传统的国际贸易主要表现为两国（地）之间的双边贸易，即使有多边贸易，也是通过多个双边贸易实现的，呈线状结构。而跨境电子商务可以通过 A 国（地）的交易平台、B 国（地）的支付结算平台、C 国（地）的物流平台，实现不同国家（地区）间的直接贸易。

（2）小批量。

随着中小企业纷纷涌入跨境电子商务市场以及 B2C 跨境电子商务的迅速发展，跨境电子商务呈现出订单小、批量化的特点。跨境电子商务相比传统国际贸易，具有产品类目多、更新速度快、商品信息海量、广告推送个性化、支付方式简便多样等优势。同时，基于对客户数据的分析，跨境电子商务企业能设计和生产出差异化、定制化的产品，更好地为客户提供服务。

（3）高频度。

"高频度"是指跨境电子商务能够实现单个企业或消费者即时按需采购、销售或消费，不像传统国际贸易受到交易规模的限制。跨境电子商务将信息流、资金流和物流集合在一个平台上，交易效率的提高促使买卖双方的交易频率大幅度提高。

（4）透明化。

"透明化"是指跨境电子商务通过电子商务交易与服务平台实现多国（地）企业之间、企业与最终消费者之间的直接交易。这种直接交易，让供求双方的贸易活动采用标准化、电子化的合同、提单、发票和凭证，使得各种相关单证在网上即可实现瞬间传递。这种标准化、电子化的信息传递增加了贸易信息的透明度，减少了信息不对称造成的贸易风险。传统贸易中一些重要的中间角色被弱化甚至替代，国际贸易供应链更加扁平化，形成了生产商/制造商和消费者的"双赢"局面。跨境电子商务平台大大降低了国际贸易的门槛，使得贸易主体更加多样化，丰富了国际贸易的主体阵营。

（5）品牌化。

"品牌化"是指跨境电子商务企业开始走品牌化运营路线。一些较大的企业开始规模化经营，自建或入驻跨境电子商务平台，将品牌推向境外市场，提升品牌价值及产品利润。而在传统国际贸易中，大多数外贸企业是以销售物美价廉的产品及代工（Orginal Equipment Manufacturer，简称OEM）为主的，没有打造出自己的品牌。

8.1.3 我国跨境电子商务的发展特点

1. 跨境电子商务市场交易规模持续扩大

近年来，在传统贸易增长缓慢甚至出现下滑的背景下，跨境电子商务行业快速发展，保持高速增长态势。2021年第一季度，我国跨境电商进出口达到4 195亿元，同比增长46.5%，预计2021全年将达到14.6万亿元。2013—2020年我国跨境电商交易规模如图8-1-1所示。

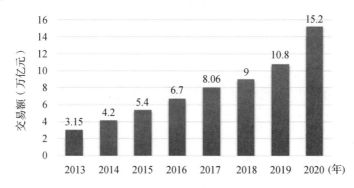

图8-1-1　2013—2020年中国跨境电商交易规模

2. 跨境电子商务进出口结构有所改善

中国进口跨境电商自 2010 年前后开始萌芽，从 2013 年开始，尤其是随着海关总署第 56 号、57 号公告的发布，进口跨境电商平台和跨境网购用户不断增多，进口跨境电商市场规模增速迅猛。近年来，进口跨境电商市场规模不断提升，在跨境电商中的比重不断增大。2016 年，我国跨境电商交易额中，进口电商规模约为 1.2 万亿元，占比 17.91%；2019 年，我国跨境电商交易额中，进口电商规模约 2.47 万亿元，占比 23.52%。从跨境电商进出口结构来看，2019 年，我国跨境电商交易额出口与进口之比为 76.5∶23.5，虽然目前在我国跨境电商中出口仍占主导地位，但随着进口跨境电商的发展，进口电商比例在稳步扩大，跨境电商进出口结构在逐步改善。如图 8-1-2 所示。

图 8-1-2 2015—2019 年中国进口跨境电子商务市场规模和占比

3. 跨境电子商务 B2B 和 B2C 结构不断优化

据中国电子商务研究中心监测数据显示，2017 年，中国 B2B 跨境电子商务交易占比达 85.2%，B2C 占比 14.8%。跨境 B2B 模式依然占据跨境电子商务的主导地位。该模式产业链条长，服务需求多，包括营销、支付、供应链金融、关检税汇、物流仓储法规等各种服务。从我国国家及地方的跨境电子商务政策来看，B2B 模式受到政府的重点关注和扶持，也是未来跨境电子商务发展的重要商业模式。

跨境 B2C 模式虽占比不大，但近年来发展迅猛，国内消费升级和海外新兴市场崛起引发零售跨境电子商务热潮。

总体来看，跨境 B2B 和跨境 B2C 发展不是彼此孤立的，而是相互影响、相互促进的。B2B 发展为 B2C 创造条件，而 B2C 发展反过来又促进 B2B 进一步深入发展。

4. 政策环境逐步完善

近年来，我国对跨境电商重视程度日益提高，2019 年和 2020 年，国务院政府工作报告分别提出要改革完善跨境电商等新业态扶持政策，加快跨境电商等新业态发展。国家在推进跨境电商发展方面支持力度不断加大，2019 年以来出台了一系列相关政策。2019

年底，增设第四批 24 个跨境电商综试区；2020 年 4 月，国务院决定再设 46 个综试区，加上已经批准的跨境电商综试区，目前全国已有 105 个综试区。跨境电商零售进口试点也不断扩大调整，增设石家庄等 50 个城市和海南全岛。支持市场采购贸易和跨境电商融合发展，指导综试区帮助企业充分利用海外仓扩大出口，大力推进贸易便利化。扩大跨境电商进口商品清单，对跨境电商综试区电商零售出口落实"无票免税"政策，推进出口企业所得税核定征收政策，简化中小跨境电商企业办理有关资金收付手续，加快完善跨境寄递服务体系等。跨境电商的政策环境逐步改善，为跨境电商的发展提供更为强劲的保障。

8.1.4 我国跨境电子商务发展中存在的问题

虽然我国跨境电子商务发展势头良好，但现阶段仍面临一些问题，制约着跨境电子商务的良性发展。

1. 交易信用与安全问题

我国跨境电子商务发展时间较短，相关法制还不太健全。同时，电子商务本身的虚拟特性也使得一些不良商家有机可乘，从中谋取高额收益。而在跨境电子商务交易过程中，一旦买卖双方发生商业纠纷，将直接影响到交易的最终达成。这些都将影响消费者的交易体验，而消费者的交易体验将决定其未来的购买行为，因此，交易信用与安全问题制约着我国跨境电子商务的发展。

2. 跨境物流运输问题

物流是电子商务"四流"中唯一的线下环节，其安全性、迅捷性与时效性一直是影响电子商务快速发展的关键因素。而跨境物流与境内物流相比，具有时效慢、周期长、成本高、响应慢等弊端。加之我国跨境物流刚刚起步，仓储、运输的设施和手段，以及管理理念还不够成熟，跟不上跨境电子商务发展的需求。

3. 跨境电子支付安全

电子支付安全是跨境电子商务作为新商业模式发展的根本。电子支付安全主要包括电子商务网站安全、第三方支付平台安全和银行支付系统安全三个方面。我国跨境电子支付环境一般是由传统电子支付平台升级而来的。如果跨境电子支付平台对跨境电子支付中的资金沉积、汇率差异、币值风险、系统故障等情况考虑不周，加上我国跨境电子支付监管制度尚不健全，就容易引发支付安全漏洞。一旦这类漏洞被不法分子利用，必将扰乱正常的跨境电子支付秩序。

4. 通关与退税问题

与国内电子商务不同，通关和退税问题是跨境电子商务所独有的。传统的外贸企业经历报关、报检、结汇、退税、监管等环节，监管实施较容易，但跨境电子商务交易具有商品数量少、来源广、体积小、金额少、频次多等特点，海关监管难度大，导致商检、结汇及退税都存在一定的问题。此外，B2C 出口跨境电子商务商家一般以个人物品的形式向境外寄送商品，在一定限额内无须缴税，也不享受出口退税优惠。

5. 跨境电子商务专业人才缺乏

跨境电子商务在快速发展的同时，逐渐暴露出缺乏综合型外贸人才的问题，主要体现在两个方面。一方面是外语种多样化对外贸人才提出了挑战。由于英语在全球使用最为广泛，因此以往跨境电子商务都以英语为主要沟通语言。随着跨境电子商务销售市场的多元化，一些新兴市场如巴西、俄罗斯、印度等显现出巨大的发展潜力，而这些非英语国家市场的开拓和服务需要更多小语种人才的参与。另一方面是跨境电子商务对人才的综合能力要求较高。除了语言能力外，跨境电子商务人才还应了解国际市场、交易流程、文化和消费习惯差异等，同时还需要熟悉平台的交易规则、操作流程和技巧，甚至还要了解市场营销、计算机网络、供应链管理、数据分析、视觉设计等知识。而具备这些综合能力的人才极其稀缺，巨大的人才缺口势必会制约行业的发展。

6. 企业缺乏创新，品牌化程度低

很多中小企业缺乏产品创新能力，不能立足消费者需求进行产品开发。这些企业在市场中很被动，仅依靠价格战抢占市场，利润空间不断被压缩。不少代工厂转型跨境电子商务，但由于缺乏品牌意识，品牌的国际认同度低，导致优质产品难以卖出好价格。

8.2 跨境电子商务的模式与平台

8.2.1 进口跨境电子商务

2014 年，进口跨境电子商务迎来了大发展，因此，2014 年被很多业内人士称为"进口跨境电子商务元年"。在这一年里，传统零售商、海内外电商巨头、创业公司、物流服务商、供应链分销商纷纷入局，进口跨境电子商务平台不断涌现。在进口跨境电子商务行业中，各大平台都有自己的特点、行业优势和客户群体。下面介绍一些主流的进口跨境电子商务平台。

1. 亚马逊海外购

亚马逊成立于 1995 年，是美国最大的一家网络零售公司。2004 年 8 月，亚马逊全资收购卓越网，更名为"卓越亚马逊"，正式进入中国市场，即今天的"亚马逊中国"。

为了让中国消费者轻松买到海外商品，免去海淘代购的烦琐流程和漫长配送时间，亚马逊中国从美国、英国、日本、德国引入数千万种商品，10 万个国际品牌。消费者可以在亚马逊中国网站搜索、浏览这些商品，通过中文详情页了解商品的价格、特点和客户评价，进行下单购买，实现跨境直邮配送。

2. 洋码头

洋码头成立于 2009 年，是海外直邮进口购物平台，将海外商家和买手直接对接中国消费者，满足了中国消费者足不出户就能购买到全球商品的需求。洋码头的特色是建立了买手生态，平台覆盖83个国家或地区，有3万多个认证买手。其首创的营销方式——在移动App端设置"扫货直播"频道，通过买手直播真实的购物场景建立信任。而PC端的另一特色频道"洋货集"，则汇集了全球各地知名品牌供应商。除此之外，洋码头自建国际物流"贝海国际"，在全球建立了17个大型国际物流中心，覆盖美国、欧洲等多地，服务于20多个国家和地区，每周有90多个航班入境，保证所有商品通过海外直邮或保税发货的方式送达。

3. 天猫国际

天猫国际隶属于阿里巴巴集团，于2014年正式上线，是平台招商型进口跨境电子商务平台。目前平台产品来自日本、美国、韩国、德国和澳大利亚等63个国家和地区，覆盖3 700多个的品类，拥14 500多个品牌。天猫国际借助阿里巴巴集团先天的流量、资金、物流和服务优势，直邀优质商家和知名品牌入驻。

4. 网易考拉海购

网易考拉海购成立于2015年，属于综合自营型平台。网易考拉海购的商业模式是依托网易的媒体电商优势，货源通过海外原产地直采，品质控制做到自营100%入库全检、保税区国检、第三方（国际检测公司）抽检和国家跨境监测中心送检。物流以保税仓为核心，涵盖保税、海外直邮、海外集货、一般贸易等多种形式。网易考拉海购已建成和在建的保税仓面积位居行业第一，杭州、宁波、郑州、重庆、深圳、天津六大保税仓覆盖全国，是跨境行业首家实现"次日达"服务的平台。

5. 什么值得买

什么值得买是一家网购商品推荐网站，同时也是集媒体、导购、社区、工具属性为一体的消费决策平台，因其专业性，该网站在众多网友中树立了良好的口碑。网站成立于2010年，早期以优惠信息为主，后逐渐加入海淘、原创、资讯等多个频道，每天向用户推送特价商品信息，帮助其买到性价比更高的商品。

6. 跨境购

2012年，宁波作为首批五个跨境电子商务试点城市之一，开启"先行先试"跨境贸易电子商务服务。宁波市搭建了一套与海关、国检等执法部门对接的跨境贸易电子商务服务信息系统，为进口电商企业缩短通关时间、降低物流成本、提升利润空间提供了便利条件。同时，这套系统也为海外中高端品牌进入中国市场提供了一种全新的互联网模式，解决了传统模式下海外品牌进入中国市场的诸多问题。后来，此服务平台改版为跨境购平台，成为依托区位优势和政府、企业资源的自贸区/保税区跨境电子商务进口平台。

一方面，跨境购平台将宁波市纳入进口跨境电子商务业务试点企业所经营的商品全部搬上网络，为其提供一站式解决方案；另一方面，跨境购平台为国内跨境消费者提供实名身份备案、税单查询、商品防伪溯源查询等跨境网购服务。

8.2.2 出口跨境电子商务

1. 亚马逊

亚马逊是 1995 年 7 月 16 日由杰夫·贝佐斯成立的,成立之初只经营书籍网络销售业务,现在已扩展到范围相当广的其他产品,成为全球商品品种最多的网上零售商和全球第三大互联网企业。

亚马逊平台作为跨境电子商务的代表,具有很大的影响力。近年来为了吸引中国创业者,亚马逊于 2012 年在中国推出了"全球开店"业务,开启了全球站点的招商活动,同时也开放了人的开店权限。

亚马逊"全球开店"目前有北美站、欧洲站、日本站三大站点,其他站点目前仅实行邀请制,不对外开放入驻。平台分为专业卖家和个人卖家两种类型。

亚马逊平台的特点:流量大,全球站点多,利润高;走精品化路线,不适合大批量铺货;平台有自主物流系统 FBA;拥有千万 Prime 付费会员,客户质量高;平台重产品、轻店铺,重推荐、轻广告,重展示、轻客服,重客户、轻卖家,适于商家打造品牌;对商品审查非常严格;等等。

亚马逊开店手续复杂,如果卖家一不小心触犯了平台规则,轻则被警告,重则被直接封店。亚马逊对产品品质要求较高,适合有一定外贸基础和有品牌的优质商家入驻。

2. ebay

ebay 作为全球商务与支付行业的领先者,为不同规模的商家提供共同发展的商业平台。ebay 在线交易平台是全球领先的线上购物网站,拥有 1.45 亿活跃用户,遍布全球 100 多个国家和地区。目前 ebay 有 20%的交易额属于跨境交易,其中每三个新用户中就有一个进行跨境交易。ebay 的电子支付品牌 PayPal 在 193 个不同国家和地区拥有超过 1.48 亿活跃用户,支持为 26 种货币的收付款。

借助强大的平台优势、安全快捷的支付解决方案及完善的增值服务,自从 2007 年以来,数以万计的中国企业和个人用户通过 ebay 在线交易平台和 PayPal 支付解决方案将产品销向全球 200 多个国家和地区。

3. 全球速卖通

全球速卖通创建于 2009 年,借助海量资源助力中国品牌出海。速卖通中交易额最高的 5 个国家分别是美国、俄罗斯、西班牙、法国、英国。

全球速卖通的买家以个人消费者为主,约占平台买家总数的 80%,还有 20%为海外批发商和零售商,所以全球速卖通的定位是外贸零售网站。

全球贸易新形势下,买家采购方式正在发生剧烈变化,小批量、多批次正在形成一股新的采购潮流,更多的终端批发零售商直接上网采购。全球速卖通的核心优势正是直接向终端批发零售商供货,更短的流通零售渠道,直接在线零售支付收款,拓展了小批量、多批次产品利润空间,为终端批发零售商创造更多效益。

2015年12月7日，全球速卖通发布全平台入驻门槛新规，并于2016年从跨境C2C全面转型跨境B2C。

如今，转型已经开始，最重大的变化是：2016年3月23日，全球速卖通发布新规定，从4月初开始，所有商家必须以企业身份入驻，不再允许个体商家入驻；而到2016年下半年，商家必须有品牌，仅仅有企业身份也不够了。也就是说，商家准入标准连上两个台阶：企业身份、品牌。

2015年，全球速卖通平台上的独立买家已有4 400万个，日访问量达数千万量级。速卖通认为，因为汇率、劳动力、环境优势都不再具备，中国外贸过去低质量、低价格的道路走不下去了。而在当今的国际市场，在3C、运动、安防等诸多领域，中国已经出现了能够与国外厂商竞争的品牌了。基于这样的判断，全球速卖通要升级，需要在商品和商家方面升级、在物流方面升级、在服务方面升级。

2016年，全球速卖通重新定位平台使命，"货通天下"升级为"好货通，天下乐"。"好货通"是从商品以及商家服务的层面上来看的，希望让好的货品真正货通天下；"天下乐"是针对买家的，希望买家在全球速卖通上有好的购物体验。

4. Wish

Wish是一款根据用户喜好，通过精确的算法推荐技术，将商品信息推送给感兴趣用户的移动购物APP。利用这种全自动推荐技术，商品以类似于"瀑布流"的形式传递给客户，并且可以给每个商品公平匹配的流量导入，给创业者新的机会。Wish目前旗下有电子产品应用"Geek"、母婴应用"Mama"和彩妆类垂直应用"Cute"等。

与其他跨境电子商务平台不同，Wish是专注于移动端的APP，97%的订单来自移动端。最初Wish只是一个图片社交平台，到2013年3月，正式推出交易系统，此后成功转型做跨境电子商务。之后不到一年的时间，Wish平台交易额就超过了1亿美元。目前，Wish已成为北美最大的移动电商平台和全球第六大电商平台。

Wish平台的特点：Wish是基于移动端的跨境电子商务平台；它利用智能推送技术，为客户推送他们喜欢的产品，真正做到点对点的精准营销，客户下单率非常高；目前Wish经营的产品主要集中在单价较低的时尚类目，如服装、饰品、礼品等；Wish淡化店铺的功能，用户访问店铺的按钮比较隐蔽；卖家无法与客户直接进行沟通。

8.3 跨境电子商务生态体系

8.3.1 跨境电子商务生态体系构成

1. 进口跨境电子商务的生态链

在进口跨境电子商务交易的整个流程中，进口跨境电子商务平台、海外品牌商/渠道商/零售商、境内消费者、国际物流商、跨境支付服务商、海关与商检部门等业务组织相互关联，组成了一个复杂的生态系统。根据其在进口跨境电子商务中地位和作用的不同，我们将中国进口跨境电子商务生态链分为"核心商业链""外围产业链"和"服务支撑链"，其代表企业如图8-3-1。

图 8-3-1 中国进口电商产业链

（1）核心商业链。

核心商业链主要包括海外品牌商、渠道商/中间商/零售商。随着中国在世界经济地位的不断上升，越来越多的海外品牌进驻中国，并通过入驻平台、独立建站等不同方式触及中国用户。例如，天猫国际目前已引进了来自63个国家和地区的14 500个海外品牌，其中，八成以上的品牌是首次进入中国市场的。但海外品牌进入中国市场的过程并不简单，存在信息不对称、政策不稳定、产品适应性差及语言难沟通等困难。因此，海外品牌想要做好中国用户的生意，需要借助专业的平台和团队来运营，渠道商/中间商应运而生。图8-3-2归纳了三种类型的进口跨境渠道商/中间商及其代表企业。图8-3-3将进口跨境零售商进行了分类。

图 8-3-2　跨境渠道商/中间商及其代表企业

图 8-3-3　进口跨境零售商

（2）外围产业链。

外围产业链主要包括导购、返利、比价、指南攻略等海淘工具类网站，代运营、营销、翻译等网店运营服务公司，以及为商家提供技术支持的系统集成公司。

（3）服务支撑链。

服务支撑链主要包括跨境物流、支付、通关、商检、外汇、工商及其他公共政务服务，各分类及其代表企业如图 8-3-4 所示。

① 跨境物流服务。

跨境物流服务直接影响到交易实现与客户体验，是推动跨境电子商务发展的重要保证。现跨境物流服务主要有仓储、货运代理、邮政/快递和转运四大类。除了使用第三方物流外，有的进口跨境电子商务平台还自建了物流体系，如洋码头（国际）、阿里巴巴（菜鸟网络）、京东（京东物流）、唯品会（品骏快递）等。

② 跨境金融服务。

在跨境电子商务整个的链条当中，物流、信息流、资金流"三流合一"很重要，其中金融服务是当中重要的一环。

③ 公共政务服务。

截至 2017 年年底，我国有天津、上海、杭州、宁波、郑州、广州、深圳、重庆、福州、平潭 10 个跨境电子商务进口服务试点城市。2018 年又增设了合肥、成都、大连、青岛、苏州5个城市。各地通过公共服务平台的搭建，使消费者、电商、支付、物流、仓储、邮政与海关、商检、国税、工商、外汇管理等政府机构之间实现信息共享和交换，即实现跨境电子商务"单一窗口"。这些公共服务平台在电商外贸统计、辅助查验、风险管控、结汇退税、地方补贴等管理方面发挥了重要的作用。

图 8-3-4　进口跨境服务支撑链

2. 出口跨境电子商务的生态链

在出口跨境电子商务交易的整个流程中，出口跨境电子商务平台、国内制造商/品牌商/渠道商/零售商、境外消费者、国际物流商、跨境支付服务商、海关与商检部门等业务组织相互关联，组成了一个复杂的出口跨境生态系统。按不同的功能和地位，将出口跨境电子商务产业链划分为上游、中游、下游三个环节，上游主要是制造商/品牌商/渠道商/零售商等供应商，中游主要由出口跨境电子商务平台和服务提供商组成（图 8-3-5），下游主要是采购商和消费者。

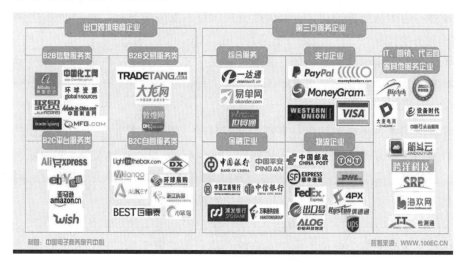

图 8-3-5　出口跨境电商产业链

8.3.2 跨境电子商务物流

1. 跨境物流的概念和特征

物流作为供应链的重要组成部分，是对商品、服务及相关信息从产地到消费地的高效、低成本存储和流动进行规划、实施与控制的过程。而国际物流的特别之处在于交易的主体分属于不同关境，商品要跨越关境或国界才能够从生产者或供应商到达消费者手中。国际物流泛指国际贸易场景下的物流运作，而跨境物流可以理解为服务于跨境电商的国际物流活动。

传统的国际物流主营业务为国际贸易运输，以海运集装箱为主，主要解决生产者与消费者之间的空间、时间与信息等阻隔。而跨境电子商务使得国际物流发生了根本性的改变，物理上从集装化运输变为小包化；在商业模式上，跨境物流将物流与供应链管理结合起来，将原来单纯的运输转变成为整个供应链流程的重构和优化。

中国的跨境物流存在以下三个特征：一是区域上集中在东南沿海地区，尤其是深圳和上海，中西部地区跨境物流很少；二是跨地区、跨行业竞争较少，由于所处的行业较分散且发展还很不成熟，所以中国涉及跨境物流业务的上市公司面临的同行竞争有限；三是同质化问题倒逼物流企业进行改革，如从提供海运物流或者空运物流服务到提供多式联运服务，从报关、订舱等传统服务到提供运输方案优化设计、综合物流服务等。

2. 跨境物流的现状与发展趋势

跨境物流水平对国家跨境电商的发展至关重要，合理、高效的跨境物流一方面能帮助企业整合全球价值链，获取贸易机会，另一方面能帮助个人便利地购买全球商品，实现消费升级。

2013—2020 年，中国跨境电子商务交易规模从 3.15 万亿元增加至 15.2 万亿元。从物流结构上来说，约 70% 的出口跨境电商包裹是通过邮政系统投递的。邮政系统全球覆盖面广，但是在时效和稳定性上存在不足。其余的包裹则是通过国际物流巨头或者海外仓储模式进行配送的。

世界银行发布了 2018 年各个国家或地区的物流绩效指数（Logistics Performance Index）。物流绩效指数反映了该国家或地区的物流运作水平和能力，2018 年，中国排名世界第 26 位，与发达国家相比还有一定差距。2017 年，中国物流成本占 GDP 的 14.9%，而美国的占比为 7%，英国的占比是 9%。中国物流成本高于世界平均水平的原因是多方面的，如市场结构、流通体制、商品价格水平、物流管理效率、产销地域距离和产业布局不均衡等。

从全球物流行业的发展趋势看，进入 21 世纪后，物流服务向专业化发展，第三方物流逐渐成熟，第四方物流逐渐兴起。在全球第三方物流市场中，亚太市场增长速度最快。在亚太市场，中国市场的发展速度最快，所占市场份额最高。此外，预计到 2030 年，亚洲的经济总量将会超过美国及欧盟的总和，占世界 GDP 的份额将从 30% 增长到 40%

以上。

目前，全球化态势异常迅猛，实现"买全球、卖全球"需要强大的全球物流体系的支撑。面对新的形势，近年来国家加大了对物流业的扶持力度，相继推出一系列支持物流行业发展的政策和发展规划，以质量和效益为中心，寻找战略突破口。商务部提出，到2020年基本形成"布局完善、结构优化、功能强大、运作高效、服务优质"的电商物流体系，构建开放共享的跨境物流电商体系。

3. 跨境物流方式

在跨境电子商务中，一旦产生订单，卖家第一要考虑的问题就是怎么将货物发到境外去。随着跨境电商的蓬勃发展，从事跨境电子商务的卖家也越来越多，竞争越来越激烈。除了要把货物顺利运送到境外客户手中，卖家还需要考虑如何优化物流成本，改善客户的体验。因此，要做跨境电子商务就必须要了解各种跨境物流方式，并能根据实际情况选择最合适的跨境物流。

（1）国际邮政物流。

邮政网络基本覆盖全球，比其他任何物流渠道都要广，这主要得益于万国邮政联盟（Universal Postal Union，简称UPU，以下简称万国邮联）和卡哈拉邮政组织（KPG）。万国邮联是联合国下设的一个关于国际邮政事务的专门机构，其宗旨是组织和改善国际邮政业务，发展邮政方面的国际合作，以及在力所能及的范围内给予会员所要求的邮政技术援助。

但由于万国邮联会员众多，且会员之间的邮政系统发展很不平衡，因此很难促成会员之间的深度邮政合作。于是在2002年，邮政系统相对发达的6个国家和地区的邮政部门在美国召开了邮政CEO峰会，成立了卡哈拉邮政组织。卡哈拉邮政组织要求所有成员的投递时限要达到98%的质量标准。如果货物没能在指定日期投递给收件人，那么负责投递的运营商要按货物价格的100%赔付客户。这些严格的要求促使成员之间深化合作，努力提升服务水平。

邮政物流的使用手续非常简便，卖家只要提供报关单、收寄件人地址和挂号单，就可以完成投递，由邮政公司代为完成报关、商检等手续。据不完全统计，中国出口跨境电商60%以上的包裹都是通过邮政系统投递的。

国际邮政物流包括各国及地区邮政局运营的邮政大包、小包，以及中国邮政速递物流的国际EMS、e邮宝、e特快和包裹等。

（2）国际商业快递。

由于邮政小包的整体运输效率较低，因此作为邮政小包的补充，国际商业快递这一物流方式也逐步发展起来。商业快递相对于邮政物流最大的区别在于其计费标准与时效性。

国际商业快递主要指四大商业快递巨头，即DHL、TNT、FedEx和UPS。

这四家快递公司在全球已经形成较为完善的物流体系，几乎覆盖全球的各个重点区域。它们通过自有的货机团队，实现本地化派送服务，为买家和卖家提供良好的客户体验。然而，优质的服务体验也意味着高昂的运费成本。相比邮政渠道，商业快递报关程序复杂、查验严格，关税征收概率较高。一般高货值、高时效要求、2千克以上的大包或重货等可以选择这种物流方式。

（3）国际专线物流。

国际专线物流服务主要是依托在发件地与收件地之间的业务量规模，通过整合全球资源，与海外快递公司合作，将货物在国内分拣，批量直接发往特定的国家或地区的物流服务。市面上比较常见的专线物流产品有美国专线、西班牙专线、澳洲专线和俄罗斯专线，也有不少公司推出了中东专线、南美专线和南非专线等。

国际专线物流也是现今跨境电子商务国际物流较常用的一种运作模式。专线物流的优势在于其能够集中大批量的货物到某一特定国家或地区，通过规模效应降低物流成本。因此，专线物流的价格较商业快递低，时效方面稍慢于商业快递，但比邮政包裹快很多。

国际专线物流对于针对某一国家或地区销售的跨境电子商务卖家来说是比较折中的物流解决方案。针对俄罗斯，有中俄航空专线、E速宝、赛诚、速优宝芬兰邮政和燕文（Special Line YW）等产品；针对美国，有美国邮政USPS专线小包和美国FedEx专线小包；针对中东，有中外运安迈世国际快递（Aramex）；中欧国际班列也是一种专线运输。2015年6月，蜜芽网在重庆开仓，部分德国进口商品可通过渝新欧线运抵重庆，开创了国内跨境电商采用国际铁路运输货物的先河。

（4）海外仓。

① 海外仓物流的概念。

海外仓物流（Overseas Fulfillment）是指卖家在销售目的地进行仓储、分拣、包装及派送的一站式控制及管理服务。海外仓物流不是单纯的跨境运输或仓储方案，而是对现有市场上所有物流运输方案的全面整合，包括预订船期、头程境内运输、头程海运或头程空运、当地清关及保税、当地联系工程拖车、当地使用工程拖车运输送到目的仓库并扫描上架和本地配送等几个部分。

② 海外仓物流的政策扶持。

自2014年开始，国务院发布的《关于支持外贸稳定增长的若干意见》等一系列跨境电商政策文件中均提及了海外仓，鼓励跨境电商企业通过规范的海外仓等模式，融入跨境零售体系。2015年，商务部发布《"互联网+流通"行动计划》，推动建设100个电子商务海外仓。2016年，政府工作报告明确提出"扩大跨境电子商务试点，支持企业建设一批出口产品海外仓，促进外贸综合服务企业发展"。海关总署2020年第75号公告《关于开展跨境电子商务企业对企业出口监管试点的公告》仅对9810的海外仓业务模式明确做出了规定，"开展出口海外仓业务的跨境电商企业，还应当在海关开展出口海外仓业务模式备案"。

③ 海外仓物流的优势和发展前景。

进口海外仓主要作为海外进口的集货和中转枢纽。出口海外仓是指跨境电商卖家按照一般贸易方式，将商品批量出口到海外仓，在线实现销售后，将商品直接从海外仓发出，送达客户手中。海外仓具有提升本土化服务、拓展选品范畴、降低清关障碍、减少转运流程、降低破损丢包率、增加退换货等增值服务的优势，能够大大改善买家的购物体验。所以很多跨境电商平台都会鼓励卖家开设海外仓。海外仓的优势有以下几个：

a. 提升曝光、转化率，增加销量。当客户在网上购买商品时，会优先选择拥有海外仓库存、可当地发货的商家，以缩短收货时间。

b. 缩短运输时间可减少物流纠纷的比例，缩短货物回款周期。

c. 海外仓拓展了跨境物流配送的适配性，为诸如家具、园艺、汽配等大重件及高价值商品提供了有效的物流保障。

d. 头程运输采用海运集装箱运输，克服了单个商品走空运的重量、体积限制，借助规模效应降低卖家的跨境物流成本。

e. 利用海外仓可实现本土销售，升级售后服务，提升客户满意度。

f. 品类的扩大促使卖家销量提升，服务的升级可使卖家提高产品售价，摆脱低价恶意竞争，物流成本的缩减可增加毛利。海外仓优势非常明显，自2013年起，行业内就掀起了一股海外建仓热潮。但是海外仓也不是万能的，稍有不慎就会造成库存风险，而在海外进行滞销库存的处理也是一大难题。

④ 海外仓的注意事项。

a. 产品选择。

海外仓虽有很多的优势，但并不是所有产品都适合海外仓。适合海外仓运营的产品典型的有以下几类：

第一类是"三高"产品，即体积超大、重量超限、价值超高的产品；

第二类是品牌产品，品牌产品需要用品质和服务来实现品牌溢价，未来中国的品牌产品必将以海外仓凸显服务价值；

第三类是低值易耗品，非常符合本地需求的库存周转快的产品，以及需要快速送达的产品；

第四类是国际小包、快递无法运送或运送受限的产品，如带电产品、液体、粉末、膏状类产品等。

b. 费用问题。

只有在选品合适且运营顺畅的条件下，海外仓的综合成本才会低。订单少甚至滞销会造成平均仓租负担过重。海外仓分段成本核算要精细，要从头程运费、清关税费及配送费等方面综合考量。不同国家和地区的仓储及配送费用也不同，要与不同的物流方式做综合对比。

c. 库存问题。

海外仓运营就意味着必须有一定存量，但过多的库存会占用卖家的大量现金流，给卖家带来资金压力。因此，卖家要做好库存分析和销售周期的把控，注意发货节奏，避免产品滞销、脱销的情况。

d. 运营风险问题。

海外仓有其特定的跨国（或地区）风险。一方面，产品要符合进口国（或地区）当地质量标准，如有侵权行为很容易被海关查扣，如有质量问题被客户投诉，仓库有可能遭到查封。另一方面，目前欧洲对中国跨境电商卖家征收销售增值税，未来美国甚至中东国家和地区都有可能针对中国跨境电商设置一定的贸易壁垒。

8.3.3 跨境电子商务推广

跨境电子商务推广根据流量来源不同可以分为站内推广和站外推广。站内、站外是以某特定平台为基准的，使用该平台提供的营销推广工具实现的站内引流活动属于站内推广，除此之外的其他站外引流的渠道和方式都属于站外推广。

1. 站内推广

下面以全球速卖通平台为例讲解站内推广。全球速卖通平台的站内推广方式可分为免费和付费两种情况。其中免费的站内推广方式有店铺自主营销活动、橱窗推荐、平台活动和大促等。付费的站内推广方式主要有直通车。全球速卖通后台营销活动版块如图 8-3-6 所示。

图 8-3-6　全球速卖通后台营销活动

（1）店铺自主营销。

"限时限量折扣""全店铺打折""满立减""优惠券"是全球速卖通平台的四大店铺自主营销工具。限时限量折扣即选定店铺的某些商品在规定的时间区间内享受一定的折扣优惠。在此时间段内，商品不以原价而是以折后价进行销售。全店铺打折是以"营销分组"为依据，不同组别设置不同的折扣率，可覆盖店铺所有商品的营销活动。全店铺打折的展示效果和限时限量折扣一样，但优先级比限时限量折扣低。满立减活动针对店铺的全部或部分商品，在买家订单中，若订单中商品的总额超过了其设置的优惠条件（满 X 元），则在买家支付时系统会自动减去优惠金额（减 Y 元）。店铺优惠券主要分为领取型优惠券、定向发放型优惠券、金币兑换优惠券、秒抢优惠券和聚人气优惠券五种类型。

图 8-3-7 是某产品设置店铺自主营销活动后的详情页展示效果。此外，平台还开发

了"购物券"和"店铺互动"两种新的营销工具。卖家可在后台学习店铺活动教程，查看每一项活动资源的个数和时长。

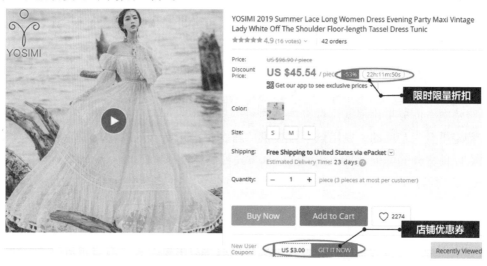

图 8-3-7　全球速卖通店铺自主营销活动的展示效果

（2）橱窗营销。

在全球速卖通平台，使用橱窗推荐可增加商品的排序加权，从而提高商品的曝光量。在同等条件下，设置橱窗推荐的商品曝光量比非橱窗推荐的普通商品高 8～10 倍。全球速卖通的橱窗并没有特定的展示位置，是平台根据卖家店铺等级奖励给卖家的一个增加商品曝光量的资源。各店铺橱窗推荐的数量和卖家服务等级相关，如图 8-3-8 所示。

图 8-3-8　全球速卖通设置的橱窗推荐

平台发放的所有橱窗（包括服务等级发放、平台活动赠送等）的有效期为 7 天。假设某商品被设置了橱窗推荐，若在橱窗有效期内下架商品，对应的橱窗资源不会释放；

若在橱窗有效期内商品下架后又上架了,不会再重新计算。

卖家应合理利用橱窗推荐,选择最有竞争力的商品进行橱窗推荐。橱窗推荐位可以用来推新款,也可以用来打造爆款和活动款。在使用橱窗推荐的过程中,卖家应不断观察数据,淘汰转化率不高的商品,使橱窗推荐效果最优。

(3)平台活动。

平台活动是指由平台组织、卖家参与的,以促进销售为主要目的的主题营销活动。全球速卖通平台活动是平台向卖家推出的免费推广活动,是平台效果最显著的营销利器之一,它帮助店铺快速实现高曝光、高点击和高转化的一系列目标。全球速卖通的平台活动可以分为四类:

① 非好卖家日常平台活动,包括新版 Flash Deals(普货)、俄罗斯团购(爆品团和秒杀团)和其他日常主题活动。

② 好卖家日常平台活动,包括无线金币兑换、无线全球试用、新版 Flash Deals(核心商家尖货)。

③ 俄罗斯品牌团,全球速卖通俄文网站上的 Tmall 相当于俄罗斯版的天猫,俄罗斯品牌团目前限定只有俄罗斯精品馆商家可以参加。

④ 大促活动,包括年初的周年庆大促(Anniversary Sale),年中大促(2018年的主题为品牌周 Brand Shopping Week)和促销力度最大、流量最大的年底"双十一"大促。除了每年三场大规模的大促活动之外,平台还依托节日进行促销,如黑色星期五(Black Friday)、情人节(Valentine's Day)和春节(Chinese New Year)等。另外,2018年,平台还根据品类规划了行业大促,如5月的时尚类大促、7月的家居类大促、9月的母婴类大促和12月的3C数码类大促。

平台作为活动组织方,会对参与的卖家和商品有一定的要求,符合要求的卖家可以自主选择报名,有大量卖家报名的情况下,平台会筛选出部分卖家参与。卖家应关注每财年平台的促销计划,跟上平台节奏来安排店铺运营计划。

(4)直通车。

全球速卖通直通车又叫竞价排名,它是一种按效果付费(Pay For Performance,简称P4P)的全球在线推广服务,可以让卖家的商品在多个关键词的黄金位置优先排名展示。直通车的付费方式是曝光免费,只有当买家点击商品进入详情页时才会进行扣费,即按点击付费(Cost Per Click,简称CPC)。速卖通直通车旨在帮助卖家迅速精准地定位海外买家,扩大商品营销渠道,具有关键词海量选择、多维度曝光商品、全面覆盖潜在买家三大主要优势。

第一页为直通车中国好卖家专区;普通卖家只能从第二页开始展示,中国好卖家也同样可以竞争其他页面展示位;相关度不足的产品在底部进行展示。

目前,速卖通直通车的推广方式有两种,一种是为打造爆款而设置的"重点推广计划",另一种是为方便选品而设置的"快捷推广计划"。两者的区别在于"重点推广计划"下的每个推广商品都有其独立的推广关键词,可以单独设置商品推荐投放;"快捷推广计划"下的所有商品共用所有的关键词,默认展示商品评分最高、匹配度最高的商品。两者的共同点是所有商品共用一个每日消耗上限。

(5) 粉丝营销。

"粉丝趴"是全球速卖通平台为广大卖家提供的粉丝营销阵地,功能类似于淘宝的"微淘",基于买卖双方的关注关系进行内容展示。关注店铺的买家可以收到卖家发布的动态信息,包括店铺上新、买家秀、粉丝专享活动和导购文章等。此外,若卖家获得了直播权限,其直播视频也会同步展示在频道内,并支持买家对相应的内容进行点赞和评论。

2. 站外推广

站外推广是指应用站外推广渠道,将站外流量吸引到平台内的推广方式。有的跨境电子商务平台为卖家提供了站外引流的便利工具,如全球速卖通平台为卖家提供了海外联盟营销和客户邮件营销。除此之外,搜索引擎优化、搜索引擎营销和社交媒体营销也是常用的站外推广方式。

(1) 海外联盟营销。

海外联盟营销(以下简称"联盟营销")指海外营销广告联盟将卖家信息发布于全球速卖通平台。海外营销广告联盟包括海外广告联盟平台("联盟平台")及在联盟平台注册的推广信息海外发布者。设置推广的商品在海外实施的推广服务,是一种"按效果付费"(Cost Per Sale,简称 CPS)的推广方式,即基于成功的销售收取一定比例的佣金。

成功销售商品的交易金额不包含运输费用、买家确认付款前的退款或其他第三方向卖家收取的相关费用(阿里巴巴对营销服务另有规定的费用除外)。基于成功销售交易额,平台根据卖家事先设定的比例收取推广费用。

全球速卖通平台的联盟专属频道首页呈现了 Flash Deals 和各大热销品类。联盟推广采用千人千面展示机制,对非首次来访客户,平台会依据其在网站的历史浏览、采购行为进行推荐;对首次来访的新客户,平台会依据流量来源的喜好展示对应的商品。

联盟目前聚集了来自全球 100 多个国家和地区的各大门户网站、搜索引擎、导航网站、影音娱乐、社交网站、导购网、返利网和论坛博客等,并且还在不断扩展之中。卖家的商品会包装成各种形式的促销,有针对性地投放到匹配的网站或平台上。目前全球速卖通和网站合作的广告形式有广告条、文字链推广、打包产品推送、API、邮件营销等,形式多样,发展较成熟。

(2) 客户邮件营销。

邮件营销是利用电子邮件与受众客户进行商业交流的一种直销方式,它广泛应用于网络营销领域。全球速卖通平台根据"卖家星级",为卖家提供了免费的邮件营销资源,卖家可编辑营销邮件发送到客户的注册邮箱中,从而达到营销目的。

虽然邮件营销在境外的接受度很高,但由于市场已经很成熟,因此应在邮件内容上下足功夫,做好客户关系维护,确定合适的发送频率,制订关联度高的邮件发送计划,这样才能使自己的邮件在客户的邮件列表中脱颖而出。

① 发送邮箱的选择。尽量用带有公司域名的邮箱，一方面可作为企业宣传的方式，另一方面可增加信用度。

② 邮件发送时间。合适的发送时间往往能带来更高的打开率和回复率。据统计，当地时间上午 10 点和下午 3 点都是较适合发送邮件的时间段。当然，卖家也可根据实践经验做出相应的调整，找到开启率最高的时间点进行邮件发送。

③ 邮件标题和内容。邮件标题要吸引人，且能准确地描述邮件内容，突显最具影响力的信息；邮件内容不宜过长，尽量富有个性化和互动性，注意内容布局和图片处理，并兼顾用户体验。

此外，全球速卖通平台为买卖双方搭建了一个沟通渠道，推出了"商品邮件推送功能"，买家一经订阅，每周都可以收到平台最新的优质商品和优质店铺信息，以及买家通过关键词或行业订阅的相关信息。卖家可以推荐买家订阅自己的店铺，以便让买家在第一时间了解店铺的最新动态。

（3）社交媒体营销。

社交媒体营销是指利用消费者在博客、论坛、在线社区、百科和其他社交媒体平台上发布的内容来进行营销推广和客户服务维护开拓的一种方式。与搜索引擎、电子邮件等其他网络营销方式相比，社交媒体营销以信任为基础的传播机制和用户的高主动参与性，更能影响网民的消费决策，并且为品牌提供了大量被传播和被放大的机会。社交媒体用户黏性和稳定性高、定位明确，可以为品牌提供更细分的目标群体。目前，社交媒体营销的市场仍在不断扩大，成了一种全新的商业竞争模式。

在国际上具有代表性的社交媒体平台有脸书（Facebook）、推特（Twitter）、照片墙（Instagram）、拼趣（Pinterest）、VKontakte（VK）、领英（LinkedIn）、色拉布（Snapchat）和汤博乐（Tumblr）等。全球速卖通平台在商品详情页为用户提供了一键分享到各大社交平台的功能。

（4）搜索引擎营销。

一种方式是搜索引擎优化。优化搜索引擎可以让自己的网站信息在海外搜索引擎中更易于被抓取，有利于提升在海外搜索页面的整体排名，继而提高在海外用户群体中的曝光率。其内容包含网站内部优化和网站外部优化两部分。相对来说，速度快、运营稳定的高质量网站更易于被海外搜索引擎抓取。

另一种方式是关键词竞价排名。关键词竞价通过购置关键词来让广告更容易被海外用户搜索到。但并非出价越高就越靠前，如市场占有率最高的海外搜索引擎 Google 的算法是"广告排名值 = 竞价 × 质量评分"，即便出价再高，质量评分低的话依旧无法占据前列的位置。以关键词竞价前要先对产品、客户及竞争等方面深入剖析过后方可决策。

在互联网时代，搜寻信息离不开各类搜索引擎，Google 搜索是大多数国外用户的首选之举。但不同国家和地区有着自己偏爱的本土化搜索引擎，因本土化和个人习惯等原因，有的人可能从未使用过 Google 搜索引擎。如果企业仅利用 Google 营销推广，可能错失其他的潜在用户。因此，对于全球电子商务市场，熟悉分布于不同国家和地区的本土化搜索引擎方式至关重要。

8.3.4 跨境电子商务支付

1. 跨境支付的定义

跨境支付（Cross-border Payment）是指两个或两个以上国家或地区之间因国际贸易、国际投资及其他方面发生的国际债权债务，借助一定的结算工具和支付系统实现资金跨国或跨地区转移的行为。与境内支付不同的是，跨境支付的付款方所支付的币种可能与收款方要求的币种不一致，或牵涉外币兑换及外汇管制政策问题。如境内消费者在网上购买境外商家产品或境外消费者购买境内产品时，由于币种的不一样，就需要通过一定的结算工具和支付系统实现两个国家或地区之间的资金转换，最终完成交易。

2. 跨境支付业务

跨境支付业务按照资金流向可分成进口业务和出口业务。进口业务是资金出境，跨境支付公司通过与境外的银行、第三方支付公司建立合作，利用国际组织建立的清算网络，帮助境内的企业实现境外资金分发，在境内扮演收单服务商的角色。出口业务是资金入境，跨境支付公司与境内的第三方支付公司合作建立分发渠道，帮助境外的买家和支付机构完成资金入境及境内分发。跨境支付包括跨境收单、跨境汇款和结汇售汇三个业务大类。

（1）跨境收单。

跨境收单即帮助一个国家或地区的商户从另一个国家或地区的客户手中收钱。具体包括：

① 外卡收单，帮助商家收取境外消费者的货款，出现在出口业务中，收的是境外的信用卡或其他支付工具支付的货款。

② 境外收单，商家在境外，消费者在境内，即进口业务，如海淘等。

③ 国际收单，即商家、消费者和支付机构分属不同的国家（地区），如 PayPal 在中国开展跨境支付业务的情况。

收单业务主要服务于企业 B 端商户，支付公司本身不需要建立账户体系，其核心是在商户和收单行之间建立联系，通过网关进行账户信息和支付指令的加密传输。

（2）跨境汇款。

汇款业务在大部分国家或地区需要牌照，专业汇款公司以西联、速汇金等为代表，但这类机构的市场份额正在减少，而 PayPal、Payoneer 和 WorldFirst 等支付机构日渐成为跨境汇款的主流公司。中国的跨境支付公司正在与这些外资公司争夺市场份额。国际支付公司具有一定的先发优势，目前掌握较多的大客户资源，针对跨境出口电商的汇款业务快速增长。跨境电商呈现平台化趋势，中国商家也在亚马逊、Wish 等美国的第三方电商平台上销售产品，而第三方电商平台都有指定的支付方式，新的支付工具很难切入，但中国商家有境外收款、汇款入境的真实需求。在相关外汇政策的支持下，在美国获得汇款牌照的支付公司可为中国商家开立美国的银行账户（虚报账户），再将货款汇入境内结汇或在我国香港地区结成人民币再汇入境内。

（3）结汇、售汇。

过去贸易外汇收入主要由银行收单后结汇，外贸企业通过境内的外币账户收款，银行根据报关单等凭证结汇。而跨境电商中小卖家多直邮发货到境外，无法按照一般贸易申报出口，故多使用第三方支付或离岸账户，结汇时就无法提供出口核销单等凭证。目前，个人境内身份证结汇是外贸中小卖家最主要的结汇方式。按照国家外汇管理政策，个人年度结汇额度为 5 万美元。政府也在试点境内个人投资者计划（QDII2），并积极推动人民币跨境支付。

2014 年，国家外汇管理局开始发放外汇跨境支付牌照，允许支付公司在特定行业开展跨境支付业务。外汇跨境支付首先要进行换汇，持牌的跨境支付公司可在境内开展结汇、售汇业务。目前更便利的方式是人民币跨境支付，支付公司在中国香港进行换汇。现有政策鼓励人民币跨境支付业务，相关监管比银行宽松，操作手续简单，因此传统贸易也在用第三方支付的通道进行跨境支付。持牌的支付公司将结汇、售汇作为跨境支付的主要业务，赚取汇兑差。

3. 跨境支付方式

支付是商业体系的基础服务，之前传统的跨境支付主要有两种形式：一种是银行间的国际结算业务，即通过电汇、信汇、票汇等传统国际结算工具进行汇款；另一种是以西联汇款为代表的专业汇款公司所提供的小额汇款业务。前者主要针对公司之间的贸易业务，后者多以个人客户为主。

随着跨境电子商务、出国旅游等行业的大发展，新型跨境支付方式应运而生。新型跨境支付方式可解决传统模式的痛点，其创新性在于凭借技术手段降低金融服务的成本和门槛，提高服务频次，扩大金融服务的受众群体。近年来，其市场份额不断增大。新型跨境支付主要是指线上化的第三方支付，支持银行账户、国际信用卡、电子钱包等多种支付工具，满足小额高频的交易需求，进一步提高支付效率，降低成本。与国内的第三方支付类似，新型的跨境支付较传统方式的区别在于切入消费场景，优化 C 端的客户体验，并针对不同行业的 B 端商户定制支付综合解决方案。跨境支付的主要方式有以下几种：

（1）银行间国际结算汇款。

汇款又称汇付，是指银行（记出行）应付款人的要求，使用一定的结算工具，以一定方式将款项通过国外联行或代理行交付收款人的结算方式。汇款方式分为电汇、票汇和信汇。电汇是指汇出行应汇款人申请，以加押电报、电传或者环球银行间金融电讯网络（SWIFT）的形式给境外汇入行（Telegraphic Transfer，简称 T/T），指示汇入行解付一定金额给收款人的汇款方式。国际电汇的特点是收款较快，但手续费较高，因此只有在金额较大时或比较紧急的情况下才使用电汇。电汇是传统 B2B 贸易中最常见的付款方式。票汇和信汇这里不做具体介绍。

(2) 专业汇款公司。

专业汇款公司通常与银行、邮局等机构有较深入的合作，借助这些机构分布广泛的网点设立代理点，以迅速扩大地域覆盖面。专业汇款公司以西联汇款和速汇金为代表，汇款流程更加简便，到账时间更快。目前这两家公司通过和境内的银行和支付公司合作拓展业务。为保证商家利益不受损失，一般都采用先付款后发货模式，但由于款项迅速到账，导致交易安全性不够。一旦出现卖家欺诈，买家难以挽回损失，导致新用户对该汇款交易方式信任不足，交易规模难以快速增长。

(3) 第三方跨境支付。

《支付机构跨境外汇支付业务试点指导意见》中给出的"支付机构跨境外汇支付业务"的定义是：支付机构通过银行为电子商务（货物贸易或服务贸易）交易双方提供跨境互联网支付所涉的外汇资金集中收付及相关结售汇服务。第三方跨境支付提供一个与银行系列跨境金融服务相对接的平台，它使得跨境支付不再受银行服务时间和时差的限制，避免了不同银行账户间转账不畅的情况。

纵观全球，第三方跨境支付模式有三种。

① 购汇支付，是境内持卡人在境外网站进行支付购买，第三方支付企业为其提供人民币支付、外币结算的服务。这一种模式可以细分两类，一类是以支付宝公司的境外收单业务为典型的代理购汇支付，另一类是以好易联为代表的线下统一购汇支付。两种购汇支付方式的主要区别为在代理购汇类型中，第三方支付企业只是代理购汇的中间人，实际购汇主体仍是客户；统一购汇支付则以支付公司的名义，在电子平台后方通过外汇指定银行统一购汇，购汇主体为第三方支付企业。

② 收汇支付，即境外持卡人在境内网站进行支付购买，第三方支付企业为境内企业收到跨境外币提供人民币结算支付服务。这类模式也可以细分为两类。一类是以公司名义办理。第三方支付工具收到买方支付的外币货款后，由第三方支付企业统一到银行办理结汇，再付款给境内卖家，如快钱、收汇宝等。有实力的公司采取在境内外设立分公司，通过两地公司间资金转移，实现资金汇入境内银行，集中结汇后，分别支付给境内生产商或供货商。另一类是以收款方个人名义申请结汇。规模较小的个体户通过在境外亲戚或朋友收汇后汇入境内，再以个人名义结汇，如 PayPal 等。

③ 境外持卡人通过境内的第三方跨境支付平台实现境外网站的支付购买行为。这种模式的出现需要我国第三方跨境支付公司在使用便利性、平台覆盖性、费用廉价性上都超越或是与境外第三方跨境支付公司持平。当然，以上条件现阶段还无法同时满足，故国内还鲜少出现这类第三方跨境支付模式。

本章小结

跨境电子商务是指分属不同关境的交易主体，通过电子商务平台达成交易、进行支付结算，并通过跨境物流送达商品、完成交易的一种商业活动。

跨境电商企业可以按照不同的维度进行分类，按照进出口方向的不同，可以将跨境电商企业分为进口跨境电商和出口跨境电商。按照商业模式的不同，跨境电商分为B2B、B2C和C2C三种模式。按照跨境电商平台提供的不同服务，可以将其分为信息服务平台和在线交易平台。根据平台的运营方式不同，可以将跨境电商平台分为第三方开放平台、自营型平台、综合服务商平台。

跨境电商与传统贸易相比，具有多边化、小批量、高频化、透明化和品牌化等特点。我国跨境电商产业发展迅速，在规模、结构和质量等方面不断发展，当然也需要在交易信用、物流、支付与安全、通关与退税、跨境电商人才培养和品牌化等方面不断改进。

在跨境电子商务行业中，进口跨境电商和出口跨境电商的各大平台都有自己的特点、行业优势和客户群体。在进口跨境电子商务交易的整个流程中，进口跨境电子商务平台、海外品牌商/渠道商/零售商、境内消费者、国际物流商、跨境支付服务商、海关与商检部门等业务组织相互关联，组成了一个复杂的生态系统。在出口跨境电子商务交易的整个流程中，出口跨境电子商务平台、国内制造商/品牌商/渠道商/零售商、境外消费者、国际物流商、跨境支付服务商、海关与商检部门等业务组织相互关联，组成了一个复杂的出口跨境生态系统。

思考题

1. 谈谈你对跨境电商的理解。
2. 跨境电子商务与传统国际贸易的差异在哪里？
3. 跨境物流的方式有哪些？
4. 查阅资料对比亚马逊FBA服务和全球速卖通的海外仓服务，指出两者的优缺点。
5. 主流的跨境电商支付与结算的方式有哪几种？比较不同支付方式的优缺点。
6. 搜索并了解海外社交媒体营销方式，分析不同的社交平台营销方式的差异化。

实训题

1. 在网上查询主要的跨境电商平台，包含进口跨境电商平台如天猫、京东、洋码头等，出口跨境电商平台如全球速卖通、敦煌网、阿里巴巴国际站、亚马逊以及虾皮等，选择其中一家进行SWOT（Strength，优势；Weakness，劣势；Opportunity，机会；Threat，威胁）分析。

2. 浏览亚马逊（www.amazon.com）和全球速卖通（www.aliexpress.com），分别从站内推广方式、物流方式和支付方式等方面进行分析。

3. 分析主要的B2C跨境电商平台，并结合所在城市的区域和产业特色选择适合该区域特色产业发展的电商平台。

参考资料

[1] 孙学文.电子商务基础与实训[M].南京:东南大学出版社,2010.

[2] 孙学文.电子商务概论[M].苏州:苏州大学出版社,2016.

[3] 加里·P.施奈德.电子商务[M].第10版.张俊梅,徐礼德,译.北京:机械工业出版社,2014.11.

[4] 埃弗雷姆·特班,戴维·金,李在奎,等.电子商务:管理与社交网络视角[M].第7版.时启亮,陈育君,占丽,等译.北京:机械工业出版社,2014.

[5] 张润彤.电子商务概论[M].第2版.北京:电子工业出版社,2009.

[6] 中华人民共和国商务部商业改革发展司.电子商务模式规范[EB/OL]. http://www.hebi.gov.cn/swj/741665/741684/983301/index.html.

[7] 陈德人,徐林海,桂海进.电子商务实务[M].第2版.北京:高等教育出版社,2014.

[8] 北京鸿科经纬科技优先公司.网店推广实训[M].北京:高等教育出版社,2019.

[9] 埃弗雷姆,朱迪,戴维,等.电子商务与社交商务导论[M].凌鸿,赵付春,钱学胜,等译.北京:机械工业出版社,2019.

[10] 杨竹青.新一代信息技术导论[M].北京:人民邮电出版社,2020.

[11] 洪亮,任秋圜,梁树贤.国内电子商务网站推荐系统信息服务质量比较研究——以淘宝、京东、亚马逊为例[J].图书情报工作,2016,60(23):97-110.

[12] 朱岩,林泽楠.电子商务中的个性化推荐方法评述[J].中国软科学,2009(2):183-192.

[13] 周曙东.电子商务概论[M].第4版.南京:东南大学出版社,2015.

[14] 祝凌曦,陆本江.电子商务安全与支付[M].北京:人民邮电出版社,2013.

[15] 吴翠红,闫季鸿.电子商务安全技术[M].北京:清华大学出版社,2015.

[16] 中国就业培训技术指导中心.电子商务师国家职业资格培训教程[M].北京:中央广播电视大学出版社,2014.

[17] 肖德琴,周权.电子商务安全[M].第2版.北京:高等教育出版社,2015.

[18] 季烨.探讨计算机云安全技术的重要性[J].数字技术与应用,2016(2):209.

[19] 孟泽云.新编电子商务概论[M].第3版.北京:电子工业出版社,2019.

[20] 刘浩阳,韩马剑.网络安全法律法规规范性文件汇编[M].北京:中国人民公安

大学出版社,2019.

[21] 张润彤,朱晓敏.电子商务概论[M].第2版.北京:中国人民大学出版社,2014.

[22] 祁砚芩.关于第三方支付平台以及互联网金融发展研究[D].山西财经大学,2014.

[23] 谢平,石午光.数字货币新论[M].北京:中国人民大学出版社,2019.

[24] 坚鹏.新金融模式:移动互联网时代下的金融革命[M].北京:经济管理出版社,2014.

[25] 胡世良.互联网金融模式与创新[M].北京:人民邮电出版社,2015.

[26] 饶杨.数字人民币对商业银行的影响展望及对策建议[J].工程经济,2021,31(4):74-77.

[27] 郦瞻.网络营销[M].北京:清华大学出版社,2013.

[28] 王水清.网络营销实务[M].第2版.北京:北京邮电大学出版社,2014.

[29] 包金龙,邵嫣嫣.网络营销:工具、方法与策划[M].苏州:苏州大学出版社,2019.

[30] 李英,罗杰.物流管理基础[M].镇江:江苏大学出版社,2020.

[31] 许应楠.电子商务基础与实务[M].北京:高等教育出版社,2018.

[32] 孙克武.电子商务物流与供应链管理[M].北京:中国铁道出版社,2017.

[33] 邓志超,崔慧勇,莫川川.跨境电商基础与实务[M].北京:人民邮电出版社,2017.

[34] 张函.跨境电子商务基础[M].北京:人民邮电出版社,2019.

[35] 刘瑶.跨境电商运营实务[M].北京:人民邮电出版社,2021.

[36] 张大卫,喻新安.中国跨境电商发展报告(2020)[M].北京:社会科学文献出版社,2020.